邵士梅 蒋筱波·编译

中国通史故事

【卷二】

陕西新华出版 三秦出版社

图书在版编目（CIP）数据

中国通史故事 / 邵士梅，蒋筱波编译 . -- 西安 ：
三秦出版社，2008.01（2024.1 重印）
（国学百部经典丛书）
ISBN 978-7-80546-499-2

Ⅰ．①中… Ⅱ．①邵… ②蒋… Ⅲ．①中国—通史—
通俗读物 Ⅳ．① K209

中国版本图书馆 CIP 数据核字（2007）第 188795 号

书　　名	中国通史故事	
作　　者	邵士梅　蒋筱波 编译	
责　　编	陈景群	
封面设计	新华智品	

出版发行	三秦出版社	
社　　址	西安市雁塔区曲江新区登高路 1388 号	
电　　话	（029）81205236	
邮政编码	710061	
印　　刷	北京一鑫印务有限责任公司	
开　　本	680×1020　1/16	
印　　张	18	
字　　数	240 千字	
版　　次	2008 年 4 月第 2 版	
印　　次	2024 年 1 月第 2 次印刷	
标准书号	ISBN 978-7-80546-499-2	

定　　价	69.80 元（全二册）	
网　　址	http://www.sqcbs.cn	

前　言

　　中华民族的历史纷繁错综，治乱兴衰交错更迭，其中不乏可歌可泣的民族抗争史，也不乏悲痛屈辱的民族血泪史。历史不是简单地记录事件的发生，史学家们所争论不休的也决不仅仅局限于无足轻重的细枝末节，学习历史的目的应该是了解历史、感悟历史、以史为鉴、古为今用。以铜为镜，可以正衣冠；以人为镜，可以知得失；以史为镜，可以知兴废。要理解现实必须懂得历史，借鉴前人得失，古为今用。今天，我们在这个高速发展的时代回顾历史，了解历史，感悟历史，不仅仅是一个形式，更是时代发展的需要。江泽民总书记曾说："中华民族的历史，是全民族共同的财富。全党全社会都应该重视对中国历史的学习，这对于大家弄清楚我国历史的基本脉络和中华民族的发展历程，增强民族自尊心、自信心和奋发图强的精神，增强唯物史观，丰富治国经验，都是很有好处的。"鉴于此，我们精心编写了这部《中国通史》。本书以中国文明的历史发展时间为线索，以生动客观的语言为载体，从政治、经济、军事、文化、艺术、宗教、思想和生活方式等方面来反映历史发展的进程，力求为读者展现一部清晰的中华文明史。当今时代呼唤知识英雄，需要千百万适应时代发展、博古通今的杰出人才来开拓进取，引领时代潮流。《中国通史故事》正是适应历史发展的需要，采用全新的体例形式编纂的一部全景式展现中国历史的新型图书。

　　本书是按照现代新型教育理念，在吸收国内史学研究成果的基础上，将中华文明悠久历史沉淀下来的丰富的图文资料按历史编年的形式进行编排，记述了从170万年前至公元1912年中国发生的重大历史事件。全书按照中国历史发展的时间顺序，根据朝代的更替，将总体内容分为二十四章，每一章都有一个总括此段时期中国历史发展特点的标题，并根据全章内容整理出一段介绍有关该时期重要发展的简练文字。每一章里又按照各朝代相互更迭的顺序来逐一梳理纷纭繁复的历史事件。每章均以珍贵的历史图片配合通俗易懂的文字叙述，全方位介绍了各个朝代的历史主题，生动、真实、全面、客观地反映了中国历史中的重大事件、重要人物、科技文化的突出成就，内容涵盖政治、经济、军事、文化、外交、科技、法律、宗教、艺术、民俗等各个领域。以最新的视角解读中国历史，以最新的形式整合中国历史，带读者跨越千年时光，全面领略中华民族博大精深、源远流长的文化传统，这就是本书的主旨所在。

本书力求在真实性、趣味性和启发性等方面达到一个全新的高度，并通过科学的体例与创新的形式，全方位、新视角、多层面地阐释历史。着重于引导读者探讨中国历史发展的规律，培养读者从历史学习中吸取知识营养和智慧的兴趣。它以浅显易懂的文字和极具历史价值的图片，让读者对中华民族的发展有真切而直观的感受，非常适合青少年阅读和学习。此外严格尊重史实，公正评述历史人物与事件，注重故事的文学性、趣味性，使历史人物栩栩如生，读者阅读历史事件时如亲临其境，感同身受，既能从中学到历史知识受到教育，又能得到文学陶冶。

编　者
2008年1月

目　录

卷　一

中国通史故事

〇〇二

中国通史故事

卷 二

目

录

一、史前（约 800 万年前 – 前 2000 年）

在距今一百七十万年以前，中华大地上已经留下了我们祖先生活和劳作的印记。远古时期的先民们从茹毛饮血、刀耕火种开始，与大自然做着不屈不挠的斗争，渐渐告别了蒙昧，迈向了文明。在有文字记载以前，先民通过世代相传的神话传颂着远古的历史。人类在大自然的面前是脆弱的，但是人并不甘于永远处在屈从的地位，于是远古神话中出现了像盘古、后羿、夸父这样充满悲剧色彩的英雄，也出现了像有巢氏、燧人氏、黄帝和大禹这样有胆有识的领袖。一个个优美动人、荡气回肠的神话传说，承载着中华文明火种，也指引着中国历史演进的方向。

伏羲女娲像

元谋人（约 170 万年前）

1965 年 5 月，发现于云南省元谋县上那蚌村的旧石器时代早期的人类化石距今约有一百七十万年。是中国境内已经发现的最早的人类化石，其中的两枚上内侧门齿化石，经古定磁测定法检测，属于一名成年男子。齿冠保存完整，齿根末梢残缺，表面有碎小裂纹。这两枚牙齿很粗壮，唇面比较平坦，舌面非常复杂，具有明显的原始性质。由于这批化石是在元谋被发现的，因此他们被命名为"元谋人"。这里出土的石制品共七件，有石核和刮削器，应是元谋人制作和使用的。此外还发现两块黑色的骨头，可能是被烧过的。研究者认为，这些是当时人类用火的痕迹。

蓝田人（约 80 万年前 – 75 万年前）

蓝田人生活在旧石器时代早期，属于早期直立人。蓝田人化石发现于陕西省蓝田县公王岭，其中包括头盖骨化石一个、牙齿化石三枚，同时发现的还有石器三十四件和一批动物化石，据测定距今约九十八万年。蓝田人头骨有许多明显的原始性状：眉骨硕大粗壮，在眼眶上方形成一条直的横脊，两侧端明显向外侧延展；眉骨与额嵴之间的部位明显缩窄；额骨非常低平。蓝田人石器除砍砸器、刮削器、大尖状器和石球外，还有一些石核和石片，制作显得较为粗糙。公王岭含化石层里还遗存三四处灰烬和灰屑，散布范围不大，可能是蓝田人用火的遗迹。

北京人（约 70 万年前 – 20 万年前）

1929 年，在北京周口店附近先后发现了六个人类头盖骨和大量的人骨碎片、牙齿化石，还有许多兽骨和灰堆等遗物，另有一百一十五种动物化石。是我国目前发现的旧石器时代遗址中，遗存最为丰富的一处。北京人平均脑容量为一千零八十八毫升，他们已经有了语言，习惯于直立行走，这说明北京人已经从猿类分化出来了。从体质上看，北京人又保留着原始特征，颅骨很厚，额骨偏平而后倾，眉骨粗大前突，牙齿大而粗壮。

在出土的北京人石器中，最多的为石片石器，石核石器则较少，且多为小型，有砍砸器、刮削器、雕刻器、石锤和石砧等多种类型。北京人用砾石当锤子，采用直接打击法、碰砧法和砸击法打制石片。用砸击法产生的两极石核和两极石片在全部石制品中占有很大比重，并构成北京人文化的重要特色之一。据推断，北京人生活年代距今七十一万年至二十三万年。

山顶洞人（约 2 万年前 – 1 万年前）

山顶洞人

山顶洞人大约生活在一万八千年前的旧石器时代晚期，他们居住在北京周口店龙骨山上，属于晚期智人。当时北京一带的气候温和湿润，所以山顶洞出土的动物化石中，林栖的食肉类很多，山顶洞发现的人类化石，属于八个不同的个体，男女老少皆有。检测表明，男性身高一百七十四厘米，女性身高一百五十九厘米，平均脑量已经有一千三百到一千五百毫升。无论身体外形还是智力，山顶洞人都已经和现代人没有太大的差别了。他们能把石块敲打成石斧、石刀、石锤，并且为使之更加锋利而采用磨制加工；运用磨制和钻孔技术把野兽的小骨制成骨针，还用兽骨兽牙、石珠蚌壳制成装饰品，佩戴在身上。除飞禽走兽外，山顶洞人还以采集的植物为食。他们会用骨针把大片的树皮树叶连缀起来，围裹下肢御寒，说明脱离了赤身裸体的时代。考古还表明，山顶洞人已经发明了"钻燧取火"的人工取火技术。在山顶洞人文化遗址里还发现鲩鱼、鲤科的大胸椎和尾椎化石，说明山顶洞人已能捕捞水生动物，他们的生产活动范围已经扩大到了水域。

伏羲氏和神农氏

在中国古代神话传说中有一个重要的人物叫伏羲氏，他结绳为网，制造新的渔猎工具，同时"画八卦"、"正姓氏"、"制嫁娶之礼"、"造琴瑟"，这表现了伏羲氏生活的时期正是远古人类由渔猎时代向农业时代过渡的时期，表明了当时的文明程度也在进一步提高。

伏羲氏之后炎帝神农氏，是农业文明的创造者，他制造农具，亲尝百草。《春秋元命苞》记载："神农生三辰而能言，五日而能行，七朝而齿具，三岁而知稼穑般戏之事。"《淮南子·修务训》说："于是神农氏乃始教民播种五谷，相土地之宜，燥湿肥高下，尝百草之滋味，水泉之甘苦，令民知所避就。当此之时，一日而遇七十毒。"《礼记·祭法》则说："厉山氏，炎帝也，起于厉山。或曰有烈山氏。"所谓的原始农业指的就是刀耕火种，主要的活动是放火烧山，开辟林地，驱逐野兽。"炎帝"、"烈山氏"的名号也来源于此。

神农氏

公元前6000年到公元前4000年，遍布黄河流域和长江流域的新石器文化通过互相交流、融合和分化，形成了华夏文化的雏型。而传说中的伏羲和女娲、炎帝、神农和稍后的轩辕黄帝，就是华夏文化形成的神话象征。

仰韶文化（约前 5000 － 前 3000 年）

仰韶文化1921年首次发现于河南省渑池县仰韶村，也因此而得名。主要分布于黄河中下游一带，又以陕西渭河流域、山西西南和河南西部的狭长地带为中

心，东至河北中部，南达汉水中上游，西及甘肃洮河流域，北抵内蒙古河套地区。已发掘出文化遗址上千处，出土文物均反映出同一的文化特征。生产工具以磨制石器为主且比较发达，并发现纺织用的石纺轮等。骨器也相当精致。当时农业比较发达，以粟和黍为主要作物。饲养家畜的同时，也从事狩猎、捕鱼和采集，猪为主要家畜。各种日用陶器以细泥红陶和夹砂红褐陶为主。红陶器上常有彩

仰韶文化·彩陶体

绘的几何形图案或动物形花纹，是仰韶文化的最明显特征，故仰韶文化也称彩陶文化。仰韶文化选址一般在河流两岸经长期侵蚀而形成的阶地上，或在两河汇流处较高而平坦的地方，有利于农业、畜牧业的发展，取水和交通也很方便。仰韶文化属于母系氏族公社制繁荣时期的文化。早期盛行集体合葬和同性合葬，几百人埋在一个公共墓地，排列有序。各墓规模和随葬品差别很小，但女子随葬品略多于男子。

半坡遗址（约前 5000 － 前 4500 年）

在陕西省西安市发掘的半坡遗址是仰韶文化的早期代表，所处的时代约为公元前5000年到公元前4500年间。遗址出土了大量形状多姿多彩的陶器：直口弧形平底或圆底钵，卷唇斜弧腹或折腹圆底盆，平唇浅腹平底盆，直口尖底瓶，蒜头细颈壶，侈口鼓腹平底罐，短唇钦口直腰或鼓腹小平底瓮，等等。陶器简单朴素，颇有意趣，纹饰多种多样，有绳纹、弦纹、线纹等。

河姆渡文化（约前 5000 － 前 3300 年）

　　古老的河姆渡文化是中国长江流域新石器文化的代表，因首先发现于浙江余姚县的河姆渡而得名，主要分布在杭州湾南岸的宁绍平原及舟山岛，根据放射性碳素断代测定，其年代为公元前 5000 － 公元前 3300 年。河姆渡文化遗址共分四层：第三、四层和一、二层分别代表其发展的早期和晚期。早期：约公元前 5000 － 公元前 4000 年，以夹炭黑陶为陶器代表，器形分敛口、敞口肩脊釜和直口筒式釜，颈部双耳大口罐、宽沿浅盘，等等。晚期：约公元前 4000 － 公元前 3300 年，夹砂红陶和红灰陶占绝对优势，器形有鼎、落地式两足异形规等。

　　河姆渡文化中，骨器制作比较发达，有耜、镞、鱼镖、哨、锥、匕、锯形器等器物，磨制精细，在一些有柄骨匕、骨笄上雕刻着图案花纹或双头连体鸟纹，既精美又实用。另外，木作工业在河姆渡文化时期非常发达，已出土的许多建筑木构件上凿卯带榫，尤其是创造了较先进的燕尾榫、带销钉孔的榫和企口板。特别是在第三层出土的一件木质漆碗，瓜棱形圈足，外表涂有红色涂料，微显光泽，经鉴定与马王堆汉墓出土漆皮同为生漆，这是迄今中国最早的漆器。

　　河姆渡文化的农业以种植水稻为主。在其遗址的第四层，较大范围发现遗存的稻谷，有的地方堆积着二十厘米至五十厘米厚交互混杂的稻谷、稻壳、稻秆和稻叶，稻类遗存数量之多，保存之完整，为中国新石器时代考古史上之最。经过科学鉴定，它与马家浜文化桐乡罗家角遗址出土的稻谷属于稻籼亚种晚稻型水稻，年代均在公元前 5000 年，是迄今中国最早的稻谷实物，也是目前世界上最古老的人工栽培水稻。河姆渡文化的农具除石斧等石质工具外，大量使用骨耜是其最大的特色。骨耜用水牛等大型哺乳动物的肩胛骨制成，主要用来翻土。此外，遗址中出土成堆的橡子、菱角、酸枣、菌类、藻类、葫芦等植物遗存，反映了当时采集业较发达，它们仍是必不可少的食物来源。

　　河姆渡出土大量哺乳类、爬行类、鸟类、鱼类和软体动物的遗骨，共四十多件，其中以鹿科动物最多，仅鹿角就有四百多件，鸟、鱼等动物骸骨亦较常见，说明这些动物是当时主要的狩猎、捕捞对象，骨镞、木矛、骨哨、石丸、陶球等是他们渔猎的主要工具。

实用与装饰兼具的陶釜

河姆渡文化的主要建筑形式是栽桩架板高于地面的干栏式建筑。在遗址各层都发现了与这种建筑有关的木构件，包括圆桩、方桩、板桩、梁、柱、木板等，数量达千件之多。干栏式建筑是中国长江以南新石器时代以来的河姆渡遗址自然面貌建筑形式之一，目前以河姆渡地区发现的为最早，这与北方地区同时期的半地穴式房屋有着明显区别。

河姆渡文化代表了长江下游新石器文化，与同时期的黄河流域文化相比毫不逊色，其中如夹炭黑陶中的鼎、豆、壶为代表的礼器组合，水稻的栽培，为以后的商、周文化所吸收，成为当时最具代表性的特征。因此长江下游地区的新石器文化和黄河流域的新石器文化一样，同是中华文明的重要渊薮，河姆渡文化代表着与中原地区的仰韶文化截然不同的中国古代文明发展趋势的另一条主线。

母 系 氏 族

氏族大约产生于旧石器时代晚期，分母系氏族和父系氏族两个阶段，母系氏族出现最早且存在时间最长。母系氏族公社的经济基础是原始的公有制。氏族成员共同生产、共同消费，子女是母方氏族的成员，妇女是子女后代天然可靠的尊长，这就自然地形成了妇女在氏族中的重要地位。当时，实行族外群婚，人们只知其母，不知其父，世系只能按母系计算。世系从母计算，那时，人们已经掌握磨制和钻孔技术，妇女从事采集，男子从事渔猎，旧石器晚期出现的原始农业以及新石器时代早期出现的磨制石器、原始畜牧业、原始制陶业及原始建房技术等在这个时期都得到一定程度的发展，人们已经过着比较稳定的定居生活。婚姻制度逐渐过渡到了对偶婚，成婚后，男子要到女方那里居住，世系和财产继承也按母系计算，但开始出现了父子关系。母系氏族也逐渐为父系氏族所取代。

龙山文化（约前 3000 – 前 2000 年）

龙山文化泛指中国黄河中、下游地区的一类文化遗存，属于新石器时代晚期。因1928年首次在山东省章丘县龙山镇的城子崖发现而得名。黄河中下游为其文化中心，东起海滨，南到江苏、湖北，西至陕西甚至甘肃，北抵辽东半岛一

带均有其文化遗址分布。生产工具以发达的磨制石器为主，形作精美，形制规整，主要有斧、锛、凿、铲、刀、矛和箭头等多种，并有可装木柄的石镰、蚌镰。陶器以灰陶为主，黑陶次之，红陶和白陶极少。此外还普遍发现用牛、猪、羊、鹿等的肩胛骨做的卜骨，表明当时已有占卜风俗。以上也反映出当时农业有了很大发展，并有大量家畜的出现，也证明了由母系氏族社会向父系氏族社会的转化过程。从发掘的墓葬来看，普遍采用羊人葬，说明以母系氏族为中心的合葬已逐渐被淘汰了，且墓制大小悬殊，随葬品也多寡不等，说明已经出现私有制萌芽。由母系向父系氏族的过渡，大约是以龙山文化这个时期为转折点的，并逐渐向高度发展，加速了原始公社的解体。

薄如蛋壳的高柄杯

红山文化（约前 3500 年）

红山文化因 1935 年在内蒙古赤峰的红山发掘而得名。代表了中国北方新石器时代文化，其地域较广，主要分布于辽宁、内蒙古和河北的交界地带。红山文化出土的遗物有石器、陶器和玉器。石器以磨制为主，而以掘土工具最有特色，有烟叶形和鞋底形两种。陶器均为手制，有夹砂和泥质两种。红山文化的制玉工艺精良，最能体现当时手工艺水平，其玉器制品精美，分三类：一类是写实的动物群：如鸟、蝉、鱼等；二类为人的装饰品：有长方勾形佩饰、三连环佩饰；第三类是虚构的玉龙、玉虎、玉兽等形象。

父系氏族（约前 4000 年）

在母系氏族公社时期，社会生产力发展日渐加速，男子不再以狩猎捕鱼为主，在农业、畜牧业和手工业等主要的生产部门中逐渐占据主导的地位，母权制自然地向父权制过渡。父系氏族公社逐渐形成了。由此，也产生了以父权为中心的个体家庭，氏族组织的主导地位受到冲击。原始社会逐渐趋于解体。男子依靠经济上的优势，在社会生产和生活中占据了统治地位。他们要求世系和财产必须按照男系来计算和继承，母权制的婚姻秩序被打破了，原来对偶婚制下的从妻而居的传统，为一夫一妻制所取代。在一夫一妻制下，妇女退居于从

属地位，劳动也局限在家庭之内，以家务劳动和家庭副业为主。最初，同一族成员集中居住在一起，小家庭还依附于父系大家庭。生产进一步发展后，小家庭便有了更多的独立性和自主性，逐渐从大家庭里分离出来。氏族社会走到了瓦解的边缘。

大汶口文化兴起（约前 4300－前 2500 年）

黄河下游地区的大汶口文化属于新石器时代文化，因 1959 年发掘于山东省泰安县的大汶口而得名。大汶口文化分布在山东省泰山周围地区，延及山东中南部和江苏淮北一带。大汶口文化以农业经济为主，以适合黄河流域的耐旱作物——粟为主要种植对象。农业生产工具有石铲、鹿角锄等，并出现了耒耜等木质农具。大汶口文化的陶器制作工艺在不断发展，制陶工艺最高水平的代表为薄胎高柄杯。此类陶器造型优美，色泽鲜亮，融实用性和观赏性为一体，成为后来龙山时代蛋壳黑陶的祖先。制石、制玉、制骨等手工业在大汶口文化中已经比较发达。随葬被当时人们所重视，随葬猪下颌骨成为当时的风尚，并以猪颚骨的多少为衡量财富占有量的标尺，随葬的獐牙钩形器则是权力和地位的象征。这些都表明，贫富分化在大汶口文化晚期已经出现，并且很严重，原始氏族社会逐渐走向解体。

炎　　帝

在史前的大氏族部落中，有两个非常重要且关系非常密切的部落——炎帝族和黄帝族。据古文献记载，炎帝又称"神农氏"，诞生于厉山，原居西北高原姜水流域，后到达中原地区。原始农业和原始文化为炎帝时代的主要贡献。炎帝开创了农业，从此部落从游牧生活转为农耕定居生活。炎帝遍尝百草，为人医病，是华夏中草药的第一位发现者和利用者。传说炎帝还发明了五弦琴、七弦琴，演八卦为六十四卦。炎帝时代后期，炎帝的姜姓部落曾与黄帝部落在阪泉发生大战。战败后两部落结成联盟，由黄帝亲自率领并指挥与南方九黎族大战于涿鹿，击败并擒杀其首领蚩尤。炎黄两部的结合是中华民族的一件大事，两部结合而成的炎黄部落为中原各族的主干，炎帝和黄帝被后人尊为中原各族的共同祖先，也是中华民族的人文始祖，他们的后人被称为炎黄子孙。

中华民族的祖先——轩辕黄帝（约前 2697 - 前 2599 年）

　　上古时期，在渭水的支流姬水一带，有一个比较先进的部落，黄帝就是这个部落的首领。《史记·五帝本纪》记载，黄帝是少典之子，姓公孙，又号轩辕，称轩辕氏，也称有熊氏。后来黄帝部落和炎帝部落在阪泉发生过激战，传说黄帝用驯服的熊罴貔貅虎等猛兽作前驱，把炎帝部族打败，确立了自己的领导地位。后来又和不服从命令的九黎部族的蚩尤大战于涿鹿。蚩尤善作法术作大雾，将黄帝的军队围困，黄帝的手下有一个叫风后的人，他发明了一个指南车，最后突破了围困。蚩尤又让风伯、雨师兴风作雨，黄帝手下则有一条凶猛的应龙，他有个女儿叫魃，天女魃更

黄帝　中国古史传说时期最早的宗祖神，姬姓，号轩辕氏、有熊氏。黄帝为少典之子，有土德之瑞，土色黄，故称黄帝。

能作法，造成大旱，终于克制了蚩尤阵营的风雨。为此魃也付出了巨大的牺牲，再也不能上天。铜头铁臂的蚩尤兄弟七十二人最后都被黄帝杀于冀州之野。

　　黄帝多才多艺，造兵器，盖房屋，作舟车，把衣服染成五色，更重要的是他善于收罗和使用人才，发挥集体的力量。他手下人才济济，如造文字的仓颉，作天干地支的大挠，作乐器的伶伦等，连黄帝的妻子嫘祖，也发明了养蚕纺织。据说黄帝和岐伯、雷公讨论而成的《黄帝内经》是当今现存的中医学经典著作。

　　最后，黄帝的部族与炎帝的部族夷族、黎族等逐渐融合，发展最后形成了今天的华夏族。

仓 颉 造 字

仓 颉

　　在没有文字之前，古人常用实物记录。结绳和刻契是重要的手段。有关汉字起源没有准确的文献记载，最早的典籍来自周秦，而且大都是传说。在众多传说中，仓颉造字最具有代表性。《吕氏春秋》里说："奚仲作车，仓颉作书，后稷作稼，皋陶作刑，昆吾作陶，夏鲧作城。"《荀子》、《韩非子》也有关于仓颉造字的传说。到了秦汉时代，仓颉造字说流传更广，影响更深。《淮南子·本经训》有"昔

者仓颉作书而天雨粟，鬼夜哭"的传说。东汉的许慎把仓颉造字的传说加以整理，正式地写入早期汉字史。据说仓颉是黄帝的史官，因集中使用原始文字，得以对群众自发产生的字符加以规整。在汉字从原始文字过渡到较为规范的文字的过程中，他起了独特的作用。可以推断，在汉字起源阶段的晚期，一定会有这样一个人存在。

二、夏（约前 2070 – 前 1600 年）

尧、舜、禹时期，是私有制和阶级逐渐出现的阶段。大禹时期，一些部落首领将战利品和自己部落的剩余产品据为己有，最终导致了贫富的分化、阶级的产生。禹年老时，曾依照"禅让制"。启继承父位，自称"夏启"，成为我国历史上第一个国王，同时建立起中国历史上第一个阶级王朝——夏朝。

尧舜禅让（约前 2250 – 前 2100 年）

尧生活的时代为父系氏族社会的晚期，尧的父亲是黄帝的曾孙，尧二十岁时，就继承了王位，把首都建在了平阳（今山西省临汾市）。因为他曾先后被封于陶和唐，所以又叫陶唐氏。

尧的伟大功绩一是治水，二是禅让。在尧当政的时期，洪水的灾害极为严重，给人民带来很大痛苦。尧先后任命共工、鲧和禹治水，历时六十年之久，终于在尧八十年（前2254年）洪水被禹治成功。尧善于发现和使用人才，他建立了很有效率的行政机构，是中国政治制度的萌芽。他手下的名臣很多，管民政的舜，管军政的契，管农业的弃，管教育的夔，管司法的皋陶，管森林渔牧的伯益，以及管经济的禹，都是有能力又负责任的人。

尧年老的时候，没有把元首之位传给自己的儿子丹朱，而是召集各部落的首领商议，最后让位给德才兼备的舜，这就是所谓禅让。司马迁在《史记》里说："尧知子丹朱之不肖，不足授天下，于是乃权授舜。授舜，则天下得其利而丹朱病；授丹朱，则天下病而丹朱得其利。尧曰：'终不

尧　姓祁，名放勋，中国古代传说的圣王。因封于唐，故称"唐尧"。为陶唐氏部落首领，年老，咨询四方部落首领，命舜摄政，经三年考绩，让位于舜，史称"禅让"。

以天下之病而利一人'，而卒授舜以天下。"对这种天下为公的无私精神，孔子赞叹说："大哉！尧之为君也。"

舜是黄帝的九世孙，他生在姚墟（今山西省永济县北），由于他的先人封于虞，所以舜又叫有虞氏、虞舜。舜很早死了母亲，他的父亲瞽叟又娶了一个女子，继而又生了一个儿子象，他的继母和弟弟象经常折磨陷害他，他的父亲瞽叟也偏爱象，但舜却曲尽孝道任劳任怨，成为中国历史上第一个有名的孝子，为"孝"这种中华文化最基本的价值观树立了典范。

舜在位时用"八恺"、"八元"，除"四凶"，制"五刑"，并设立了官职，定下了天子巡狩和部落领袖朝觐的制度，标志着氏族社会正在向阶级社会转化。舜娶了尧的两个女儿娥皇和女英为妻子，在民间流传着许多关于他在娥皇和女英协助下战胜继母和象的阴谋诡计的故事，美丽而动听。在舜的治理下，国家政治清明，为后人所乐道，后来舜年纪大了就把元首的位置禅让给禹，自己远行巡狩，最后因劳累死于苍梧之野。娥皇和女英千里奔丧，眼泪落在竹子上，竹子就变成了有斑点的湘妃竹，娥皇、女英最后在湘水里溺死，成了湘水的女神，被当地后人所供奉。而那个曾经陷害舜的弟弟象，早已被舜的德行所感化，在舜死后变成了一头大象，在舜的墓田里耕种。

大 禹 治 水

传说在尧舜时代，最大的自然灾害就是洪水。公元前2000年，鲧因治水无功被杀后，他的儿子禹继承父业，领导治水。他兢兢业业，天天在外面奔波，整整苦干了十三年，曾三过家门而不入，终于取得了治水事业的成功。

禹治水成功是他辛勤劳动的结果，治水方法得当也是成功的重要原因。禹分析了父亲失败的原因，决定改变方法，不再采用修筑堤坝的办法，而改用修渠疏导的方式，因势利导，让滔滔的洪水往东，流向大海，这样既顺应了水的特性，又避免了以邻为壑。治水的成功为禹带来了巨大的声誉，禹也因此继承了舜的帝位。

禹　姓姒，因治水有功，受舜禅让成为炎黄部落联盟的首领，亦称大禹、夏禹。

夏朝的建立（前 2070 年）

　　传说禹被尧封为夏伯。舜在位的时候由于禹治水有功，被各部落的首领一致推举为联盟的首领。舜死后，禹让位给舜的儿子商均，自己躲避到阳城（今河南登封东南）。但是，天下诸侯都到阳城朝拜禹，于是禹只好继承了部落联盟首领的职位。随着社会生产进一步发展私有制逐渐出现，并且贫富差距也越来越大，部落联盟首领的内部斗争也更加激烈。禹继位后，逐渐培植和扩大自己的势力，也逐渐形成了一人专制的王权，禹就是夏王朝的开国之君。禹立国以后，最初把都城设在阳城，后来又迁到了阳翟（今河南禹县）。公元前 2070 年，夏王朝的建立，标志着我国进入了奴隶社会，夏王朝也成了我国第一个阶级王朝。

子继父位（前 2070 年）

　　禹在晚年的时候，各部落首领曾推选夷人首领皋陶为禹的继承人。皋陶先死，又推举伯益为继承人。但禹暗地里却为其子启培养势力，当禹死后，这些有权势的贵族，纷纷起来反对伯益，拥立禹的儿子启继位。启趁势杀了伯益，夺得

伯益　又名大费。古代东夷族首领少昊之后，为虞夏之际的一位重要历史人物。

了王位。传统的"禅让"选举制度从此废除，取而代之的为以父传子的王位世袭制。王位世袭制的确立，是奴隶制国家形成的重要标志之一，是一场重大的社会变革。夏部落中的同姓邦国有扈氏不满启的继位起兵反对，启亲率大军进行讨伐，双方大战于甘（今陕西户县），有扈氏战败而被"剿绝"。经过这场战斗，启不仅巩固了王位，也确立了新兴的王位世袭制。于是启号令众多邦国首领都到阳翟朝会，并在钧台（今属河南禹州）召开诸侯大会。这就是历史上有名的"钧台之享"，从而巩固了新王权。随着王位世袭制的确立，以国王为中心的国家机构也逐渐建立起来，中国统一的国家政权开始诞生。

羿、浞生乱（前 1938 －前 1936 年）

夏王朝的第一个君主夏启死后，子太康继位。这位新君主安于逸乐，荒淫无度，不恤民命施暴政，引起百姓强烈不满，并发生争夺王位的变乱，这时东夷族中有一位能征善战，尤其善于射箭的有穷氏首领后羿，在各部落中享有很高声誉，趁机攻入夏都赶走了太康，夺取了王位，号称“帝羿”。太康死后，弟仲康立。仲康死后，子相立，开始着手恢复家业，发展势力。此时的后羿沉湎于田猎之乐，不理朝政，不久后羿被他的亲信寒浞所杀，寒浞自立为帝，又夺羿妻，并生子浇及殪。寒浞又命其子浇灭了夏的同姓斟灌与斟鄩，并追杀逃亡的夏帝相。相被杀之际其妻从墙洞逃出，躲藏在母家有仍氏（今山东金乡境），逃过追杀并生夏帝遗腹子少康。

夏桀亡国（约前 1600 年）

夏朝最后一个国君叫桀，传说夏桀身材很高大，很有力气。他自负勇武，认为天下无敌，又自比太阳，宠爱妹喜，只知玩乐，终日醉生梦死。同时夏朝与周围方国的矛盾也相当激烈。阶级矛盾日益激化的同时，东方临近的商部落日益强大，见到桀如此无道，其首领汤趁着夏桀众叛亲离，腐败无能之际毅然起兵灭夏。直到商兵杀到京城，夏桀才如梦方醒，慌忙逃向鸣条。公元前1600年，商军在鸣条与夏桀展开一场战斗并一举全歼夏军。夏桀多次出逃，最后逃到南巢被汤捉住流放于亳，不久病逝于此，夏朝灭亡。夏从启至桀，共十六王，十三代，大约经历四百七十年。

铜爵　夏代青铜器，中国最早的青铜酒器。

三、商（约前 1600 – 约前 1046 年）

商人传说是帝喾之子契的后代，因契佐禹治水有功，故被封于商，经过五百年的发展，到成汤时，已经成为以亳邑为都城的强大方国。成汤在伊尹的辅佐下于公元前1600年灭夏建商。商王朝经历十七代三十一王，至公元前1046年被周所灭，历六百余年。商朝建立了王以下包括许多官吏和大军队在内的国家机器，同时还出现了刑罚、监狱。商朝农业、手工业较以往有所进步，特别是青铜铸造的水平明显提高，可以制造各种大型、精美的器物。商朝的商业也有了初步的发

四羊方尊　商朝晚期青铜器。礼器，祭祀用品。中国现存商代青铜器中最大的方尊，高58.3厘米，重近34.5千克。现藏于北京中国国家博物馆。

展，由于商业交换活动的增加，出现了早期的币。商朝文化获得了突出的发展。殷墟出土了大量刻有卜辞的甲骨，这些字都具备了汉字的基本结构。商朝拥有比较完备的历法，掌握了一定的天文知识。同时，大量的出土实物，也反映出当时音乐、美术等艺术领域及生活方面取得的新成就。商朝是中国奴隶社会的一个重要发展阶段。尤其是甲骨文的发现为研究商代历史提供了宝贵资料。同时，商灿烂辉煌的青铜技术和文化，为中国古代文化的进一步发展奠定了基础，在世界文明史上占有重要位置。

殷商的起源

殷商人的始祖名叫契，生活在公元前1562年之前。

根据传说，契是帝喾（高辛氏）的次妃简狄所生。简狄是有娀氏部落的女子，一次与三女子在河水中沐浴时，因吞食了玄鸟（燕子）之卵而怀孕生契。契长大后，在帝舜手下做事，后来又协助大禹治水，因其功劳很大，所以授司徒之职，被封于商地，"商"也就成为他们的族名。商地的现址在黄河下游一带，即今天的河南或河北境内。所以，殷商人也是东方民族。

成汤灭夏（约前 1600 年）

　　商在汤之前一直是夏的臣属。汤成为部落首领时正值夏朝的最后一个帝王桀荒淫无道，于是乘着夏朝的腐败无能之际，商族开始向外扩展势力，积极进行灭夏的准备工作。商汤善于用人，任用伊尹和仲虺为右相和左相，共谋伐夏。在伊尹的谋划下商汤制定了消灭夏羽翼，逐步削弱其力量，最后取而代之的策略。汤先发兵攻灭葛（今河南宁陵北），接着又大举兴兵，连灭韦、顾和昆吾等夏朝的属国，使夏桀失去了依靠的力量。接着又联合另外一些同盟部落，发动了灭商的战争。汤起兵后，夏桀率兵迎战，但夏军军心涣散一触即溃。商汤率军追至鸣条（今山西境内），两军再战，结果夏桀的军队再次大败而逃。后来，夏桀逃到南巢（在今安徽巢湖），汤放桀归于亳。鸣条大战商汤消灭了夏的主力，于是乘胜追击，很快攻取了夏王朝的

商汤　商的开国君主。契之后，名履。初居亳，为夏方伯。夏桀无道，汤兴兵伐之，放桀于南巢，遂有天下，国号商，在位三十年崩。

心腹地区，彻底灭亡了夏朝。此后三千诸侯大会，汤时为诸侯，被推为天子。再三推让，各诸侯皆不从，于是汤即天子之位，建立商王朝，定都于亳。

名 臣 伊 尹

　　伊尹因其母住伊水之滨，便以伊为姓，又因其原名挚，又称伊挚。伊尹长大后很有抱负。他得知有莘国君贤明后，为了施展自己的才能自愿沦为奴隶，到有莘国君身边当了一名厨子。商汤要娶有莘国君的女儿为妻，伊尹便以陪嫁奴隶的身份随有莘氏之女嫁到商。伊尹做菜水平很高，商汤品尝后非常高兴，并召见了他，伊尹趁机游说汤王，汤王发现他很有见地，就免除了他的奴隶身份，并任命他为"尹"，即右相，因此称作伊尹，又称阿衡。

　　伊尹在商汤建功灭夏过程中发挥了重要的作用。商汤灭夏建商称王后，仍由伊尹佐政。伊尹在此期间，制订出君臣之间的关系准则。商汤死后，太子太丁还没有正式继位就死了，伊尹就立太丁之弟外丙继位。二年后，外丙死去，外丙之弟中壬即位，在位仅四年也死去。这时，国政已由伊尹左右，于是立太丁的儿子太甲继位。

太甲元年，伊尹作《伊训》，阐明商代列祖之德；作《肆命》，陈述政教所当为；作《徂后》，说明成汤之法度，以期引导太甲正确执掌政务。但太甲继位三年，为政不明，且失之暴虐，虽然伊尹多次规劝，太甲仍然不听。无奈之下，伊尹下令将他放逐到桐，囚禁起来，令其悔过自责，并自摄行政当国。太甲被囚禁桐宫三年，终于悔过反善，伊尹大喜，令人将太甲接回，交还了政权。从此，太甲修德勤政，诸侯归服，百姓安乐。约公元前1533年，太甲死，伊尹作《太甲训》三篇，以褒太甲，并尊太甲为"中宗"。伊尹共辅佐商代四位帝王，位高权重而无篡位之心，被后人所称道。

伊尹 商朝成汤时期的名臣，本为陪嫁的媵臣，受到汤的赏识而委以重任，在他的辅佐之下，商朝最终取代夏朝而立国。

盘庚迁都（前 1300 年）

殷商时代，游牧生活早已经结束成为了历史，稳定的村落和雏形的都市都相继出现，但在面对大的自然灾害之时，人类显得十分渺小无能为力。当遇到大规模的洪水，还是不能自保。所以，在盘庚之前的殷帝，共有四次迁都之举。不断地迁都使每个商帝都伤透了脑筋。

盘庚名旬，性情刚毅见识卓然。盘庚继位之初，殷都城在奄地（山东曲阜附近）。盘庚综合多种原因考虑做出大胆决定，要迁都到殷地（河南安阳小屯村附近）。一次大规模的长途搬迁，自然会遭到臣民的反对。在现存的《尚书》之中，有"盘庚"三篇，说的就是当时搬迁的事情，盘庚软硬兼施，要求臣民迁移。终于成功地把都城迁到了殷地。殷地背靠太行，前临洹水，既利于生存，又便于躲避水患，并且地处中原，也利于统治。加上盘庚本人的才能，终于使殷商的统治从前几代帝王的低迷中走了出来振兴了商朝。历史记载，"百姓由宁，殷道复兴，诸侯来朝"，盘庚因此被称为中兴贤王。此后，殷地被作为都城一直到灭亡，所以，商朝也称殷朝、殷商。

武丁中兴（前 1250 年）

盘庚迁殷后，商朝的经济、政治有了很大发展之后，又历小辛和小乙两代帝王，到武丁时期商王朝的国力发展到空前强盛。武丁是一位励精图治的杰出人物。据文献记载，武丁曾久居民间，对百姓的生活和疾苦非常了解。为了改革王朝，首先大力选拔人才，任用奴隶出身的傅说为相，赋予他极大的权力和极高的地位，要求傅说随时对自己的过失严加规谏。武丁在以傅说为首包括甘盘、祖己在内的朝中大臣的协助下，使商王朝的国力迅速发展。《史记·殷本纪》记载："武丁修政行德，天下咸驩，殷道复兴。"武丁时期，国力昌盛，不断向外扩展影响。对周边方国、部族的战争，拓展了商朝的版图和势力范围，促进了中原地区与周边部族的经济、文化交流，使商朝成为西起甘肃，东至海滨，北及大漠，南逾江、汉流域，包含众多部族的泱泱大国，版图之大，前所未有，经济文化达到商朝后期的顶峰，这段历史被后人称为"武丁中兴"。

傅说　商王武丁的大臣。因在傅岩（今山西平陆东）地方从事版筑，被武丁起用，故以傅为姓。

"司母戊"大方鼎

商王武丁在位期间，为祭祀其母，命人铸造了闻名后世的"司母戊"青铜鼎。

"司母戊"鼎于1939年出土于河南安阳武官村。鼎为长方形，四足两耳，通耳高一百三十三厘米，衡长一百一十厘米，宽七十八厘米，重八百七十五公斤。腹内壁铸有"司母戊"三字，也因此得名。该鼎形制雄伟壮丽，结构复杂，花纹华丽。大鼎腹部铸有蟠龙纹和饕餮纹，有首无身，两眼狰狞可怖，反映神权思想；脚部刻有蝉纹，线条简约，加强了鼎的神秘感。"司母

"司母戊"大方鼎

戊"是目前出土的数千件商代青铜器中最大的一个，在世界古代青铜器史上也是罕见的。在当时铸造这样一个大鼎是一件复杂的事情，不仅需要有大规模的作坊，还必须有复杂的分工和高超的技术水平。目前发现的商代熔铜用的坩锅，一次约能熔化十二公斤铜，如用这种坩锅铸造"司母戊"鼎，就需要七十多个。如果一个坩锅配备三至四人，就需要二三百人同时操作。可见，这个大鼎的铸造，充分体现了商朝时我国人民的智慧和创造力，也反映出当时我国的冶炼业和青铜业相当发达。

甲　骨　文

　　甲骨文就是殷商时代的文字，是用利器在龟甲（多为腹甲）或兽骨（多为牛胛骨）上契刻成书而成的。商代处在所谓"鬼文化"的时代，人们的思想被外在的神秘力量所笼罩，使得越是权力越大，阶层越高，越是遇事多疑，喜用占卜，解决国事或家事中的重大难题。占卜的方法通常是先在甲骨上钻孔，在这种孔洞将透未透之时，对它们进行烧灼。根据烧灼后出现的裂纹（卜兆），由专业的卜师进行解释，并把所问之事及卜兆的结果刻写在甲骨上，有时还把日后的应验也刻写上去，并用朱墨涂写这些刻字，有时也用朱墨直接写在上面。这就是我们今天所能看到的绝大多数甲骨文的模样。甲骨文内容记载的主要是占卜，但也有一些记事的。这些记事的内容，主要是记载帝王的事务，比如祭祀、征伐、田猎等，也就是说，不可能是平民百姓的事情。这说明，文字的起源，主要是来自社会上层的需要。而中国的汉字，发展到甲骨文的时代，已经到了相当成熟的时期。后来的学者曾总结汉字有六大特征，即所谓"六书"：指事、象形、形声、会意、转注和假借，在甲骨文中都有其表现。从甲骨文往上推断，中国文字的起源无疑是相当悠久的。所以，甲骨文的发现和研究，其意义也是相当深远的。

　　有关殷商的历史，大多是根据西汉史学家司马迁《史记》的记载，但因实物证明有限，所以认为书中关于殷商的记载传记多于史实。甲骨文被发现和确认后，1917年，著名学者王国维又以甲骨证史的方法，把释认的卜辞中的甲骨文字与司马迁的记载进行了比较研究之后，证实了《殷本纪》对殷商帝王名姓的记载基本可信。这不仅确认了司马迁的记载，而且确定了中国有可靠文字记载的历史可以追溯到商朝。后来，又有著名学者董作宾，鉴于甲骨文的散乱不整，对其进行了断代研究，使这些地下的实物证据更便于作为史料来进行合理的使用。

　　但是，甲骨文并不是殷商历史的记载，它所记载的只是与占卜有关的事件，且其形式皆为简单的字句，并非完整的篇章，所以，当时的历史很大程度上要靠后人的想象和推断，这也就降低了其历史价值。同时，我们可以确定的是，甲骨文是殷商时代的文字，也是至今发现的中国最早的成系统的文字。从这些文字中，我们可以了解殷商的社会，在社会生活和精神观念诸方面，已经达到了相当成熟的水平。从甲骨文来看，殷商社会是个高度发达的文明国家。

武王伐纣（前 1046 年）

武丁之后，祖庚即位。他紧遵遗命，勤政爱民，商王朝的强盛局面也持续发展。但是祖庚之后祖甲即位，自此以后的商王均无所作为，唯耽乐之从，并且时常滥杀无辜，致使阶级关系日益恶化、阶级矛盾日渐突出。商纣王统治时期，商王朝的腐朽达到极致。纣王为了讨妃子妲己的欢心，大肆修筑宫殿和楼台，建"酒池肉林"。创立炮烙、虿盆等酷刑，杀害忠臣义士，为转移人民的视线，纣王对周边方国发动连年征战，更加重了人民的负担，激化了已经尖锐的阶级矛盾。这时候，商西部的周国在周文王和周武王的领导下逐渐强盛起来。公元前1046年。周武王率领周国部队，在各方国部队的帮助下讨伐纣王，趁纣王派兵征伐东夷之时进军朝歌。恐慌的商纣王连忙把奴隶临时集合起来，发放武器与周兵对峙于牧野，但奴隶和很多士兵对商纣王的倒行逆施十分痛恨，阵前纷纷倒戈，引领着周武王的军队冲向商都朝歌，纣王见大势已去，便逃进鹿台自焚而死，商朝宣告灭亡。

四、西周（约前 1070 − 前 771 年）

约公元前1046年，周武王灭商，建立了周朝，因都城在中原地区西边的镐京，史称"西周"。周朝建立之初，统治者尚能励精图治，国家一度十分繁荣稳定。到了中后期，统治日益腐朽，开始走向衰败。公元前771年，犬戎杀周幽王，西周灭亡。西周改变了商朝"巫君合一"的统治方式，以一系列等级制度创造出了崭新的统治模式。西周的各种制度开始建立起来并逐步完备。西周实行等级森严的分封制，又建立起一套完备的宗法制度，巧妙地将政权和族权结合起来。西周礼刑并用，礼用来消除统治阶级内部分歧，刑则专为控制广大人民而设。西周实行井田制，农业经济得以较快发展。西周也是我国文化制度完备的时代，文化、思想增添了不少新的内容，奠定了我国古代文明的基础。

周文王　姬姓，名昌。商纣时为西伯，亦称西伯昌。相传西伯在位五十年，死后周人谥西伯为文王。

后稷——周人的始祖

　　周人所祭拜的始祖是后稷，名弃。在上古传说中，后稷的母亲是黄帝曾孙帝喾的妃子、有邰氏之女姜嫄。据说，姜嫄是在野外踩到巨人的脚印而怀上后稷的。这种传说，大概是原始社会早期母系氏族时代社会状况的一种反映。

　　姜嫄想把这孩子遗弃掉。曾先后将孩子扔到深山老林、结冰的河上等险恶的地方，可是这孩子都平安无事。此时，姜嫄意识到了所谓"天意"，认为这个孩子是神童，就决定要把他抚养成人。因为有抛弃未成的经历，便把这孩子命名为"弃"。

　　从出生开始就经受磨难的弃长大后非常热爱农耕劳作。再加上母亲的刻意教导，使得弃在培育农作物上有超人的技能，尤其善长培育麦和稷。传说在帝尧的时代，弃担任农师，主管国家的农业。因为业绩卓著，在帝舜时被封于邰（陕西武功），取姓为姬氏，号为"后稷"（"后"有"大"的意思，"稷"则是一种作物），也许是农官的官号。很显然，传说中的弃跨越尧、舜两代，很难说有多大的可信度。但也反映出农业在当时社会发展中所占的地位。

牧野之战（前1046年）

　　周文王在称王九年后病亡，太子姬发继位，号周武王。武王掌权之后，以姜太公为"师"，负责军事；以弟弟周公旦为主政，负责政务；以召公和毕公为左右助手，出谋划策，以期继续周文王的事业。同时武王还把都城从文王时的丰迁到了镐（今陕西西安），所作的一切都是为了将来能够推翻商朝。约公元前1048年，武王在孟津（今河南孟津）举行了大规模的阅兵仪式，史称"孟津观兵"。为了检验自己的实力，同时考验追随周人的各诸侯国的忠诚程度，据说，参加阅兵的诸侯有八百家之多，都认为"可以讨伐商纣了"，可武王却说"时机还未成熟"。周武王发表了历史上著名的"孟津之誓"，并说明了灭商条件还未成熟的原因，于是又退师而归。公元前1046年年初，武王亲率佩甲之士四万五千人，还有敢死队三千人，并与早已跟周人结成联盟的其他封

周武王　姬姓，名发，周文王第二子。继承父亲遗志，于公元前11世纪消灭商朝，建立了西周王朝。

国的军队相配合，东渡孟津，开始了讨伐纣王的战争。武王所到之处，受到诸侯与老百姓的拥护，各地纷纷归附。到二月五日，武王的联军就在殷都的郊外牧野与纣王的军队摆开了决战之势。因为民心的归向，纣王的军队无心恋战，纷纷倒戈。所以，周军轻而易举便获得了胜利，推翻了商纣。

武王封邦（前 1046 年）

牧野之战后，周武王进入商都，把商都及周边地区分成卫、鄘、邶三国，把商的旧都封给纣王之子武庚，卫、鄘、邶则分别由武王之弟管叔、蔡叔、霍叔管理，总称"三监"。周武王灭商后，还师西归，在他新迁的都邑镐京（今陕西西安西北沣水东）举行盛大典礼，宣告周朝正式建立。周王朝建立后，所面临的政治形势相当严峻，武王以"小邦"之君统治如此大的区域，为了防止诸侯叛乱同时也为了巩固政权，武王决定按功行赏，开始实行以周王室为中心的分封政治制度，姜太公、周公旦、召公等功臣先后受封。周朝建立之初，由于新征服的地域十分广阔，为了更好地统控这些地区，武王决定沿用商朝采用的分封制，把王族、功臣以及先代的贵族分封到各地做诸侯，建立诸侯国。先后分封的有鲁、齐、燕、卫、宋、晋、虢等七十一个诸侯国。

周公旦摄政（前 1042 年）

大约公元前1043年，周武王因病逝世，传位于太子姬诵，即周成王。由于成王年幼，武王的弟弟周公旦摄政称王。

在正统的历史记载中，周公旦是个典型的贤相。本身为皇亲国戚，又手握大权执掌朝政，因此外界流言周公欲篡位，但周公用自己的行动消除了流言，辅佐成王治国，在7年后重新把政权交还给成王。但是，在一些典籍和传说中认为周公如同商朝早年的伊尹一样，企图利用摄政王的地位，逐步取代成王，甚至还列举了他称王的举动。

周公还政（前 1035 年）

周公共摄政七年，在这期间，为周朝的发展做了好多事情，平定叛乱、大规模推行"分封制"，创建和完善了王朝礼乐制度。周成王八年（公元前1035年），功成名就的周公，毅然将王位还给已经长大的成王，而自己继续协助成王管理国家。后来遭到诬陷，周公不得不逃亡到楚地。不久，成王知他无罪，并召他回朝。同年，周公在失意中病死。在西周王朝由初创走向巩固的发展过程中，周公做出了巨大的贡献，他还政成王的举措意义重大，维护了王位的嫡长子继承制度，减缓了统治集团内部争夺最高权力的倾轧与拼杀，为王朝政治的稳定发展创造了条件，周公这种政治家的人格被后人称为典范。

周公　姬姓，名旦，亦称叔旦，周文王第四子。因封地在周(今陕西省岐山北)，故称周公或周公旦。西周初期杰出的政治家、军事家和思想家。

井　田　制

井田制的前身是原始氏族公社土地公有制，经过长期的发展演变，夏、商时就已开始实行了井田制。到了西周，井田制的发展趋于完备。所谓井田就是类似棋盘状的方块田，通过田间小路和水道来划分井田之间的界限。实行井田制的前提是土地国有，土地的最高所有者是周王，他凭借政治上的统治权力，把土地分封给诸侯、卿大夫等各级贵族。各级贵族又是他们统治区域内土地的所有者。但是土地是奴隶主国家所有，还不属于个别奴隶主私有，因此不能随便买卖。井田的经营方式分公田和私田两种，"公田"是原始公有土地的残存，平民在公田上集体耕作，按照法律法规向国家缴纳赋税，公田上的产品，全部归贵族所有；"私田"则是公社农民的份地，但必须在使用一段时间后重新分配，其产品一般归公社农民所有。

"成康之治"（前1042－前996年）

周成王姬诵死后，太子姬钊即位，即周康王。康王享受着上两朝的余泽，维持了国家的基本安定和强盛。即位之初，康王就下发诏书，要求各诸侯要检点他们的行为。除了对南方的征伐和对东方的巡视之外，康王几乎没有过耗费国家财力的重大举措。所以，史家一般认为，正是由于康王遵循的"息民"政策，在位期间达到了"四夷宾服，海内晏然，囹圄空虚，刑罚不用"的程度。这种盛况是前所未有的，因而，公元前1042－公

西周成王时期·何尊

元前996年间即成王和康王统治的时期被后人赞誉为"成康之治"。"成康之治"的出现标志着中国奴隶社会黄金阶段的开始。

昭王征讨荆楚（前985年）

继承康王王位的是周昭王，是一个历史上以好战出名的帝王。他在位的中期，生活在荆楚一带的报国发生叛乱，组织了一些小邦国与中央政权抗衡。公元前985年，昭王带兵跨过汉水，进行了第一次征讨，平灭了叛乱取得完全的胜利。这次成功平叛的辉煌战绩被传世的"宗周钟"所记载。但八年后，以报国为首的邦国再次叛乱。昭王于是愤然起兵，决定进行第二次征讨。本来顺利的平叛却因一件小事发生了逆转，在渡汉水的时候，周昭王上了船夫的当。这次渡江使用的船和船夫均不是昭王所带，不知是报国的同盟者，还因为是厌恶昭王的连年征战，就在昭王率军渡河时，献上了所谓的"胶舟"，即用胶粘接的、而不是用铆钉固接的船只。当船行到河中央时，胶液被水溶化，船只解体，昭王溺水而亡，楚人乘势进攻，周军群龙无首损伤过半，大败而归。此次征伐不仅没有及时地打败报国，平灭叛乱，反而使周王室的力量和声威大受折损，从此西周王朝开始走向衰落。

周穆王西征（前 965 −前 961 年）

公元前976年，昭王之子满即位号穆王。周穆王好大喜功，十分想恢复西周王朝鼎盛时期的武功，打算向四方发展西周版图。穆王十二年（公元前965年），以游牧民族戎狄不向周朝进贡为由，周穆王亲率大军西征犬戎，获其五王，并把戎人迁到太原（今甘肃镇原一带）。公元前961年，乘着征讨犬戎的胜利，穆王继续向西进军，最远到达了青海东部一带。艰苦的千里往返并没有打消穆王对西方乐土的向往。周穆王为什么千里迢迢环游西北，后人说法不一，但从政治的角度看，他似乎是想向这些地区的民族展示一番周朝的力量，使他们不敢轻易反叛；也有的学者认为是想转移当时国内的政治矛盾，以巩固自己的地位。无论出于何种目的，这种无谓的炫耀，使周朝的势力进一步衰落下去。

国人暴动　共和行政（前 841 年）

公元前878年，周厉王即位。他是西周第十个国王，也是历史上著名的一个暴君。他执政期间，下令将原来国人（平民）可以自由利用的山林川泽收归国有，触犯了社会各阶层的利益，损害了广大平民和下层民众的利益。遭到了王室贵族的统治集团的反对，国人对此强烈不满，周厉王遂命卫国神巫监视国人。假托神灵，指控国人"谤王"，进行杀戮。厉王的这种高压统治，终于引发了声势浩大的武装起义。这就是历史上著名的国人暴动。公元前841年，国人冲进王宫，把厉王赶到了彘（今山西霍州市）。厉王奔彘后，朝政由周公、召公共管，史称"共和行政"。这一年，历史上称为"共和元年"，这是我国有确切年代记载的开始。国人暴动也成为我国历史上有文字记载的第一次大规模的群众性武装暴动。国人暴动后残暴的厉王统治被推翻了，西周统治摇摇欲坠，灭亡时间大大加速。

宣王中兴（前 827 年）

厉王死后，宣王继位。雄心勃勃的周宣王开始了复兴周室的努力。经过了周厉王的暴政之后，无论是在朝中还是诸侯中间，都希望能有一个稳定的中央政权。宣王就顺应时势的要求，发展经济，清明政治，并且十分重视人才的使用。在各诸侯国的配合之下，宣王击退了西北的猃狁和西方的西戎，平定了南方的淮夷和徐方，成功打击了周边少数民族的侵扰，各个诸侯无论大小，纷纷进京朝拜周宣王，周史家称之为"宣王中兴"。

西周·云雷纹铜方壶

但与此同时，也带来了许多问题，由于连年征兵，人民的经济负担加重，同时，战争使人口大量减少，也使人们普遍产生了厌战情绪。另外，宣王也干涉各国的政事，让鲁武公的次子做太子，并进行军事干涉，由此而引发了鲁国的内乱，使诸侯对他产生了不信任感。而在朝中，他无辜地杀害了大臣杜伯，失去了大臣对他的广泛支持。对于普通人，则一面实行"料民"的措施，使他们失去了许多人身自由；一面又废除了"藉田"的仪式，使天子在民间的威信大大降低。到了宣王末年，周王室又日趋衰落。

烽火戏诸侯（前 779 年）

在一些神话传说中，褒姒就是以不祥的妖孽之物出现的，传说是周厉王时期宫中的一个童妾遭到龙的涎沫所化成的玄鼋生成的。在宣王时代流传一个童谣说，这个穿戴妖艳的女子，注定会使周朝亡国的。从她的姓氏上看，褒姒可能是褒国（陕西汉中）人。褒君把她献到宫中，被幽王看中，得以百般宠爱。

尽管幽王对褒姒宠爱至极，褒姒却从未流露一丝笑颜。为了一睹褒姒难得的笑姿，幽王竟想出了"烽火戏诸侯"的馊主意。此前，周王为了京城安全与诸侯有约，如果外寇侵扰，白天烧柴生烟为号，称作"燧"，夜间举火把为号，称为"烽"，烽和燧置于一连串的烽火台上，绵延传递，诸侯看到烽燧后就发兵来援救。幽王无寇来犯却屡举烽火，诸侯纷纷率兵马来京城勤王，到后方知空跑一场，诸侯慌乱的情景果然博得褒姒开怀大笑。但后来，西北犬戎来入侵京城时，诸侯以为幽王又以他们取乐，愤而不发援兵，最终导致幽王身死国亡。

西周灭亡（前771年）

公元前781年，周宣王死后，姬宫涅即位，是为幽王。幽王执政期间荒淫无道，任用贪财好利善于逢迎的虢石父执政，致使朝政腐败，激起国人怨恨。其在位期间灾难频繁，关中一带发生大地震，加以连年旱灾，使民众饥寒交迫、流离失所，社会动荡不安。政局不稳，生产凋敝，国力衰竭，幽王不思挽救周朝于危亡，奋发图强，反而重用佞臣虢石父，盘剥百姓，激化了阶级矛盾；不久攻西戎大败而

春秋·战车

回，伐六济也失利，天灾人祸并存，周朝统治内外交困。仍旧过着花天酒地的生活，宠幸妃子褒姒，为博美人一笑，"烽火戏诸侯"。公元前771年，申侯联合缯国和西方的犬戎攻打幽王，占领国都，并在骊山脚下杀死了周幽王，西周宣告灭亡。次年，幽王之子宜臼为避犬戎，迁都到洛邑，是为周平王，东周开始。

五、春秋（前770 – 前476年）

公元前770年，周平王迁都洛邑（今河南洛阳市），开始了大动荡的东周时代，东周前期史称春秋，后期称为战国。春秋时期，王室衰微，诸侯蜂起。齐桓公和晋文公先后打败周边各民族和南方的楚国，各兴霸业，打破了"普天之下，莫非王土，率土之滨，莫非王臣"的政治统一格局。春秋中期过后，晋秦和晋楚之间的战争断断续续打了近百年，之后又出现了吴越争霸的混乱局面。春秋时代政治取向的基本特点有二：一是所谓的霸主政治，政权由集权向分权转化；二是西周时期周公创制的礼乐制度开始崩坏。这种特点促进了新旧制度的更替，其中最明显的是土地制度和法律制度的更替。

平王东迁（前 770 年）

公元前770年，犬戎之乱后周朝首都镐京被破坏得一片狼藉，周平王即位后第一件事就是迁都洛邑（今河南洛阳），因在镐京之东，故史学家称之为东周。东迁不久，周王朝丧失了对各地诸侯的实际号令权，势力范围也局限于以洛邑为中心的方圆不过六百余里的区域，实力也降到中等诸侯之下。周王朝政治、军事权威的丧失，标志着西周的礼制、法制和文化制度迅速崩溃，诸侯也不再听命于周天子，任意用兵，相互攻伐，中原陷于混战局面，以军事实力争取政治、经济利益成为诸侯争霸的主要目的和手段。同时，由于礼崩乐坏，周王室不再享有独占九鼎、巡狩天下的特权，而诸侯，甚至卿大夫常常超越本分冒用天子礼制，中原地区的政治和文化格局发生了很大变化。

秦国崛起（前 770 年）

公元前770年，秦庄公的儿子秦襄公曾护送周平王迁都洛邑，平王念其有功，便封其为诸侯，并将岐山（今陕西岐山县东北）以西之地赐秦，秦国因此迅速崛起。秦人为嬴姓，传说是颛顼的后代。周孝王时，秦人祖先非子因为西周王朝养马有功，被赐封邑在秦，号秦户嬴。公元前824年，秦庄公攻破西戎，定居西犬丘，开始建立国家。春秋早期，秦致力于伐戎，收复周故地。公元前766年，秦襄公伐戎至岐身亡，其子秦文公继位，于公元前762年，收复汧水、渭水交汇

番君鬲　春秋前期，长11.8厘米，宽16厘米，重1.46千克。铸有铭文：唯番君配伯自作寶鼎，萬年無疆，子孫永用。

处的秦故地，并于此定都。秦是西周的故土，继承了西周的正统文化，走在春秋时代文明兴起的浪潮中的前列。在军事上，秦不断发动对外战争，积极拓展领地。秦的疆域最初主要在今甘肃东南和陕西西部的渭水流域，后逐渐并灭今陕、甘境内的西戎各部，沿渭水东进，逾黄河和崤函之塞，进攻三晋；逾今陕西商洛地区进攻楚；逾今陕西汉中地区，进入巴蜀，并从巴蜀进攻楚。公元前753年，秦开始记事，民众也开始接受教育。公元前746年，三族之罪首先出现在秦的宪法中。中国现存最早的刻石文字石鼓文，歌咏了秦国君游猎、战争的

情况。从此，秦国不再是僻居于西部一隅之地的小国，一跃而成为可以与中原诸国匹敌的强国。

共叔段之乱（前 722 年）

共叔段是郑武公次子，其母武姜厌恶长子寤生，多次请求郑武公废寤生而立共叔段为太子，武公未同意。公元前744年郑武公死，寤生即位，为郑庄公。周平王四十九年（公元前722年），武姜请求把京（今河南荥阳东南）封给共叔段，庄公同意，共叔段回到京地以后，肆意扩展私家势力，扩充私人军队。不久，共叔段要求庄公将郑国西部和北部边境地区同时归自己指挥，郑庄公依然不加干涉，庄公的一再纵容使得共叔段更加肆无忌惮，随后又收取两属之地作为自己封邑，所控制的地域迅速扩大。这年五月，共叔段整治城郭，积聚粮食，修补武器装备，收养敢死之士，充实步兵战车，准备袭击郑国都城，还联络都城中的武姜为内应，准备届时打开城门接应自己。不料共叔段预谋造反的消息，被庄公得知，连起兵日期都被泄露，庄公便命令郑大夫公子吕率领二百辆战车攻打京城。共叔段抵挡不住大军的进攻，逃奔到鄢（今河南鄢陵县北），郑庄公乘胜追击，大败共叔段。此后，共叔段逃奔于共（今河南辉县）邑居住，再也无力威胁郑国。

周 郑 交 恶

春秋初年，周王室衰落，时常需要同姓诸侯的支持。郑国为姬姓诸侯之一，国君郑伯自恃实力强大，不把王室放在眼里。平王担心朝政大权会被其操纵控制，双方渐生嫌隙。平王为削弱郑伯的权力，准备让虢公掌管一部分事权。不料有人将消息透露给郑伯，郑伯大怒，当面质问平王。平王害怕，矢口否认。郑伯不信，胁迫王室同他互换人质。于是周将王子孤作为人质交给郑，郑以公子忽为人质给周，史称"周郑交质"。平王死后，周人又想削夺郑伯的权力。郑伯怒不可遏，几次将王室的庄稼大面积毁坏。周郑便开始结怨并越来越深，史称"周郑交恶"。

齐桓公登基（前 686 年）

　　周庄王十一年（公元前686年）公孙无知弑齐襄公登基。但公孙无知被视为弑君篡位的逆臣而遭到国人的强烈反对。公元前685年春天，公孙无知赴葵丘（今山东临淄西）巡视，葵丘大夫雍借机袭杀了公孙无知。

　　因当年齐襄公暴虐，许多襄公之弟逃难在外，此时国内无君，纷纷准备返齐继位。公子纠因其母为鲁女而逃避在鲁，由管仲、召忽为其辅佐。公子小白逃奔在莒国，由鲍叔牙为其辅佐。公子小白之母是卫国之女，有宠于齐僖公。公子小白和齐国大夫高溪关系友好，当公孙无知被杀后，齐国显贵高氏和国氏就商量，把公子小白秘密从莒国召回继承王位。鲁国听到公孙无知死讯，立即发兵护送公子纠即位，并派管仲率领部队在赴齐的路上阻挡公子小白。管仲引箭

立鹤方壶　　春秋后期，通高122厘米，宽54厘米，重64千克。1923年出土于河南新郑。现藏于北京故宫博物院。

射小白，射中其带钩，小白佯装身亡，倒在车中。瞒过了管仲，管仲误以为小白已死，便派人驱车将消息报告鲁国，公子纠信以为真，便慢慢赶路，六天后才到齐国。此时，公子小白早已到齐。因有高氏、国氏为内应，所以顺利继承君位，是为齐桓公。并击败了后来赶到的公子纠，管仲与公子纠逃往鲁国。

　　周王室东迁以后，宗法制度和神权统治已崩溃，政治权力迅速转移到诸侯国。政治结构上的重大变化促使各诸侯国发展起各具风格的政治、经济、军事格局和多元化的文化样式，为以后战国秦汉文明各方面的发展奠定了基础。齐桓公即位后，建立起齐国的霸权，在政治、经济、文化上做了一系列改革，齐国开始强盛并最终建立了霸权，齐桓公也成为春秋五霸之首。

长勺之战（前 684 年）

　　周庄王十三年（公元前684年）年初，齐国和鲁国之间的战争爆发，齐国军队攻到鲁国长勺（山东曲阜北面）。形势对鲁国十分不利，为了挽救败局，鲁庄公只好临阵督战。当齐军擂鼓进攻之时，庄公马上命令鲁军迎战，但是却遭到了谋士曹刿的劝阻和制止。等到齐军三鼓之后，曹刿才请求庄公下令让鲁军冲锋，

结果一举打败士气衰落、筋疲力尽的齐军。长勺之战也因以少胜多、以弱胜强而名留青史。

管 仲 佐 政

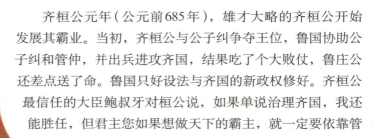

齐桓公元年（公元前685年），雄才大略的齐桓公开始发展其霸业。当初，齐桓公与公子纠争夺王位，鲁国协助公子纠和管仲，并出兵进攻齐国，结果吃了个大败仗，鲁庄公还差点送了命。鲁国只好设法与齐国的新政权修好。齐桓公最信任的大臣鲍叔牙对桓公说，如果单说治理齐国，我还能胜任，但君主您如果想做天下的霸主，就一定要依靠管仲的才能了。作为管仲的知己，在鲍叔牙看来，管仲之才能的最可贵之处，是他能够在使君主紧握自己政权的同时，还能调动起民众的力量，达到富国强兵的目的。于是，齐桓公就要求鲁庄公杀死公子纠，将管仲和召忽押送回齐国。公子纠被杀之后，召忽不堪受辱以身殉主，自杀而死。剩下管仲，去见齐桓公。二

管仲　名夷吾，字仲，春秋时期齐国著名的政治家，颍上（今安徽颍上）人。经鲍叔牙力荐，为齐国上卿（即丞相），辅佐齐桓公成为春秋第一霸主，被称为"春秋第一相"。

人见面之后，管仲把自己的富国强兵之道一一说出，齐桓公十分叹服，随即任命管仲为相，辅佐自己开创霸业。管仲首先从齐国经济入手，使人民安居乐业，国家资财丰盈充足；其次加强内政建设，军政合一，以便最有效地集合起全国力量一致对外；另外，管仲还提出了"尊王攘夷"的口号，尊王可以挟天子以令诸侯，而攘夷则顺应了全天下人的期望，管仲便以此为借口征讨四方，最终助齐桓公完成霸业。

管仲属于先秦时期开法家思想之先河的人物之一。并把宽容和惠民的精神融入了他的法家思想。他一方面主张加强国家对民众的管理，另一方面也比较关心人民的经济利益；一方面主张以法治国，另一方面又坚持任用贤才，给各种人才创造发挥其才能的空间。后来的圣人孔子认为管仲是个有上古仁爱之心的政治家。而当孔子弟子质疑管仲的忠君精神时，孔子则更看重管仲建立的历史功勋，即帮助齐桓公建立起的霸王之业。

齐桓公确立霸业（前 681 年）

　　齐国所处地区，临东海，倚泰山十分富饶。王位传至齐桓公，任用管仲为相，改革内政，发展生产，加强军队战斗力。短短几年之间，齐国国富民强成为东方诸侯大国。齐桓公又适时提出"尊王攘夷"的口号，召集诸侯会盟，扶危救困，代周王讨伐不服从周朝的诸侯国。公元前651年，齐桓公召集各国诸侯在葵丘会盟。同时也邀请了周王参加，齐桓公的霸主地位得到正式承认，成为春秋首霸。晚年的齐桓公在管仲死后，信用奸佞，息于政事。不久，齐桓公死，诸子争位，国内政治动荡，齐国的霸业也随他的死亡而衰之。

齐桓公伐楚（前 656 年）

　　楚成王于周惠王六年（公元前671年）继位，他在位时期，国势不断壮大，郑国君怕被楚国吞并，准备附庸于楚国。齐国也惧怕楚国日益强大威助自己的利益。为了对付楚国攻势，采用加强诸侯联盟，达到分化楚国的目的，周惠王十八年（公元前659年），齐桓公召集鲁、宋、郑、曹、邾等国诸侯商议援助郑国。周惠王二十一年（公元前656年）春天，齐桓公率领齐国及宋、卫、陈、郑、鲁、许、曹共八国军队讨伐新近倒向楚国

蔡子鼎　春秋后期，通高33厘米，宽28.2厘米，口径23厘米，重6.77千克。

的蔡国。蔡军不敌而溃，诸侯联军攻占蔡后进而南下伐楚，直抵楚国边境。到了当年夏天，双方相持不下，楚成王见诸侯联军没有退却的迹象，便派大夫屈完到联军请求停战和谈。齐桓公带联军退至召陵（今河南郾城东），迫于楚国也很强大，齐恒公最终同意议和，于是双方便在召陵签订盟约修好。

葵丘之会（前 651 年）

　　周惠王二十五年（公元前652年），周惠王死，国君之位暂无人继承，齐桓公率领诸侯与周之卿大夫结盟于洮（今山东鄄城西南），立太子郑即位，尊为襄王。周襄王元年（公元前651年）夏，齐桓公召集鲁、宋、卫、郑、许、曹等国诸侯以及周王室的宰孔在葵丘（今河南兰考县东）相会，订立盟约。盟约的主要内容有：尊重贤士，养育英才；君主要用人唯贤，不得独断专行；各国间要有难互助，允许各国间粮食的流通；禁止堵塞河流，以邻为壑。订立盟约的目的是在于维护宗法制度嫡庶的大小，意在发扬周文化尊贤崇德的精神，阻止国与国之间的垄断与竞争。此次会盟是在齐桓公的诏令下组织的，此次会盟也正式确立了齐国中原霸主的地位。

城濮之战（前 632 年）

　　齐桓公死后，齐国霸业中衰，楚国乘机向中原扩展势力，与晋国产生了尖锐的矛盾。公元前632年，楚国围困宋国，宋国向晋求救，晋文公为救宋，率兵攻楚的盟国曹、卫，楚成王率陈、蔡两国军队回救。晋楚两军相遇于城濮（今山东鄄城西南）。当年晋文公流亡楚国受到楚王热情招待，楚王问其将来如何回报，晋文公说将来若两军相遇，当退避三舍，晋文公于是令晋军后退，既避楚军锋芒，又兑现了当年的诺言。子玉不顾楚成王告诫，率军冒进，被晋军歼灭两翼，楚军大败。城濮之战是中国历史上最早有详细记载的战例，也是诱敌深入战术的典范。城濮之战后，晋文公在践土（今河南郑州西北）朝觐周王，会盟诸侯，周襄王正式命晋文公为侯伯。晋国也实现了"取威定霸"的政治、军事目标，晋文公也因此成为五霸之一。

崤山之战（前 628 年）

　　秦国处于周朝各诸侯国的西部，立国较晚。但经过几代秦王的励精图治到秦穆公即位时，秦国已经强大起来，并图谋东进，以便称霸中原，东进的第一个目标就是晋国。公元前628年，秦穆公得知郑、晋两国国君新丧，不听大臣劝阻，执意要越过晋境偷袭郑国。十二月，秦派孟明视等率军出袭郑国，次年春越过晋国南境，抵达滑。郑国商人弦高与秦军途中相遇，机警的弦高一面冒充郑国使者犒劳秦军，一面派人回国报警，这就是弦高救国的故事。孟明视以为郑国早有防备，于是决定返回。晋国派大将先轸率军秘密赶至崤山，并联络当地姜戎埋伏于隘道两侧。秦军在回师途中路过崤山时突然遭到晋军和姜戎的夹击，身陷隘道，进退不能，全部被歼灭。孟明视等秦将被俘，第二年秦穆公亲率大军渡河焚舟要与晋军决战，晋军避而不出。秦穆公于是来到崤山，祭奠阵亡的将士，然后班师回国。

秦穆公称霸西戎（前 623 年）

秦建国初期的五十多年，疆域一直局限于岐西之地。秦穆公好胜图强，刚即位就致力于拓展疆土，扩大势力。继位之初，秦穆公首先讨伐了茅津（位于今山西、陕西交界一带）之戎，灭掉梁、莨等小国。同时，秦穆公又助晋惠公返晋得位。中期，秦穆公以武力将陆浑之戎迁至伊州，吞并了其原居地瓜州一带，使其疆域扩大到黄河以西。自得百里奚、由余等贤臣相助之后，秦穆公更是四处扩张。公元前623年，穆公用大臣由余之计，选送十六名女乐给西戎王，戎王沉溺女乐，国政自衰。秦乘机攻伐西戎，大获全胜，将西戎十二国并入秦土，增加了纵深千里的土地。周襄王得知，派吕公过恭贺穆公，授之以铜鼓，秦国遂得以称霸西戎，秦国也成为了西方大国及西部各民族融合的中心。

楚庄王问鼎中原（前 614 年）

楚庄王，于公元前614年即位。他即位后对内改革政治，对外诛平百蛮，国力增强，于是不满足于偏安南方不断进兵中原，并与晋展开了霸主之争。公元前606年，楚庄王伐陆浑之戎，阅兵周疆，周定王派王孙满慰劳楚军，楚庄王趁机向王孙满问九鼎之轻重。九鼎是王权的象征，问鼎之轻重充分暴露了楚庄王称霸中原的野心。这时，中原国家仍以晋实力最强，它西抑秦东制齐，秦、齐虽渐上升或恢复，仍非晋之强

楚王酓朏鼎 战国后期，通高59.7厘米，宽60.5厘米，口径46.6厘米，重53.8千克。1933年出土于安徽省朱家集。

劲对手。晋当时国君为晋灵公，十分残暴无道，对内残害臣民，对外受赂无信，国内统治不稳定，国外威信也日益下降，这就为楚庄王北上中原提供了有利时机。公元前606年夏，楚庄王观兵周疆后，随即移兵攻打晋的盟国郑国，以此来教训晋成公，晋未出兵对抗。此后，楚庄王连续北上用兵，声威也日益远播。公元前597年，晋楚邲之战，楚获大胜。公元前594年冬，楚国成功主盟了蜀之盟大会，因此，楚庄王成为中原霸主。

弭兵之会（前586年）

春秋时期，各诸侯争霸纷纷，战争旷日持久，给各国及人民带来沉重的灾难。对于夹在大国之间的中小国家来说，灾难最为严重，因此他们不遗余力地倡导"弭兵"。春秋时共有两次"弭兵之会"，都是宋国倡导的。公元前579年，在宋国大夫华元的倡导下晋楚两国暂时休兵罢战。第一次弭兵运动成功。三年之后鄢陵之战爆发，宋国大夫向戎第二次倡导弭兵，得到晋楚的赞同。公元前546年，"弭兵会议"在宋国都城商丘召开，晋、楚、齐、秦、鲁、卫、郑、宋、陈、蔡、许、曹、邾、滕一共十四个国家参加会议，最后签订协约规定，晋的盟国朝楚，楚的盟国朝晋，双方的盟国同时承认晋、楚两国的霸主地位，齐、秦两国则与晋、楚平起平坐。这样，在各大诸侯国的相互退让下，延续了一百多年的春秋中期的大国争霸战争，终于以休战而结束，弭兵之会也达到了预期效果。

吴国兴起（前584年）

相传吴国由周文王伯父太伯、仲雍奔荆蛮时所创建。周朝建立后，周武王封其后裔周章为吴君，立国于长江下游一带。周简王二年（公元前584年）春，吴国出兵伐郯（今山东郯城县西南）国，郯与吴媾和，郯臣服于吴。与之后晋使巫臣出使吴国并教导吴国军队操练战阵，吴国的军事因此而逐渐强大。巫臣于公元前584年请求出使吴国，晋景公同意。巫臣到吴国后，很受吴王寿梦赏识。于是，在巫臣的联络下，吴晋两国通好。巫臣去吴国时，带楚国三十辆战车到吴国做教练，还送给吴国射手和御者，教吴国军队练习战阵，使用战车。吴地盛产优质铜锡，冶炼技术精良，所造兵器以坚固锋利而驰名天下，春秋晚期，吴逐步跨入了军事强国的行列。

孔　子

孔子（前551年－前479年），名丘，字仲尼，我国伟大的思想家、教育家，儒家学派的创始人，春秋末期鲁国陬邑（山东曲阜）人。他是没落的宋国贵族的后裔，出任过鲁国的中部宰、司空、司寇等职，后因遭小人暗算而弃职。后率弟子周游列国，晚年归鲁，继续讲学，整理古籍。孔子是中华文化思想的集大成者，创立儒家学说。他的哲学思想提倡"仁义"、"礼乐"、"德治教化"，以及"均以民为体"。儒学思想渗入中国人的生活、文化领域中，同时也影响了世界上许多国家和地区。《论语》是儒家重要经典之一，是记录孔子言行及与弟子问答的著作。《论语》体现了儒家的教育社会政治思想及孔子的认识论和方法论，是研究孔子及儒家思想尤其是原始儒家思想的主要资料。孔子

孔子　（前551－前479），名丘，字仲尼。春秋末期思想家、教育家，儒家学派创始人。

晚年，还对我国上古时期的文献进行了一次大规模的整理。现传儒家五经，《诗》、《书》、《礼》、《易》、《春秋》都经过孔子的删定或整理，他为我国上古文化的保存做出了重大的贡献。孔子的主张虽不被当时君主所采用，但影响十分深远，更是后来封建社会的思想、道德、政治基础。

老子与《道德经》

老子　姓李，名耳，字伯阳，又称老聃。道家学派的始祖。

老子，姓李名耳，字聃，楚国苦县（今河南鹿邑）厉乡曲仁里人，曾任东周王朝守藏史，掌管图书典籍。老子一生修行道德，晚年才有"著书言道德之意"，但仅留《老子》一书，《老子》又名《道德经》，是老子思想的结晶，全书分上下篇，共八十一章，计五千言。在《道德经》一书中，老子以"道"为核心，创立了他的哲学体系，阐释了他朴素辩证的思想，他认为"道"先于世界万物存在并且是产生世界万物的神秘本原。老子的哲学思想，到后来基本上发展为两个方向。一是庄子将老子的世界观发展成为

虚无主义；另一就是将"道"解释为规律，形成了法家学派。此外，老子的思想更为道教哲学所尊崇，并把老子奉之为"教主"。

《孙子兵法》

《孙子兵法》是春秋末年齐国的军事家孙武所著，是公认的世界最古老的兵书。孙武，字长卿，齐国内乱时逃亡到了吴国，经伍子胥的推荐，受到吴王阖闾重用。《孙子兵法》传世十三篇。书中强调了军事的重要性，认为军事乃国家的头等大事，并揭示了一系列的军事规律和战争原则，比如"知彼知己，百战不殆"、"避实而击虚"、"攻其无备，出其不意"，等等。孙子还特别强调作战要注意观察对立的两方面因素。《孙子兵法》自问世以来，对中国古代军事学术的发展产生了巨大而深远的影响，被人们尊奉为"兵经"、"百世谈兵之祖"。《孙子兵法》也成了历代兵学家、军事家必读之书，人们不仅吸取其中的军事理论，更用于指导实际的战争。

孙武 字长卿，即孙子，春秋末期著名军事家。齐国人。所著《十三篇》是我国最早的兵法，被誉为"兵学圣典"，置于《武经七书》之首。

鄢陵之战（前 575 年）

周简王十一年（公元前575年），晋、楚两国均为大国，双方一直为争夺中原霸主地位而争战不休。郑本为晋国同盟，但郑国背叛晋国，郑子驷与楚共王盟于武城。郑国此举令晋国上下大怒，晋国大夫栾书认为不可失信于诸侯，于是晋厉公亲率四军征伐郑国。郑国向楚求救，楚共王率军救援。晋范文子闻楚来救，劝厉公回师。栾书却认为见强避之，无以令诸侯。于是晋楚两军在鄢陵展开大战。混战中，晋军弓箭手射中楚共王眼睛，楚军大败。楚将子反组织战败的楚军，安抚他们想再战。楚共王召子反商量对策，子反却贪杯而没有能参加。楚共王大怒，赐子反自尽。楚军失去主将，大败而归。鄢陵之战是晋国为争夺郑国而引起，最终导致晋楚两国展开了一场正面交锋，楚军虽然大败，但未有太大损失，晋国也未征服郑国。

专诸刺吴王僚（前 515 年）

　　为使幼弟季札继承王位，吴王诸樊临死立下遗命，王位继承采用兄终弟及的制度。周景王十八年（公元前 527 年），吴王夷末死，应由季札继立，季札坚辞不就，结果夷末的儿子僚即位为王。诸樊的儿子公子光不服，暗中打算夺位。周敬王五年（公元前 515 年），公子光募得勇士专诸以谋刺杀僚。公

春秋·印纹硬陶簋

子光大仁大义，专诸于是将老母亲、弱子托付给公子光，自己冒死去刺杀吴王僚。此年四月，公子光先在地下室埋伏甲士，然后设宴招待吴王。吴王僚让甲士于道路两旁排列，从大门、台阶到里门和坐席上，吴王僚两旁都有手持利刃的士兵守护。端菜的人要在门外先脱光衣服，换穿别的衣服，才能进门。进门后被吴王亲兵用剑夹着膝行而入，剑尖几乎碰到身上。当刺杀行动的一切准备布置好以后，公子光假装有脚病，躲进地下室。专诸把匕首放在鱼肚子里，然后通过了吴王亲兵的搜查，在上菜时抽出匕首猛刺吴王僚。在杀死僚的同时，两旁亲兵的短剑也刺进专诸的胸膛。吴王僚死后，公子光继位，即吴王阖闾。

吴军破楚入郢（前 506 年）

　　阖闾九年（公元前 506 年）冬天，吴王阖闾在伍子胥、孙武的建议下，亲率吴国大军，以唐、蔡军队为先导，出兵伐楚。吴军乘船抵蔡，在淮汭登陆。三次将楚军打败。吴、楚双方又于柏举（今湖北麻城东北）列阵而对。阖闾之弟夫概带领部下五千士兵突袭楚军，楚军溃退，吴王率领大军长途追击，在清发水（今湖北安陆县）追上楚军，趁楚军渡河至水中央时，猛烈进攻，大获全胜。吴军五战五捷，兵临楚都郢的城门下。十一月二十七日，楚昭王携其妹逃出都城，吴军于次日攻入郢。深仇大恨的伍子胥掘楚平王墓，鞭尸三百以泄私愤。

卧 薪 尝 胆

西施　春秋末期浙江诸暨苎萝村人。天生丽质，为吴王夫差最宠爱的妃子。

周敬王二十四年（公元前496年），在吴越争霸的战斗中吴王阖闾战死，吴国战败。其子夫差即位，发誓要为父报仇。周敬王二十六年（公元前494年）春，吴王夫差率军攻越，双方在夫椒（今浙江绍兴北）展开大战，最终以越军战败告终，越军退守会稽山（今浙江绍兴东南）。越王勾践贿赂吴太宰伯嚭，并向夫差进献美女西施求和。夫差想争霸中原，于是答应与越媾和。勾践立志报仇雪恨，把苦胆挂在室内，吃饭之时一定要先尝苦胆；晚上睡在木柴上，用这种方式时刻警醒自己不忘耻辱，立志报仇。周元王三年（公元前473年），经过多年充分准备之后勾践大举攻吴，击败吴军，攻占了吴都，吴王夫差自杀，吴国灭亡。

名 医 扁 鹊

扁鹊名秦越人，传说年少时为客舍长。有一个叫长桑君的客人，十多年来常在这家客馆投宿，扁鹊对他很友好，长桑君看出扁鹊非平凡之人。十几年后，有一天，长桑君单独找到扁鹊说："我有传世秘方，现在年老了，想把这方子传给你，你不要让外人知道。"于是扁鹊发誓。长桑君从怀里拿出药，说："配上池水饮服，三十日后当有效。"他把秘方都传给了扁鹊，说完就不见了踪影。扁鹊按其嘱咐服药，三十天后，可隔墙看见物体。诊病看人体，可以见五脏六腑。

扁鹊 （前407－前310），名秦越人，渤海莫人（今河北任丘），春秋战国时代的名医。

扁鹊于是开始周游各国行医，有一次路过虢国，听说虢太子死了，扁鹊向中庶子好方术者询问太子病情后，说："我能使他复活。"于是入诊太子，还能听到耳鸣，看到鼻翼微张，摸到两腿之间尚有余温。中庶子马上告知虢君。悲痛万分的虢君大喜，忙请扁鹊

春秋·兽纹牺尊

救活太子。扁鹊于是医治，片刻，太子仿佛一觉醒来，扁鹊又给其开了药，太子连服两个月后，病就好了。天下人都传颂着扁鹊能医活死人。扁鹊说："不是我能使人死而复生，而是他本来就是活的，我只是使他站起来罢了。"

扁鹊经过齐国，齐桓侯热情款待他。扁鹊说："您有疾病在腠理，不及时医治将加深。"桓侯不相信，认为扁鹊想居功。过了五日，扁鹊又见桓侯，说："您的病已经浸入到血脉。"桓侯还是不信。又过了五日，见了桓侯，说："病情已深入肠胃。"桓侯没有理会。又过了五日，扁鹊望见桓侯后转身就走。桓侯奇怪，派人询问，扁鹊说："当病还在腠理，汤熨可治好；到了血脉，针石之法可治好；入到肠胃，酒醪可治好。深入到骨髓，就无可奈何。现在桓侯的病已深入到了骨髓，我也无计可施。"又过了五日，桓侯发病，派人寻找扁鹊，扁鹊已不知去向。桓侯于是不治而死。

扁鹊医术高明，声振天下。精通妇科、耳目鼻科、小儿科等。秦国太医令李醯自知医术不及扁鹊高明，又心存妒忌，就派人把扁鹊杀害了。

春秋医学是中国医学的发生期，那个时代所留下的医学材料并不多，而且分散。扁鹊被誉为中国方剂学鼻祖。扁鹊已成为医生的代名词，他的出现，代表了中国医学的兴起。

六、战国（前 475 －前 221 年）

从公元前475年春秋战国之交到公元前221年秦统一中国，是中国历史上的战国时代。在汉代刘向的《战国策》中曾这样描写战国时期——"并大兼小，暴师经岁，流血满野……万乘之国七，千乘之国五，敌侔争权，盖为战国。"齐、楚、燕、韩、赵、魏、秦这七个历史上被称作"战国七雄"的国家彼此间进行着你死我活的战争。同时各国新旧势力之间也进行着激烈的斗争，各国纷纷实行变法改革。在各国激烈的兼并战争中，变法最彻底、最成功的秦国力量最强，最终统一了中国。

秦始皇陵兵马俑·铜车马　秦，通长225厘米，通高152厘米，重1061千克。兵车，是皇帝出行时车马仪仗队中负责警卫的车。

战国七雄

战国时期，指的是公元前475年到公元前221年这段时期，由于各诸侯国之间的战争接连不断，呈现出天下大乱的形势因而得名。这一时期，北起长城，南达长江流域，先后出现了齐、楚、燕、韩、赵、魏、秦七个大国。这七个大国为了扩张自己的势力，对内变法改革，以图自强，对外侵略混战，相互兼并。首先是魏国独占中原。后来，魏国逐渐衰弱，齐国和秦国成为东西对峙的两个霸主。公元前298年，齐、韩、魏、赵、中山等五国联军攻入函谷关。秦国被迫退还了原先侵夺的韩、魏的一些地方。齐国为当时关东各国的盟主。公元前286年，秦国联合了燕、楚、韩、赵、魏等国共同伐齐，削弱了齐国，开始向东方大发展。先后吞并了赵、魏、韩等国，直到公元前221年秦军攻入燕都，燕国灭亡止，统一全国的大业基本完成。

魏文侯出兵平定晋乱（前 416 年）

晋国传位到晋幽公时，日益弱小的晋国公室，已仅有绛、曲沃之地，其余广阔之地皆被韩、赵、魏三国瓜分，晋幽公反而朝拜韩、赵、魏之君。周威烈王十年（公元前416年），晋幽公夜出淫妇人，被杀。魏文侯闻讯后，立即出兵平定了晋的内乱，立幽公之子止继位，是为晋烈公。魏文侯是魏桓子之孙，于周贞定王二十四年（公元前445年）即位。魏文侯在位期间，任人唯贤，起用李悝为相，吴起为将，奖励耕战，兴修水利，进行改革，魏国也成为一时强国。

李悝变法（前 403 年）

战国初期，魏文侯（公元前424－公元前396年）是位有作为的君主。他在位期间任用李悝（公元前445－公元前395年）为相，在国内推行变法。变法的主要措施有：一、鼓励农民勤谨耕作。李悝认为农民的劳作态度直接关系到土地的收成高低。二、实行"平籴法"，丰年由国家以平价购进粮食，灾年则平价出售，使粮价保持平衡。三、依据"食有劳而禄有功"的原则，授予有功劳的人以职位和爵禄，取消那些无功于国而又过着奢华生活的人的世袭特权。四、编集《法经》，分为盗、贼、囚、捕、杂、具六篇，目的是为了保护地主阶级的生命和财产安全，维护新兴封建国家的统

曾侯乙编钟　战国早期打击乐器，1978年出土于湖北省随县擂鼓墩曾侯乙墓，总计64件，其中钮钟19件，甬钟45件，另有楚惠王五十六年（前433）刻镈钟1件。全重2500千克。现藏湖北省博物馆。

治秩序。李悝变法代表了新兴地主阶级的利益，巩固了地主阶级的政权，发展了封建经济，适应了当时社会的发展，使魏国在战国初期首先强盛起来。

三家分晋（前 403 年）

春秋后期战国初期，晋国公室（诸侯国君）与私家（卿、大夫之家）之间展开了激烈的斗争。在相互的斗争中，公室宗族的势力逐步衰弱，卿大夫逐渐登上了政治舞台，进而掌握了晋国的军政大权。到了春秋晚期，这些卿大夫都有了自己的政治范围，互相兼并，最终剩下了韩、赵、魏、范氏、中行氏、智氏六家。在后来的相互斗争中，范氏和中行氏也先后失败，其地被瓜分。最后就只留韩、赵、魏、智四家。公元前453年，智伯侵占了韩、魏的土地，又胁迫韩、魏联合攻赵，相约灭赵后三分赵地。在智伯将要攻破赵城的时候，赵派人说服韩、魏，三家一起灭了智氏，三分其地。三家分晋的局面基本形成。公元前403年，周天子发布诏令给韩、赵、魏三家，正式承认了三家诸侯国的地位。

西门豹治邺（前 403 年）

公元前403年前后，魏国翟璜推荐西门豹，魏文侯便任命西门豹为邺（河北临漳）地的县令。邺地是魏国遭受水患最为严重的地区，当地的贪官污吏又以治水为名多方盘剥百姓，百姓生活困苦不堪。他们勾结当地巫祝，制定的治水办法，每年向百姓摊派巨资，说是要为河神娶妻，事实上大部分钱财都被他们贪污。所谓给河神娶妻，就是选择姣好的女子抛入水中，其实就是人祭。西门豹到任后，决心以此为突破口，治理邺县并想出一个良策。在这一年给河神娶妻时，西门豹到场观看。他看了给河神选定的妻子后，大摇其头，认为此女子不会让河神满意。

于是，西门豹决定让主持活动的老巫婆辛苦一趟，告诉河神改日再送个好女子。不由巫婆分说，西门豹就命令士卒们将巫婆抛入水中。等了半天不见"回音"，又把巫婆的三位女弟子抛入河中去探探消息。此时，当地的贪官早已吓得魂飞魄散，纷纷请求饶命。给河神娶妻的陋习就此被根除。于是，西门豹在当地树立起了威信。西门豹见时机成熟便开始了大刀阔斧的改革。为彻底去除水患，决定组织民众兴修水利，经过几年的努力，共开凿水渠十二条，引漳河水灌溉农田，使邺地得以大治。在西门豹治邺的过程中，朝野对西门豹的非议也很多，但魏文侯给予他很大的支持，这也是西门豹治邺成功的一个重要原因。

吴起改革（前 390 年）

周安王十二年（公元前390年），楚悼王任命亡魏奔楚的吴起为楚国令尹，主持楚国变法。吴起"明法审令"，"要在强兵"，取消贵族特权，削减官吏的俸禄，用以供养战士，奖励军功。在军事上，吴起认为要想统一全国，必须依靠强大的军队。在吴起的率领下，楚国南收扬、越，北并陈、蔡，击退三晋，进逼魏国的黄河两岸。吴起的变法加强了王室的权力，增强了国家实力，但同时也触犯了旧贵族的利益，使得旧贵族对他恨之入骨。周安王二

吴起 （约前440－前381），战国初期著名的军事家和政治家。

十一年（公元前381年），楚悼王去世后，吴起被车裂肢解而死，但他的变法对楚国产生了深远影响。

齐威王治齐（前 356 年）

齐威王，公元前356年至公元前320年在位，统治齐国长达三十六年，在位期间，齐国在"战国七雄"中处于领先地位。齐威王招纳天下贤才，任用邹忌为相，田忌、孙膑为将和军师，改革政治，国力渐强。公元前353年，齐国发兵围魏救赵，大败魏军于桂陵；公元前341年，齐国又在马陵击溃魏军，迫使魏惠王求和。公元前334年，齐、魏相互承认对方为王。此后各诸侯慑于齐国的威力，二十多年不敢轻易加兵于齐。在齐威王的精心治理下，齐国的势力和威望达到了顶峰。

商鞅变法（前 350 年）

　　商鞅（约前 390 – 前 338 年），生于战国时期，本是卫国人，原名卫鞅。在秦孝公下令求贤时来到秦国。他游说秦孝公，主张实施变法。变法的主要内容有：一、废井田，开阡陌，允许土地买卖。二、重农抑商，奖励耕织。三、统一度量衡，颁布度量衡的标准器。四、奖励军功，废除世卿世禄制。贵族中凡没有立军功的人不得入贵族籍，不得授予军功爵。五、"燔烧诗书，明法令"，并申明"刑无等级"。六、设什伍连坐法。编户籍，五家为一伍，十家为一什，奖励对"奸"告密，知而不告者处以腰斩，告密则可与斩敌同赏。七、革除戎狄旧俗，禁止父子、兄弟同室居住。变法得到了秦孝公的赞赏，并在他的支持下，变法得到了强有力的推行，秦国因此而国富兵强，从而为秦始皇统一中国打下了坚实的基础。

围魏救赵（前 354 年）

　　公元前 353 年（魏惠王十七年、齐威王四年），魏军和齐军大战于桂陵（河南长垣），结果魏军大败。

　　公元前 354 年，魏国为了救援被赵国攻击的卫国，派大将庞涓率领宋国和卫国军队攻打赵国，并包围了赵国的都城邯郸。眼看邯郸要被魏军攻破，不得已赵国就向齐国求救，齐国任田忌做大将，庞涓的同窗孙膑为军师。

　　为了解救对邯郸的包围，田忌没有直接攻击邯郸的魏军，而是进逼魏国的都城大梁，并让已经倒戈的宋国和卫国的军队，配合另一部分齐军攻击魏国的襄陵（在河南睢县），形成对大梁的夹攻之势。其实，这只是孙膑的一个计谋，齐军的本意并不是攻取大梁，而是迫使攻伐赵国的魏军撤兵，并伺机进行攻打。果然，在十月攻陷邯郸之后，魏军只好回救大梁。魏军到了桂陵（河南长垣）时，中了孙膑的埋伏。魏军大败，庞涓被擒。这就是军事史上著名的围魏救赵的桂陵之战。

战国错金银青铜虎噬鹿器座　出土于灵寿城与中山国王陵。刻画一只老虎正跪伏吞食鹿的情景。

马陵之战（前342年）

公元前342年，魏国攻打韩国，韩国向齐国求救，齐成王派田忌、孙膑率军救韩，魏将庞涓、太子申以十万大军迎战。孙膑为避其锋芒采用退军减灶之计诱敌深入，庞涓果然上当，于马陵（今山东范县西南）进入齐军包围圈。齐军万箭齐发，魏兵死伤无数大败，庞涓拔剑自杀。齐军消灭了魏军主力，俘虏太子申。魏国遭到从未有过的惨败，元气大伤。同年，秦、赵、楚也乘机攻魏，在接连的打击下，魏国开始由强盛走向衰落。

孙膑 （约前380－前320），战国时兵家。齐国阿（今属山东）人。曾与庞涓同学兵法，后庞涓成魏国大将，妒忌他的才能，把他骗到魏国，处以膑刑（挖去膝盖骨），所以叫孙膑。后担任齐威王的军师，先后在桂陵和马陵大败魏军。

张仪连横说（前328年）

张仪本是魏国人，早年从师鬼谷子学习兵法，周显王四十一年（公元前328年），张仪被任命为秦国相，开始推行其"连横"策略。张仪首先从韩、魏入手，迫使韩、魏两国太子入秦朝见。秦派公子桑率军攻取魏蒲阳（今山西隰县），然后，张仪又请求秦惠文王将蒲阳交还魏国，还使公子太繇为"质子"到魏国。一打一拉之后，张仪亲赴魏国，劝说魏惠王认清利弊，不可对秦无礼。此时，楚怀王宣扬已与秦联合，魏国闻讯十分惊恐，连忙把上郡十五县，包括少梁等地一起献给秦国，并与秦修好言和。一年后，秦将以前所攻取的焦（今河南三门峡西）和曲沃（今河南三门峡西南）两地归还魏国。张仪的"连横"活动获得很大成功，他这种又拉又打的策略使秦、魏、韩形成连横形式，同时齐楚联盟宣告瓦解。张仪还曾率军向东侵伐，使秦完全占有了河西、上郡等地，并在河东占有土地，从而使秦国彻底掌握了黄河，东进的步伐又迈进了一步。

胡服骑射（前302年）

战国时期，在我国北方开始有胡人部落出现，赵国处于北方，与胡人相邻。这些部落和赵国常有小的掠夺战斗。由于胡人都是身穿短衣长裤，骑马射箭，迅速敏捷。赵国军队为步兵和兵车混合编制，官兵都身穿长袍，甲胄笨重，交战中常处于不利地位。鉴于此，赵武灵王于公元前302年开始改革，下令在全国改穿胡人的服装。但他的做法遭到了顽固贵族的阻挠，认为这有违祖训。赵武灵王力排众议，在大臣肥义等人的支持下，推行改革。在胡服措施成功之后，赵武灵王接着训练骑兵队伍，练习骑马射箭，同时改变原来的军事装备。改革之后，赵国的军事实力大大增强，在七雄中占有一席之地。

百 家 争 鸣

　　春秋战国是中国历史上很重要的一个时期，是由封建领主制向封建地主制过渡的时期，在此期间新旧阶级、阶层之间的斗争复杂而又激烈。代表各派政治力量的学者或思想家，都从本阶级或本集团利益和要求出发，对宇宙、社会以及万事万物做出解释，或提出主张。他们著书立说，广收门徒，高谈阔论，互相辩难。这样，在思想领域里就出现了一个十分活跃的、后世十分少见的"百家争鸣"的局面。所谓"诸子百家"，并非实指百家，主要有儒家、墨家、道家和法家，其次有阴阳家、杂家、名家、纵横家、兵家、小说家，等等。除小说家外，后人把其他九家称为"九流"。"三教九流"的说法就是从这里来的。各家各派的文化思想，奠定了整个封建时代文化的基础，在中国古代文化史上占有重要地位。

屈 原

　　屈原（约前339－约前278年）是战国末期楚国丹阳（今湖北秭归）人。名平，字原，楚国宗室。屈原辅佐怀王变法图强，主张联齐抗秦，一度使楚国出现了国富兵强、威震诸侯的局面。但是怀王昏庸，亲佞远贤，忠正耿直的屈原屡遭诬陷，反被流放。楚襄王二十一年（公元前278年），秦将白起攻破楚国都城郢，屈原遂自沉汨罗江，以身殉了自己的政治理想。重要著作有《离骚》、《九章》、《天问》等赋。其中《离骚》比喻生动，语言瑰丽，诗篇千变万化，雄伟奇观，具有深刻现实性的积极浪漫主义精神，对后世产生了深远的影响。在诗歌形式上，屈原打破了《诗经》那种以整齐的四言句为主、

屈 原

简短朴素的体制，他写的诗歌句式可长可短，篇幅宏大，内涵丰富复杂，被后人尊崇和模仿，称为"骚体"。由屈原开创的楚辞，同《诗经》共同构成中国诗歌的两大源头，在中国乃至世界都享有很高的声誉。

苏秦合纵五国攻秦（前287年）

周赧王二十七年（公元前288年），秦、齐再次联合。十月，秦昭王自称西帝，尊齐湣王为东帝。公元前287年初，齐湣王在大臣的劝说下取消帝号，恢复称王，秦仍使用帝号，自居于天下诸侯之上，这种自高自大的行为激起各国不满。这时，苏秦奉燕王之命入齐与赵相李兑发动赵、齐、楚、韩、魏五国合纵攻秦，燕亦派兵从齐军。为了破坏五国合纵，秦设法离间笼络合纵各国。齐连忙派苏秦去游说，最终促成五国合纵攻秦，虽未与秦发生战争，却迫使秦国废除帝号，并归还了原先侵占的魏国和赵国的土地，与五国媾和。深受齐湣王宠信的苏秦表面上效力于齐国，但实际上仍忠心于燕。苏秦采取的策略是劝齐攻宋，以转移齐对燕的注意力，并消耗了齐的国力为公元前284年乐毅破齐奠定了基础。

乐毅伐齐（前284年）

公元前316年，燕昭王的父亲燕王哙欲将王位禅让给相国子之，但遭到宗室的反对，两年后太子平叛乱，齐趁机攻燕，杀燕王哙和子之。公元前286年，齐灭宋，次年，秦约各国伐齐，取齐九城。燕昭王见时机成熟，决定复仇。公

元前284年，燕昭王以乐毅为将，组成燕、秦、楚、韩、赵、魏六国联军共同讨伐齐国，齐军大败，失去城池七十二座。乐毅乘胜追击，直逼齐都临淄，齐湣王逃走。后齐将田单用"火牛阵"夜袭燕军，乘胜收回大片失地，使齐国转危为安。但齐大国地位已经丧失，与秦东西对峙局面被打破。齐国疆土分裂，势力大减。五国联合伐齐，是战国时的一场大战。后来，六国之间的自相残杀愈演愈烈。

乐毅　中山灵寿（今河北灵寿西北）人。战国后期杰出的军事家。

完璧归赵（前 283 年）

据说，有一个楚国人叫卞和，他得到一块玉璞，即未经加工的玉石。为了让楚王赏识它，先后被砍掉了手脚。为此，这块玉石就以卞和的名字命名了。这一年，秦王得知和氏璧在赵王的手中，就说想用十五座城跟赵王交换。

完璧归赵

赵王本不想把和氏璧交给秦王，但慑于秦国的强大，如果不同意，怕引来秦国的强攻，如果同意，又怕换不回十五座城。就在左右为难之际，宦官令缪贤的门客蔺相如，挺身而出，自愿出使秦国，立誓或者要回城池，或者把和氏璧完整无缺地带回来。于是蔺相如奉命出使秦国见到秦王后，秦王在庭堂上拿着和氏璧，只顾让人传看，根本不提交换城池的事。

于是，蔺相如上前一步说："玉石上有个瑕疵，请允许我指给大王看。"秦王把玉石交给蔺相如后，蔺相如马上高举玉石，对准了石柱子并面现怒色，对秦王说："或者给城，或者还玉。如果大王一定要逼我，我就与玉石同归于尽。"这一举动出乎秦王意料，马上道歉，说希望用城池换玉石。蔺相如一眼便识破了这乃缓兵之计，于是也如法炮制，一面要求秦王斋戒之后再接受玉石，拖延时间，一面命令随从怀揣和氏璧偷跑回国。到了要交和氏璧的日子，蔺相如只身面对秦王，甘愿听从发落。蔺相如的行为既没有使秦王的阴谋得逞，也维护了赵国的国威。

蔺相如出色地完成了使命，回国后，当即被赵王拜为上大夫。

负荆请罪（前 283 年）

秦赵渑池大会，蔺相如不辱王命立了大功，回国后赵王就封相如为上卿，官位在将军廉颇之上。对此，廉颇大为不满。他对外宣称，我出生入死、攻城野战立下血汗战功才做了将军，蔺相如出身贫贱，只是凭着会耍嘴皮子就要站在我的上头。如果见了面，我一定要羞辱他一番。相如听到此话，就常常称病，不去上朝，以免跟廉颇分出官位的上下。如果出门远远望见廉颇，也要引车回避。相如的门客们认为这是一种耻辱，相如则解释说："就是残暴无比的秦王，我都敢当面叱责他，更何况廉将军？说实话，强秦之所以不敢对赵国用兵，就是因为有我们两个人。如果我们两人的矛盾激化，斗个你死我活，对个人和国家都是没有好处的，我们也会成为国家的罪人。"蔺相如的话传到廉颇耳中，廉颇感到惭愧难当，亲自到相如门上，袒露出肩膀，背着荆条，请求相如的责罚。蔺相如宽宏大量，不计前嫌，从此将相和好如初。

白起拔郢（前 277 年）

白起　战国时期秦国名将。郿县（今陕西眉县东北）人，中国历史上著名的军事家、统帅。

战国中期，楚怀王任用奸人为相，又受张仪蛊惑，以致楚国政治腐败，内不能改革图强，外不能合纵抗秦，危机四伏。到顷襄王时期，更是国力日渐衰弱。秦赵渑池之会后，使秦得以专攻楚国。公元前278年，秦分两路由白起和张若分别率领攻打楚国，打得楚军首尾不能相顾。白起决西山长谷水为渠灌鄢，城中居民溺死数十万。次年，白起乘胜攻安陆（今湖北云梦、安陆一带），最后攻克郢都（今湖北江陵北），在洞庭湖边驻扎军队。楚顷襄王被迫迁都于陈（今河南淮阳）。白起因功被封为武安君，此次战争之后，楚国元气大伤，国家已名存实亡，而秦国已经成为不可抗衡的军事大国。

长平之战（前 260 年）

公元前266年，秦昭王任用范雎为相，范雎提出"远交而近攻"的战略，把斗争重点放在邻近的韩、赵、魏三国。秦昭王甚为欣赏并采纳。公元前262年，秦王发兵攻打韩国，紧接着秦为了争夺韩国的上党郡而与赵发生了战争。赵将廉颇率领大军驻守长平，秦国派白起率兵攻打，廉颇以逸待劳，坚壁清野，双方在长平对峙了三年，不分胜负。后来秦国使用反间计，故意宣称秦军只畏惧赵奢之子赵括。赵王中计，改用只会纸上谈兵的赵括代替廉颇。赵括一反廉颇的军事策略，易守为攻，全线出击向秦军发动猛烈进攻。白起兵分两路，一路诱敌深入，一路切断赵军后路，实施反包围。赵军因被秦军断绝了粮道而困于长平，不愿坐以待毙的赵括率军突围，结果被乱箭射死，赵军四十万降卒全被活埋。长平之战赵军主力丧失殆尽，从此再没有与秦国抗衡的能力。

"毛遂自荐"（前260年）

公元前258年，长平之战结束，赵国无法对抗秦国，秦国为了吞并赵国，再次派出重兵围攻邯郸，邯郸危在旦夕。赵王让平原君到楚国搬救兵，平原君从门下食客中挑选二十名随行人员，挑来挑去，还差一人。于是有一个叫毛遂的赵国人自荐于平原君面前，平原君说："贤士处世，就如同装在口袋里的锥子，锥尖会自然戳出。先生你在我门下已有三年，从未听说有什么过人之举。"毛遂马上应答说："如果你早把我放在口袋之内而不是扔在口袋外面，我早就脱颖而出了。"平原君于是便带上毛遂一起上路了。果然，平原君与楚王的谈判十分艰难，正在处于僵局之时，毛遂按剑上前，质问楚王说，合纵抗秦的利与害，三言两语就能说清，为什么你们说了半天还没有个结果？楚王怒斥毛遂，毛遂则历数近年来楚国所受秦国的欺辱，并说明合纵抗秦，对楚国同样有利。同时，毛遂又勇敢地以武力要挟楚王，说若不同意三步之内则血溅大王，楚王害怕只好答应合纵抗秦，并最终派出春申君黄歇，率师救赵，从此毛遂也为人另眼相看。

窃符救赵（前257年）

长平之战后，秦国于公元前259年乘胜包围了赵国的都城邯郸，历时两年未能攻下。

毛遂用武力求来的楚国救兵，终究心意不诚，同时也惧怕损害自己国家的利益，也未能解除秦军对邯郸的围攻。此时的邯郸，已被围困三年，开始用人骨生火，易子而食了。平原君的夫人是信陵君的姐姐，

杜虎符　战国时秦国兵符，长9.5厘米，高4.4厘米。1973年出土于陕西省西安市北沉村。现藏陕西省历史博物馆。

不断写信给信陵君，请求魏国出兵相救。在信陵君的请求下，魏王派将军晋鄙率十万大军救邯郸。秦王闻知，马上派人威胁魏王，如果魏国再三援助赵国，秦军攻下邯郸后，立即讨伐魏国。魏王胆怯，命令晋鄙在邺地（在河北磁县）观望待

命。信陵君屡次请求魏王不得，就向担任首都大梁城看城门人的隐士侯生求教。侯生设计，信陵君派人斩杀魏王宠姬的杀父仇人，魏王宠姬感恩从魏王卧室中偷出了调动军队的符节。信陵君手持符节来邺地调动军队，将军晋鄙不想服从，被侯生推荐随行的大力士朱亥用重锤击杀晋鄙。信陵君挑选精兵八万，在邯郸城下打败秦军，终于解救了赵国。自知闯下大祸的信陵君也不敢再回魏国，就在赵王及平原君的邀请下留在了赵国。

都 江 堰

在秦国境内巴蜀地区，水利资源相当丰富，可当时，江水、河水不光给人们的生产和生活带来便利，祸害有时竟大大地超过了它所能带来的好处。蜀国郡守李冰决定造福当地，带领民众治理水患，取得了历史性的杰出成就。李冰最有名的治水功绩是修筑四川灌县境内的"都江堰"，利用分水工程把岷江之水分为内江和外江两部分，当汛期来临之时可以有效地抵御洪水，同时又充足地灌溉了成都平原的八百万亩良田。这项工程，我们至今还能看到并依旧发挥着它的重要作用。另外蜀郡的青衣江、汶井江等水利工程也是由李冰主持修建的，它们和都江堰一起为当地的农业发展做出了贡献。

荆轲刺秦王（前 227 年）

公元前227年，秦军压境，燕太子丹为挽救燕国灭亡的命运，募得壮士荆轲去刺杀秦王。荆轲带着秦悬赏捉拿的樊於期的头颅和假意要献给秦国的督亢地图出使秦国，以降秦献礼为名，企图行刺秦王。献图时，荆轲亲手打开地图，荆轲抓起藏在地图里的匕首，意图胁迫秦王。可惜事未成，荆轲反被秦王砍断左腿，后被乱剑处死。次年，秦大举攻燕，攻占燕都蓟。后五年掳燕王喜，燕国灭亡。秦始皇统一天下

易水送别

后，荆轲的朋友高渐离借击筑之机，扑击始皇，也失败被杀。秦始皇因此"终生不再接近诸侯各国的人"。

秦灭六国（前 221 年）

公元前 221 年，秦国大将王贲攻克临淄，俘虏齐王田建，齐国遂亡。在此之前，秦王政分别灭了韩、赵、魏、楚、燕等五国。至此东方六国全部灭亡。公元前 230 年，秦灭韩。公元前 229 年，秦大举攻赵，王翦率兵攻下井陉，包围邯郸，次年俘赵王，赵国亡。公元前 227 年，燕太子丹派荆轲刺杀秦王失败，秦王大怒，令王翦、辛胜为将，大举伐燕。公元前 222 年，秦军俘燕王，燕国亡。公元前 225 年，秦王使李信、蒙恬率兵二十万攻楚，但为楚将项燕所败。秦王政于是亲自赴频阳，请求老将王翦为将，王翦大破楚军，并于公元前 224 年掳获楚王负刍，楚亡。公元前 225 年，秦将王贲攻魏，引河水灌魏都大梁，魏王投降，魏国灭亡。从而，秦王政完成了多年以来的夙愿——统一中国。

七、秦（前 221 – 前 206 年）

公元前 230 年到公元前 221 年，秦国相继灭掉了北方的燕、赵，中原的韩、魏，东方的齐和南方的楚六个国家，结束了春秋以来长达五百余年的诸侯割据纷争的战乱局面，建立了中国历史上第一个中央集权的统一国家。从秦始皇开始，中国长达两千年的封建帝制确立下来，一直被沿用到清代。他采取了一系列调整、完善和加强中央集权统治的措施，使军政大权独揽于皇帝一人手中。除了在政治上建立皇帝制度、建立专制主义中央集权以外，秦始皇在经济、文化等方面也做了一些统一的工作。实行重农抑商政策，统一货币、度量衡和文字。修筑万里长城，修驰道堕壁垒，构成了以咸阳为中心的四通八达的道路网。秦统一后采取的以上措施，对于消除封建割据、加强中央集权、巩固多民族国家的统一、发展封建经济和文化，具有重大而深远的影响。

秦始皇统一全国（前 221 年）

秦始皇　（前259－前210），首位完成中国统一的秦王朝的开国皇帝。后人称之为"千古一帝"姓嬴，名政。出生于赵国，所以又叫赵政。

赢政统一六国以后，为了加强中央专制集权，采取了一系列措施。他规定最高统治者称皇帝，国家一切大事，都由皇帝一人裁决，主要官吏由皇帝任免。在中央，皇帝以下设丞相、太尉、御史大夫。在地方，秦始皇接受大臣李斯的建议，实行郡县制，把全国划分为三十六郡，郡下设县。统一文字、货币、度量衡。战国时期，各国的文字、货币和度量衡，各不相同，影响各地经济文化交流。秦统一后，为了管理方便，也为了显示国家统一性把小篆作为全国规范的文字，以后又在民间流行笔画更为简单的隶书。秦始皇还规定，在全国统一使用圆形方孔的秦国铜钱。为发展全国水陆交通，又实行"车同轨"，修建以都城咸阳为中心的驰道。

这些措施，有利于巩固秦朝的统一，有利于各地经济文化交流。

蒙恬北伐匈奴（前 215 年）

秦尚未统一六国前，北方的游牧民族匈奴逐渐强大起来，并且经常进入内地掠夺百姓的牲畜、财产，使相邻的燕、赵、秦深受其害。尤其是秦灭六国的最后阶段，匈奴趁各诸侯无暇顾及，占领了河套地区的所谓"河南地"。秦王朝建立后，匈奴威胁的问题日渐突出。秦始皇三十二年（公元前215年），秦始皇派大将蒙恬率军三十万大举北伐匈奴，尽取河南（今黄河河套西北）地。第二年，蒙恬又率军越过黄河，夺取了被匈奴控制的高阙（今内蒙古杭锦后旗东北）、阳山（今内蒙古狼山）、北假（今内蒙古河套以北、阴山以南、大青山以西地区）等地。在秦军的打击下，匈奴首领头曼单于放弃河南地及头曼城向北退却。秦王朝收复河套以北、阴山一带地区后，又增设四十四县，重新设置九原郡，在黄河岸上构筑城堡驻守。始皇三十六年（公元前211年），秦迁内地人三万户到北河、榆中（今内蒙古自治区伊金霍洛旗以北）屯垦，以进一步巩固对这一地区的统治。蒙恬北伐匈奴，不仅有力地制止了匈奴奴隶主贵族对中原的抢掠，而且大大促进了这一地区的开发。在长期的劳动和交往中，不少匈奴人南迁中原，逐渐同秦人及其他各族人民共同居住和生产，促进了民族的大融合。

修建长城（前 214 年）

秦始皇三十三年（公元前214年），大将蒙恬率三十万大军大举征伐匈奴，经过多次战斗重创了匈奴，收复河套南北的广大地区，同时在这个地区增设九原郡，下分四十四个县。为了巩固这一地区，秦始皇征发大量民工，将原秦、赵、燕旧时长城，随地形修筑连接，重新加固，修建成举世闻名的万里长城。秦代万里长城西起临洮、东至辽东，对于抵御匈奴的骚扰，保障内地人民生产和生活的安定，起了极其重要作用。长城是世界历史上最伟大的建筑之一，也是中华民族悠久文明的象征。

焚书坑儒（前 213 年）

秦始皇三十四年（公元前213年），始皇在咸阳大宴群臣，宴席上博士淳于越指责郡县制，提出分封制并企图说服秦始皇遵复古法，恢复西周时期的分封制，以使天下太平。秦始皇将此事交给群臣讨论，丞相李斯认为古代天下动乱，无法一统的根源是存在各种儒门学说，这些学说使人心不一。最终招致诸侯并起，四海分裂，李斯建议秦始皇消灭私学，除《秦记》之外的史书一律烧毁；除秦博士官所藏《诗》、《书》、百家语等书外，都要将书交到所在的郡，由郡守监督烧毁，医药、卜筮、种树的书不在烧毁之列；若要学习法令，必须以官吏为师。秦始皇采纳了李斯的建议，下令焚书，一时间，大量文化典籍被付之一炬。公元前212年，秦始皇以方士卢生、侯生诽谤皇帝、妖言惑众为理由，牵连坑杀儒生四百六十多人。这两件事是中国文明史上一大浩劫，史称"焚书坑儒"。秦始皇焚书坑儒，严重摧残了古代文明，而且也开了中国古代封建制度下文化专制的先河。

秦始皇病死沙丘（前 210 年）

中国通史故事

2 号铜车马　秦代，1978 年出土于陕西西安临潼区秦始皇陵兵马俑坑，重 1241 二克，现藏秦始皇陵兵马俑博物馆。

秦始皇三十七年（公元前 210 年）冬，始皇结束东巡返回咸阳，来到平原津（今山东德州南）时患病，等到次年七月病情加重，于是迁移到沙丘（今河北广宗）宫颐养。秦始皇担心病不能治愈而勉强支撑写下玺书，让公子扶苏继承王位，并要他立刻赶回咸阳主持治丧葬礼。玺书还没有来得及交给使者传送，始皇就停止了呼吸。李斯担心始皇暴死沙丘的消息泄露，反秦人士趁机发难，引起政局动荡，遂秘不发丧。秦始皇宠信的宦官赵高因为与始皇的二王子胡亥交情很深，且又为其老师，于是赵高乘机与胡亥、李斯密谋，擅自开启密封的玺书，篡改始皇遗令，另立胡亥为太子，而赐扶苏和大将军蒙恬死，史称"沙丘之变"。扶苏见到假诏后自杀，蒙恬疑心有诈，不肯自杀，下狱后被迫服毒而死。此后，太子胡亥在咸阳袭位，这就是秦二世皇帝。

大泽乡起义（前 209 年）

秦二世元年（公元前 209 年）七月，为防匈奴入侵，秦征发九百农户戍守渔阳（今北京密云），陈胜、吴广也在其中，担任屯长。当队伍行至大泽乡（今安徽宿州东南刘村集）时，连降数日大雨，道路不通，预计无法按期到达。依照严酷的秦法，失期当斩。陈胜和吴广谋议，觉得逃是死，举大事也是死，同样是死，不如举旗反秦。陈胜、吴广杀死两名押送校尉，提出："王侯将相宁有种乎？"九百人异口同声，赞成共举大事，于是筑坛为盟，称大楚，陈胜自立为将军，吴广为都尉。起义军首先攻下大泽乡，进而攻占蕲县及附近各县，中国历史上第一次大规模的农民起义就这样爆发了。不久义军攻占了陈县（今河南淮阳），陈胜自立为王，国号"张楚"。随着陈胜、吴广领导的农民起义军在反秦的斗争中不断地壮大，内部的矛盾和弱点也不断暴露出来。陈胜骄傲自大，听信谗言，诛杀故人，日益疏远起义群众，而有些将领为了争权夺利致使义军自相残杀。最后，陈胜、吴广也相继被杀，起义受到严重挫折，不久，起义失败。但它作为中国历史上第一次大规模的农民起义，而永垂青史。

昏庸的秦二世（前 210 年）

秦始皇三十七年（公元前210年），秦始皇二子胡亥得到赵高、李斯等人的支持，继承皇位，为秦二世。

胡亥本是无能之辈，即位后更是个昏庸而残暴的皇帝。即位的同年九月，他葬其父秦始皇于骊山陵，下令将后宫无子者全部殉葬；为保守墓中机密，将制作机弩的工匠皆闭死墓中。为巩固皇位，他派人杀死蒙毅，逼死蒙恬。接着，为防止诸公子与他争权，先后逼死和杀死公子十余人，公主十人，牵连者不可胜数。秦二世的杀戮，使群臣人人自危，宗室为之震恐。不仅如此，秦二世还大兴徭役，加重赋役。开始，他调集大量劳力加紧修建骊山墓。当骊山墓竣工后，又下令继续修建阿房宫。为此，家破人亡的百姓不计其数，为了加强关中的统治力量，又征调五万人屯卫咸阳。而且还豢养大批狗马等禽兽，以供游猎享乐之用。秦二世终日沉溺于享乐之中，深居简出，对政事一概不理不问，一切朝政由赵高一人决断。

赵 高 专 权

秦二世时，宦官赵高开始专权。赵高指鹿为马，将不顺从自己的全部杀死，巩固了自己的权力。他又劝秦二世深居禁宫，不必亲自坐朝听政，只需由赵高自己和其他与秦二世亲近之人密商后上奏。秦二世本身就无能，不愿处理政务，所以就对此一一采纳。赵高专权造成了朝政混乱，最终引发了大规模的农民起义。义军所到之处，人民纷纷响应，很快就逼近了咸阳。赵高怕秦二世责难，便派人率兵进入秦二世所住的望夷宫，杀死二世。后赵高又立二世之侄子婴为帝，意欲继续擅权，子婴对赵高的意图十分明了，于是先下手为强，将赵高骗入自己宫中，设伏兵杀死。

巨鹿之战（前 207 年）

秦二世二年（公元前208年），秦将章邯镇压了陈胜、吴广起义，继而又进入楚地，消灭了当地反秦武装，杀项梁，破邯郸，与此同时秦将王离率二十万人将赵王歇和张耳围困在巨鹿。章邯率军二十万屯于巨鹿南数里的棘原，供王离军粮秣。赵将陈余率军数万屯于巨鹿北，因兵少不敢往救。楚怀王派宋义为上将军，项羽、范增为将，率主力五万救赵，同时派刘邦西进攻秦。宋义行军至安阳驻扎四十六日而不进兵，意让秦赵争斗而收渔人之利。项羽愤杀宋义。率领全部楚军渡河后，下令全军破釜沉舟，每人只携带三日口粮，以示决一死战之心。楚军以一当十，奋勇死战，九战九捷，大败章邯军，齐、燕等各路援军亦冲出营垒助战，最终俘王离，杀其副将，解巨鹿之围。自此，各路反秦将领皆服项羽。走投无路的章邯只好率军二十万请降，秦军主力遂告覆灭。巨鹿之战意义重大，使腐朽的秦王朝受到了致命的打击，加速了它的灭亡。

秦朝灭亡（前 206 年）

秦二世二年（公元前208年）闰九月，沛公刘邦奉楚怀王之命，从彭城出兵率兵西入函谷关（今河南灵宝东南），伐灭秦朝。十月，刘邦率军攻下成武，十二月领兵抵达栗（今河南夏邑）。第二年，刘邦听从郦食其的计谋，避开秦兵的锋芒，首先攻取了交通要道陈留（今河南开封县东南），获得大批军粮。三月攻克白马，四月进占颍川（今河南禹州）。张良率军在此地与刘邦合兵，刘邦留下韩王成守阳翟，自己与张良一同南进。七月，刘邦又得南阳（今河南南阳）。一路上，刘邦势力日益壮大，又由于秦军主力被项羽所钳制，在西进途中所向无敌，先后攻下丹水（今河南淅川西）、胡阳（今河南唐河湖阳镇）及析县（今河南西峡）等地。八月，刘邦率数万大军攻克武关（今陕西商南南），屠城后继续挥师北上，直逼咸阳。依照张良的计谋，义军在山上大量张插旗帜设疑兵之计，张扬声势，一面派郦食其与陆贾劝秦将投降。另一方面，刘邦带兵绕过峣关，翻越蒉山，突然袭击蓝田（今陕西蓝田西），大破南北两面的秦军，于是据守峣关的秦军全部瓦解。公元前206年，沛公刘邦进驻霸上（今陕西西安东），秦王子婴杀死赵高后向刘邦投降，刘邦进驻咸阳，秦朝灭亡。

阿房宫和骊山皇陵

秦朝统一后，秦王政称秦始皇，认为原先咸阳的王宫已与现在的身份不符，就下令在渭水南岸的上林苑（在陕西西安）修建朝宫。先建造的是前殿阿房宫。

阿房宫占地广阔，东西宽五百步，南北长五十丈，殿堂上可坐万人。宫前竖立十二个铜人，各重二十四万斤。为防止私带兵器入宫者，宫门用磁石做成。阿房宫还没有全部建成，秦始皇就死去了，后来又被项羽焚毁。

与此同时，秦始皇也加紧了他的骊山陵墓的营造。据记载，骊山陵墓高五十多丈，占地五里多。墓基极深，用铜液灌注。墓中摆设与宫殿就是地上的再现，还用水银仿造了百川大海。用人鱼膏为烛，以期长明不灭。还有与真人大小相仿的陶俑，在墓中守护着这位不可一世的帝王。秦始皇还想在地下继续他在人间的权威。但是，他对这种继续毕竟信心不足，所以，在墓中又设置了种种机关，以期阻止盗墓者。可以想见，如此浩大的工程，对于刚走出战争阴影不久的天下百姓，会是多么沉重的负担。

兵　马　俑

短暂而盛极一时的秦王朝给后世留下了两大奇迹，一是难以移易的万里长城，二是秦皇陵兵马俑。陶制的兵马俑，本是秦始皇想带到另一个世界去的卫士。经考古工作者勘察，目前的秦俑坑共有四个，除四号坑未置一物，可能为中途停工外，其余的三个坑中，共有陶俑、陶马等器物七千余件，大小与真人真马相似，栩栩如生，令人叹为观止。据考证，一号坑为指挥所，二号坑主要为骑兵，三号坑是步兵与战车混合兵种，由陶俑和陶马组成的军阵，规模宏大，气势磅礴，体现了秦朝的军事实力。陶俑和陶马的塑造，不仅表现了当时士兵的穿着和武器装备的真实情况，而且也颇具艺术表现力。陶俑的相貌不同，表情各异，反映出当时的时代风貌和高超的艺术水准。此外，在秦陵西侧还发现了仿真铸造的铜质的车马，技艺精湛，堪称稀世珍品。秦皇陵出土的兵马俑，在世界上都享有很高的知名度，被誉为世界第八大奇迹。

秦　修　灵　渠

灵渠是中国古代著名的水利工程之一。修建于秦朝秦始皇统一六国后，为了开拓岭南地区，派太尉屠睢率士兵在今广西兴安县境内开凿了沟通湘水和漓水的运河，称灵渠。灵渠的主要工程包括铧嘴、大小天平、南渠、北渠等。铧嘴是分水坝，以石筑成，角端所指与河水流向相对，河水流经此处后一分为二，一流入南渠，一流入北渠。大小天平是位于铧嘴尾端用石筑成的拦河坝，同北渠渠口相衔。与河水西岸相近的一段称小天平，同南渠渠口相衔，天平作用是提高湘水水位，拦河蓄水，经常保持渠内安全流量。南渠全长约三十余公里。北渠约长四公里。南渠与漓水上游大溶江接通；北渠连接湘水。南渠、北渠流量为三比七，故有"湘七漓三"之说。灵渠开凿后，沟通了湘江和漓江，连接了长江水系和珠江水系。灵渠的开凿，使秦军解决了物资运输的困难，推进了秦王朝对岭南的统一，对巩固南北的统一起了积极的作用，同时也促进了岭南地区的发展。

八、西汉（前 206 － 25 年）

　　西汉是继秦而出现的第二个统一的多民族封建中央集权王朝。公元前202年，在历经了四年之久的楚汉战争后，刘邦击败项羽，建立汉朝，定都长安，史称西汉。西汉前期，统治者采取了与民休息的政策，社会经济得到恢复发展，出现了"文景之治"的安定局面。及至汉武帝，他在位五十四年，以自己的雄才大略，取得了赫赫文治武功，使这一时期的西汉成为亚洲最富强繁荣的多民族国家，也是中国历代封建王朝中最盛的时代之一。西汉的科学技术和文化艺术也已相当发达。中国第一部纪传体史学巨著《史记》于此间诞生。西汉末年，外戚王莽篡权。8年，王莽废汉帝，建立新朝，西汉亡。西汉承秦之制，但能惩亡秦之弊，使社会出现蓬勃发展的景象，为中华民族的发展史谱写了灿烂的篇章。

刘邦约法三章（前 206 年）

　　汉元年（公元前206年）十月，刘邦率军由蓝田（今陕西蓝田西）向咸阳进军，不久驻军霸上（今陕西西安东南）。秦王子婴封好秦皇帝的玺、符、节等，乘素车、白马，以印绶系颈，在轵道（今陕西西安东）旁向刘邦投降，至此，秦朝灭亡。随后，刘邦向西进入咸阳，在诸将争先进入金帛财物府库分占财物时，萧何一人首先进入秦丞相府，收缴了图籍、文书、律令，并妥为保藏。这些书籍等记载了全国山川险要、郡县户口、民情疾苦等社会情况，萧何掌握这些资料后为此后平定天下奠定了战略基础。由于实力远逊于项羽，刘邦听从樊哙、张良建议，撤军回霸上。刘邦在霸上召集各县父老豪杰开会时宣布：父老乡亲遭受秦朝苛法残害已经很久了。我曾经和诸侯订立盟约，率先进入函谷关（今河南灵宝东南）的人就封为关中的统治者，因此理当由我统治关中。现在与各位父老约法三章，即"杀人者死，伤人及盗抵罪"。其余秦苛法一律废除，于是秦地百姓非常高兴，刘邦也因此奠定了民众基础。

鸿门宴（前 206 年）

当初，楚怀王与诸侯相约，谁先进入关中就封谁为王，刘邦所率军队因所受阻力较小，于公元前206年率先破关入秦，项羽遇到了秦的主力部队，在巨鹿展开激战并打败秦军后，引军入关。行至函谷关时，有刘邦军队把守，项羽的军队不能入关。项羽大怒，攻破函谷关，四十万大军屯兵鸿门（今陕西临潼东）。而当时刘邦只有十万人，驻军霸上。谋士范增劝说项羽立即进攻刘邦，项羽叔父项伯因曾受恩于张良而连夜将情况告诉刘邦，刘邦让项伯从中调解。第二天，刘邦亲赴鸿门，项羽设宴。刘邦向

樊哙 （？－前189），沛县（今江苏省沛县）人。西汉开国功臣，大将，封舞阳侯，谥武侯，以勇著称。

项羽请罪，卑辞言好，以缓项羽怒气。席间，范增多次示意项羽杀掉刘邦，并让项庄舞剑以击杀刘邦。就在千钧一发之际，樊哙带剑拥盾闯入帐中，指责项羽"欲诛有功之人"。后刘邦借口如厕至小道返霸上。随后，项羽入咸阳杀子婴，自称"西楚霸王"，还都彭城（今江苏徐州），将各诸侯分封到各地为王，又将关中分成三部分，赐给三名秦朝降将。

彭城大战（前 205 年）

项羽鸿门摆宴，刘邦借机逃脱，项羽率军向西，进入咸阳后，下令屠城，又令英布在长江中杀死楚义帝。汉二年（公元前205年）四月，刘邦率领五路诸侯（常山、河南、韩、魏、殷）联军共五十六万人，从洛阳出发，以为义帝报仇为名，向东讨伐项羽。行至外黄（今河南杞县东），楚将彭越率兵三万余人归附刘邦。刘邦任命彭越为魏相国，命令他率兵平定梁王的领地，随后刘邦迅速进入彭城。项羽当时正在攻打齐王田横，闻讯大惊，连忙命令其部将留守齐地，自己率

三万精兵南下，准备与刘邦决一死战。项羽从鲁（今山东曲阜）一路南下，越过胡陵（今山东鱼台东南），一直进军到彭城西郊的萧县（今安徽萧县西北）。第二天早晨，突然向刘邦率领的汉军发起进攻，东逼彭城，中午时分大破汉军。汉军溃败，死伤十万余人。刘邦率军南逃，项羽紧追不舍，至东濉水上，汉军跌入水中被淹死十万余人，死尸堆积如山，竟阻断一河水流。适逢由西北方向突然刮起大风，飞沙走石，一时天昏地暗。楚军惊骇，阵脚大乱而溃散，刘邦乘机与几十名骑兵夺路而逃。途中刘邦遇子刘盈（即后来的汉惠帝）、女鲁元公主，于是一同逃走。刘邦的父亲太公及妻子吕雉等则为项羽所俘虏，作为人质。此战之后，刘邦和项羽的军队在荥阳相持不下。

西楚霸王（前 205 年）

汉王元年（公元前206年），项羽自封西楚霸王，并分封诸侯。

除项羽外，当时其他各路义军以刘邦的势力最大。在刘邦表示归顺项羽后，项羽自认为已经天下无敌。于是，他杀死楚怀王，自封为西楚霸王，定都在彭城（在江苏徐州）。接着，他又以霸主的身份，分封了十八位诸侯王。项羽本不想分封刘邦，但不想违背当年与楚怀王的约定，不得已封刘邦为汉王，管辖的地域为边远的巴、蜀、汉三郡，虽然只是关中的一部分，但也算是关中之王。关中的其他地区被项羽封给雍王章邯、塞王司马欣、翟王董翳，对汉地形成包围之势，以阻止刘邦进入关中。其他各路诸侯王分割为

项羽 名籍，字羽，下相（今江苏宿迁）人。中国古代的农民起义领袖，著名军事家。前207年杀秦降王子婴，自立为"西楚霸王"。后与刘邦展开了长达四年的"楚汉之争"。前202年，被困垓下，自刎而死。

河南王瑕丘申阳、殷王司马卬、常山王张耳、九江王英布、衡阳王吴芮、临江王共敖、燕王臧荼、齐王田都、济北王田安。最后，又改封魏王魏豹为西魏王、赵王赵歇为代王、燕王韩广为辽东王、齐王田市为胶东王，韩王成仍为韩王，所封诸王皆要服从自己的命令。

背水一战（前204年）

汉二年（公元前205年）五月始，刘邦拜韩信为帅，率兵东进魏、代、赵、燕等国。汉三年（公元前204年）十月，韩信率军数万越过太行山，向东攻击赵地。当时，赵王歇与赵军统帅成安君陈馀率领二十万重兵屯结在井陉口（今河北井陉），欲与韩信决战。韩信认为"置之死地而后生"，于是采用背水列阵战术，率兵离井陉口三十里地驻扎。天明，韩信竖大将旗鼓，大张旗鼓向井陉口攻击。赵军一看，立刻开营门迎战。长时间激战后，汉军假装战败，向水上逃跑。赵军见汉军背水而立，后无退路，于是倾巢出动猛攻汉军，企图一举消灭韩信。此时，先行埋伏在赵营附近的二千汉军轻骑立即驰入赵营，将赵旗全数拔去并竖起汉帜。赵军久战不下，突然发现赵营上空汉帜招展，军心大乱。韩信指挥汉军趁势夹击，大破赵军。陈馀想从水上逃跑，结果被汉军所杀，赵王歇则成了汉军的俘虏。

楚汉划鸿沟为界

汉四年（公元前203年），在广武（今河南荥阳东北），刘邦与项羽各集重兵相持不下。刘邦列数项羽十条罪状："羽负约，王我于汉，罪一；矫杀卿子冠军，罪二；救赵不报，而擅劫诸侯入关，罪三；烧秦宫室，掘始皇帝冢，罪四；杀秦降王子婴，罪五；诈坑秦子弟新安二十万，罪六；王诸将善地，而徙逐故主，罪七；出逐义帝，自都彭城，罪八；使人阴杀义帝江南，罪九；为政不平，主约不信，大逆无道，罪十。"楚汉两军在广武相持已达三月，项羽眼见军中粮草耗尽，于是被迫与刘邦订立和约：楚汉以鸿沟（今荥阳东南）为界，中分天下，鸿沟以西属汉，以东属楚。并遵照和约，项羽送还刘太公、吕雉等刘邦家人，率军返归原地，刘邦则在张良建议下继续追击饥饿疲惫的楚军。

项羽自刎乌江（前 202 年）

楚汉订下和约，双方以鸿沟为界。东属楚，西属汉，双方各不侵犯，项羽履约，率兵东归。而刘邦则采纳张良、陈平的建议，乘势追击疲惫的楚军。汉高祖五年（公元前 202 年）十二月，韩信率三十万汉军和诸侯联军，将项羽的十万军队紧紧包围在垓下（今安徽灵璧东南）。到了夜间，张良令围城的汉军都唱起楚歌。项羽听见四面楚歌，以为汉军已经全部占领了楚地，于是陷入绝望，帐中只有爱姬虞姬在场，项羽慷慨悲歌："力拔山兮气盖世，时不利兮骓不逝！ 骓不逝兮可奈何，虞兮虞兮奈若何！"高歌数遍，虞姬唱和，随后自杀。项羽乘乌骓马率八百精骑趁夜突围南逃。天明，韩信命令灌婴率五千骑兵追赶。项羽渡淮河，跟从者仅百余人，逃到阴陵（今安徽和县北）时因为迷失道路，陷入沼泽中，为汉军追上。项羽又率兵突围向东逃到东城（今安徽定远东南），这时身边仅剩二十八名骑兵，最后项羽退到乌江（今安徽和县东北）。当时乌江亭长已备好渡船，准备把项羽接回江东，但项羽认为自己当初数万大军出征，而如今仅余十余人，感到自己无颜见江东父老，在斩杀汉军追兵数百人后，举剑自刎，年仅三十一岁。

刘邦称帝（前 202 年）

公元前 202 年（汉高祖五年）正月，诸侯上书，秦已灭亡，国不可无君，请尊汉王刘邦为皇帝。二月，早有此意的刘邦假意推让之后，在汜水（在山东曹县）即皇帝之位。

项羽乌江自刎之后，企图恢复周朝封建制的六国旧贵族势力也随之全面崩溃，以刘邦为代表的中下层地方势力，最终取得了全面胜利。刘邦得天下，决非偶然。一次，他在洛阳南宫大宴群臣说："运筹帷幄之中，决胜千里之外，我不如张良；管理国家，供应军需，我不如萧何；率领千万将士，百战百胜，我不如韩信。但是，这三个杰出人才，我能任用得当，就得了天下；项羽仅有一个范增，却不能任用，最终败在我手下。"善于用人，正是刘邦成功的主要原因，项羽的部将季布及其同母弟丁公，在楚汉之争中都曾追杀过刘邦。刘邦称帝之后，不仅赦免了季布还授职为郎中，相反丁公却被斩杀。原因是，当初，季布忠于项羽，对刘邦毫不留情，而丁公却曾放过刘邦一马。显然，刘邦的用人之道和对忠臣的理解和张良一样受法家思想影响很深。

刘邦称帝之后，马上采取了一些稳定民心的政策。江山基本稳定之后，刘邦开始裁减兵员，以使更多的劳力进行农业生产。具体政策是，退伍还家的人，拥有原来的财产；有七等爵位以上的官员，食一邑；以下的则免去徭役及户赋。刘邦又下令减轻田租，十五税一，即农夫把

刘邦·汉殿论功

自己收成的十五分之一上缴国家。这就减轻了普通人的负担。之后他又确定了新币制，稳定国家的金融秩序，所有政策的实施，不仅促进了社会发展，更巩固了新兴的刘汉政权。

汉初休养生息

秦朝末年，朝政不稳，战乱纷纷，给社会生产带来极大的破坏。汉初君臣所面临的社会政治和经济局面十分艰难。农民大量脱离户籍流亡，人口锐减，市场混乱，物价奇高，国家府库空虚，财政困难；异姓王的存在也直接威胁着中央政权，北方边境不时地受到匈奴的侵扰。针对这种种矛盾，刘邦君臣首先铲除了异姓诸王，稳定了边疆，又把精力转移到恢复农业生产、稳定社会生产生活秩序上来，采取了一些重要的措施：一、兵士罢归家乡，免除一段时间的徭役。二、在战乱中聚保山泽的人各归本土，恢复故爵和田宅。三、由于饥荒自卖为奴婢的人，一律还为庶人。四、抑制商人，限制他们对农民土地的兼并。五、减轻田租，十五税一。这些政策的有力实施，恢复了被破坏的封建经济，巩固了汉初刘姓政权。

白登之围（前 200 年）

中原混战，楚汉争夺王权的时候，正是北方匈奴强盛时期。冒顿，这位杰出的匈奴首领以三十万精锐骑兵东败东胡，北服丁零，西逐大月氏，重新占据河套地区，进而虎视刚建立的西汉政权。汉高祖七年（公元前200年），冒顿举兵南下，与叛汉的韩王信连兵，围困了晋阳。刘邦亲自率兵迎击，结果中了伏兵，被困于

平城白登山，长达七天七夜之久，后来陈平用计买通了冒顿身边的人，汉军才得以从匈奴的包围圈中脱身。刘邦鉴于汉朝国力虚弱，一时没有力量再去征服匈奴，就采纳娄敬的建议，采用"和亲"政策，挑选了一位没有名号的宫女作为公主，嫁给单于作阏氏（王后），并每年馈赠絮缯酒食等礼物给匈奴，开放汉与匈奴之间的关市。"和亲政策"缓和了西汉与匈奴的关系，为西汉恢复发展赢得了机会。

韩信之死（前 196 年）

楚汉战争结束后，刘邦改封韩信为楚王。汉高祖六年（公元前201年）十月，刘邦再次采用陈平计谋，诱捕韩信。十二月，将韩信贬为淮阴侯。韩信郁郁不得志，称病不参加朝廷活动。汉高祖十年（公元前197年）九月，刘邦宠臣陈豨反叛，自立为赵王，刘邦用羽檄征召天下兵士，并亲自率兵征讨陈豨。韩信一向与

韩信（？－前196），字重言，淮安（今江苏省淮安市）人，西汉开国功臣。中国历史上伟大的军事家、战略家、统帅和军事理论家。

陈豨交情不错，于是称病在家，不听从刘邦诏令，并暗地里派人去向陈豨联络，并谋划准备与家臣乘夜伪称诏令，大赦诸官罪犯和奴役，里应外合发兵袭击吕后和太子。当时，韩信的一个部下得罪了韩信，韩信借故杀掉他。这个部下的弟弟怀恨在心，并知道韩信的谋反计划，于是向吕后告发了韩信。吕后想召韩信，又担心他的党羽作乱，便与丞相萧何商讨计策，骗韩信进长乐宫议事，并趁机将其逮捕并斩杀，还灭其三族。韩信最初是被萧何推荐给刘邦的，现在又是萧何将其骗入宫中杀害，这正是后人所说"成也萧何，败也萧何"。

"萧规曹随"（前 193 年）

公元前193年夏天，相国萧何病重，汉惠帝亲自来慰问，并请教萧何谁可做他的继承人。于是萧何向惠帝推荐了曹参。曹参与萧何同为汉朝的元老，早在刘邦在沛县起事时就追随左右，立下许多功勋。汉朝初年，盛行黄老思想，曹参任齐王刘肥的相国时，是黄老思想的崇尚者，主张以自然无为治理国政，不要随意加重普通劳动者的经济负担。曹参与萧何本来关系不错，但做了将相之后，多少有些矛盾。不过，在治理国政上，曹参有足够的自知之明，自以为无法超过萧何。

汉初法律制度等均为萧何制定，曹参担任相国后，对这些成规曹参一无变更，以至于有所谓"萧规曹随"的说法。这对汉朝初年的政治来说，起到稳定和发展的作用，是有积极意义的。

吕后称制（前 187 年）

汉高祖刘邦死后，其子刘盈即位，是为惠帝，吕后乘机把持了朝政。惠帝死后，少帝即位，因其年幼，吕后临朝称制。吕后称制伊始，就独揽朝政大权。为巩固自己的权势，她采取了一系列强有力措施，首先废除了刘邦确立的"非刘氏不王"的原则，给吕氏子弟封王找到借口，又让吕氏子女多与刘氏子女通婚，扩大联姻关系，以加强和扩张吕氏的权势，并进而控制刘氏诸侯王。内政上，吕后仍以曹参为相，继续推行休养生息政策。在外交上，主张与匈奴修好，避免战争。使社会有一个宽松的政治氛围，经济得以恢复和发展。这些政策为"文景之治"奠定了基础。公元前 180 年吕后病死，陈平、周勃与朱虚侯刘章等设计清除吕氏势力。经大臣商议，拥立刘邦庶子、代王刘恒为帝，是为汉文帝。

周勃安刘（前 180 年）

汉高后八年（公元前 180 年）七月，吕后病死。九月，吕氏子弟谋划聚集重兵叛乱，夺取政权。齐王刘襄闻讯随即调集军队进攻长安，时任相国的吕产派遣大将军灌婴率兵迎战。灌婴一向不满吕氏专权，于是派人与齐王联合，拥兵自重，以等待吕氏之变。在京城之中，太尉周勃、右丞相陈平等密谋策划，设计让上将军吕禄交出了兵权。接着，朱虚侯刘章率兵千余人进宫，捕杀了相国吕产，随后又捕杀吕禄，并分派人手去捕杀吕氏一族。至此，吕氏集团被剿灭，统治大权又回到刘氏集团手中。诸吕之乱平定后，周勃、陈平等大臣密商选立皇帝。最后，大臣终于选定代王刘恒。在汉高祖现存诸子中，刘恒的年龄最大，而且为人仁孝宽厚，大臣们一致认为是继承帝位的最合适人选。于是，大臣们派人迎代王入长安即位，是为汉文帝。

周勃　秦末汉初的军事家、政治家，西汉开国功臣，沛县（今江苏沛县）人，被汉高祖封为绛侯。

文景之治（前179－前141年）

公元前179年至公元前141年，是汉文帝、景帝统治时期，由于继续推行休养生息政策，所以社会进入一个非常稳定时期。文帝十分重视农业，多次告诫百官守令要劝课农桑。汉文帝十三年（公元前167年），为了进一步减轻负担，朝廷下令免除田租，直到汉景帝即位，再次恢复征收田租，但规定只为三十税一，即原来的一半，从此成为汉朝的定制。汉文帝还把丁男徭役减为三十年征发一次，算赋也由每年一百二十钱减为四十钱。秦时规定，男子十七岁傅籍给公家徭役，景帝时减为二十岁始傅。这些重农的

汉文帝 （前202－前157），名刘恒，是汉朝的第三代皇帝，高祖刘邦第三子。在位23年，与汉景帝并列为"文景之治"。

政策，促进了自耕农阶层的发展和农业的兴盛。秦代以来，刑法十分严苛，汉文帝也为此做了重大改革，废除了残酷的肉刑，景帝又减轻了笞刑。文景两帝共在位四十多年，期间政治稳定，经济生产有了显著的发展，是封建社会中难得的盛世，史称"文景之治"。

周亚夫治军

汉文帝在位期间，匈奴几易其主。每有新单于上台，都要攻击汉朝。公元前158年，军臣继为单于并派出六万骑兵侵入上郡（在陕西榆林）等地，肆意烧杀抢掠，汉朝百姓损失惨重。消息传到长安，文帝命令将军周亚夫（周勃次子）屯

周亚夫 （？－前143），西汉时期著名将领，沛（今属江苏省沛县）人。

军细柳（在陕西咸阳），准备出击。为了鼓舞士气文帝亲自来细柳慰劳军队，于是先派官员去通告，却被周亚夫挡在了军门之外。报信的说，天子就要到来。军门都尉则说，将军有令：军中只听将军之令，不听天子之诏。文帝本人来到军门跟前，还是无法进入。无奈之中，文帝只好派出使者，持节告诉周亚夫说，我想进入军营慰劳军人。周亚夫于是传下命令，打开军门。到了营中，随行军士又报告文帝说，将军有规定，在军中不能驱驰，文帝只好按辔慢行。在中军大帐中，

文帝见到周亚夫，亚夫手持兵器，只对文帝作揖道，有甲胄在身，只能行军礼。慰劳结束，出了军门，群臣都很惊讶，文帝则说："这才是真正的将军！"也正因为周亚夫的军队纪律严明，在与匈奴的交战中屡屡获胜，一个多月后，匈奴兵退，文帝便提拔周亚夫为中尉。

吴楚七国之乱（前 154 年）

刘邦称帝，建立汉朝之后，为了巩固统一政权，封了许多刘氏子弟到各地为王。汉文帝时分封藩王的弊端已逐渐显露并日益暴露出分裂割据的倾向，轻视文帝，傲慢朝廷。他们自己制定法令，僭越礼仪，甚至公开举兵叛乱。文帝为了加强皇权，相应地采取了一些重要的措施，他为加强自己对于首都局势的控制，继而封诸皇子为王，以藩屏朝廷，并牵制东方诸国。公元前157年汉文帝死，景帝即位。吴国强横跋扈，御史大夫晁错上《削藩策》，指出了削藩的必要性。景帝采纳了他的建议，削除了楚、赵、胶西三国的一些郡县，后又下令削吴王濞会稽等郡，由此激起了"吴楚七国之乱"。以吴王濞为首，叛乱诸王以"诛晁错，清君侧"为名，起兵反叛。惧怕叛乱的景帝于是诛杀了晁错，以谢吴王，但吴王并不息兵，景帝于是决心派兵镇压。经过多年征战，叛乱终被平定，于是景帝大力削藩，从此中央集权更加巩固，国家的统一显著增强。

汉武帝即位（前 141 年）

公元前141年，汉景帝之子，十六岁的刘彻即位，是为汉武帝，在位长达五十四年。作为封建社会杰出的政治家，汉武帝更表现出雄才大略，在他统治期间，巩固了以汉族为主体的统一的多民族的封建国家。汉武帝在位时做了许多对以后历史发展有重大影响的事情。首先是加强中央集权，巩固汉帝国的统一和发展；削弱相权；实行"推恩令"，解决藩国问题；加强察举制度，建立刺史制度；设立太学，选拔官吏；建立了一套系统完整的政治制度，成为此后两千年间封建社会的基本制度。经济上，打击富商大贾，将盐、铁全部收归国家所有，增加了国家的经济实力。打退匈奴，保障中原免受侵害；出使西域，促使与西域各民族的经济文化交流。为适应专制中央集权政治的需要，在思想领域采纳董仲舒"罢黜百家，独尊儒术"的建议，使儒家思想逐渐成为封建社会的统治思想。儒家思想

中国通史故事

也成为封建社会正统思想统治中国两千余年，对后世中国政治、社会、文化产生了深远的影响。

中国首次使用年号（前 140 年）

汉景帝后元三年（公元前141年）正月，景帝刘启去世，皇太子刘彻继位，是为汉武帝。第二年（公元前140年）十月，汉武帝定年号为"建元元年"，年号纪元开始出现在我国历史上。在汉武帝以前中国的帝王没有年号，其纪元有的以一、二、三……数计，有的以前一、二、三……，中一、二、三……，后一、二、三……数计。汉武帝即位时有司上奏认为：元应当采用天瑞，不应以一、二数。一元叫"建"，二元以长星称"光"，现在城外得一角兽叫"狩"。于是汉武帝以"建元"为年号，并以公元前140年为建元元年。〔也有人认为中国年号发端于元鼎四年（公元前113年），武帝即位后的建元、元光、元朔、元狩等年号都是后来追纪的。〕自此，中国历史上开始使用年号，并且这种方法为以后各帝王所采用，一直沿用到封建王朝灭亡。

董仲舒献天人三策（前 140 年）

建元元年（公元前140年）十月，为更好地治理国家，求贤若渴的汉武帝诏令各地推举贤良方正直言极谏之人，并以古今治国之道及天人关系问题亲自策问贤良。董仲舒为当时受推举的贤良之一，于是上书对策三篇，献"天人三策"。在对策中，董仲舒提出了罢黜刑名，崇尚儒术，明确教化，广兴太学，让郡国尽心于求贤。根据《公羊春秋》记载，董仲舒在第三策中对道："《春秋》大一统者，天地之常经，古今之通谊也。"其中提到的大一统就是损抑诸侯，一统于天子，并使天下都来向天子称臣。另外，董仲舒还提出了"罢黜百家，独尊儒术"的观点，就是以儒家学说作为封建国家统治思想，认为凡是不研习六艺（六经）之科、孔子之术的，都要断他们晋升的道路。董仲舒的言论适应了巩固专制皇权的需要，有利于维护封建国家的统治秩序，因而受到汉武帝赏识，任命他为江都相。

汉武帝独尊儒术（前 136 年）

建元五年（公元前 136 年），董仲舒建议崇尚儒家哲学，并将其作为至高的统治思想，并用此作为衡量文化思想的唯一尺度。汉武帝采纳了董仲舒的建议，独尊儒术。从此，儒术从私家学者的书斋走进了汉朝的最高学府——太学。汉代的太学设五经博士，以家法教授。《诗》、《书》、《易》、《礼》、《春秋》五种儒家学说被尊为经。此后，历代统治者都把"五经"作为教育中心，作为选拔人才考试升职的主要内容。元朔五年（公元前 124 年），经丞相公孙弘再次奏请，为五经博士置弟子员。这也就是说儒经与仕途结合起来，国家设太学养士，以经术取士。儒家学说自从得到政府倡导以后，获得广泛的传播，经学大师接踵辈出，也出现如董仲舒、公孙弘、孔安国、刘向、许慎等许多经学大师，极一时之盛。

颁行推恩令（前 127 年）

元朔二年（公元前 127 年）正月，纳中大夫主父偃上书建议，颁行"推恩令"，汉武帝采纳并下令执行。推恩令具体内容是：把诸侯王除以嫡长子继承王位外，其余诸子在原封国内封侯，将原本广阔的诸侯国划分成几十个没有威胁中央实力的小国。同时为了防止诸侯国网罗人才供自己使用而对朝廷构成威胁，汉武帝又颁布"左官定律"，凡仕于诸侯者，绝不得再仕于王朝，严禁封国官吏与诸侯王结党营私。此外，汉武帝借口诸侯王交纳祭祀宗庙的酎金成色不好，对诸侯王实行"除国"。元鼎五年（公元前 112 年），汉武帝举行宗庙大祭，这一次就剥夺了一百零六个诸侯的爵位，废其封国，改设郡县。汉初因功封侯者一百四十余人，至汉武帝太初年间只剩下五人，汉代的分封制名存实亡。

董仲舒三纲五常

　　董仲舒在孔子提出的"君君、臣臣、父父、子子"的正名说和韩非提出的"臣事君、子事父、妻事夫"的思想的基础上，系统地提出了"三纲"、"五常"的社会道德规范，至此，标志着对先秦儒家伦理思想的改造已经完成。董仲舒以天道的阴阳对此作了论证。他把阳比为德，阴比为刑，天贵德而贱刑。根据这种阳尊阴卑的理论，也体现在君与臣、父与子、夫与妻的关系中，前者对后者的统治以及后者对于前者的忠诚和服从，都是绝对的，无条件的。为了维系"三纲"的伦常关系，董仲舒还论证了仁、义、礼、智、信五种道德规范，他以阴阳五行为基础，认为"五常"也是永恒合理的。"三纲五常"是董仲舒的新儒学的重要内容，它是维护封建宗法制度的核心，在中国两千余年的封建社会中，一直被统治阶级作为伦理道德规范所沿袭。

董仲舒　中国汉代思想家、政治家。景帝时任博士。汉武帝元光元年（前134），建议"罢黜百家，独尊儒术"，为汉武帝所采纳。

汉乐府建立（前120年）

　　元狩三年（公元前120年），汉武帝设置乐府，令司马相如等作诗赋，以宦官李延年为协律都尉，负责训练乐工、采集民歌。早在秦朝就设立了乐府，与掌管庙堂音乐的"太乐"并立。汉武帝时，为"定郊祀之礼"，大规模扩建乐府机构。汉武帝建立乐府，目的是改革传统的郊庙音乐，用新声改编雅乐，以创作的歌诗取代传统的古辞。所以，乐府的任务就是采集各地的民歌来创设新声曲调，选用新创颂诗作歌辞，训练乐工、女乐进行新作的排练。在汉武帝的扩建和发展下乐府兴盛一时。公元前70年，乐府编制因经费不足而削减。公元前7年，汉哀帝执政时下令撤销乐府。由于乐府专门负责搜集、整理民歌俗曲，后人就用"乐府"专门指入乐的民歌俗曲和歌辞。南北朝时，人们已将乐府唱的"歌诗"也称为"乐府"。宋、元以后，"乐府"又被借作为词、曲的一种雅称。最终，"乐府"作为一种文学体裁得以保存下来。

张骞通西域

西汉初年，匈奴的势力已经发展到了西域，并用武力征服了这里的大小国家。大月氏为躲避匈奴的侵扰西迁至妫水流域，并打算报复匈奴，汉武帝听说后，在建元三年（公元前138年），派遣张骞率领一百余人出陇西，向西域出发寻找大月氏国。张骞在西行途中被匈奴抓住，扣留了十多年，后来他借匈奴出征之际逃脱，两越葱岭，经大宛、康居到达大月氏，在大月氏居住了一年多，回国途中经过羌中时，又被匈奴扣留了一年多。元朔三年（公元前126年）张骞同胡妻及仆从甘父回到长安。此次出使，张骞不仅获得了大量的前所未闻的西域资料，还传播了汉朝的声威。元狩四年（公元前119年），张骞率三百名随从，携带牛羊币帛无数，再度出使西域，同西域各个国家建立了友好的关系。从此，汉与西域各国之间的交流日益频繁，天山南北地区与中原地区连为了一体。

飞将军李广（前119年）

李广，世代善射，陇西成纪人，其先人为秦国名将李信。汉文帝时，北方匈奴为患，李广以"良家子"身份从军抗击匈奴，因为善长骑射，被文帝选为郎官。景帝时，被提升为骑郎将，曾随周亚夫平定七国之乱。此后，在北部抗击匈奴的战争中，李广屡有战功。武帝时，被封为未央宫卫尉，后出任右北平太守等。

公元前144年，李广为上郡太守，曾率百骑出巡，与匈奴数千骑相遇。手下见对方人多势众非常害怕，打算逃跑。李广认为，如果我们逃跑，匈奴人一定会追上我们并杀死你我。不如留下来，装作若无其事的样子，匈奴会以为我们是大军的前哨部队，是想引诱他们上钩，反而不敢击杀我们。结果，李广等人在非常靠近匈奴人的地方解鞍休息，匈奴派人前来试探，被李广射杀。最后匈奴兵终于退去，李广也安然返回大营。

公元前129年，在上谷之战中，李广被匈奴打败并被俘获，匈奴用绳索将他绑在两马之间。李广佯装死去，乘

李广

匈奴兵不备之时突然腾上匈奴兵马背，夺其弓箭，鞭马南驰，终于得脱。因为此次兵败，李广被判死刑，后以钱赎为庶人。第二年，匈奴再次入侵，汉武帝在大臣的劝说下重新起用李广，担任右北平太守，匈奴称之为"汉之飞将军"，多年不敢侵入右北平。

李广虽然在战斗中表现出了杰出的军事才能，却没有做过最高统帅。公元前133年，他参与"马邑之谋"，并多次随卫青、霍去病出征匈奴。论资历和战功，李广并不弱于卫青和霍去病，但武帝的用人政策，一个人可以无功，也不可以有过，因此李广始终未得重用。公元前119年，汉朝与匈奴在漠北展开大战，李广因为迷路，没能及时与卫青大军会合，卫青大怒并命长史追究，李广愤而自杀。李广平日善于抚恤士卒，在普通士兵中很有威望，所以，李广死后，全军将士失声痛哭。

卫青、霍去病抗击匈奴（前119年）

卫青（？－前106），字仲卿，河东平阳（今山西临汾）人，本是武帝姐姐平阳公主的家奴，在投身武帝对匈奴的战争中之后，开始时，卫青仅为中下级军官，后因屡立战功，最后官至大将军，封长平侯。卫青一生共七次出征匈奴，公元前129年，上谷之战中，武帝派出四路大军打击匈奴，卫青率领的一路是唯一获胜的队伍，因而受到赏识。公元前127年，在河南之战中，卫青等再次击败匈奴，占取河南（在黄河河套西部北）地区。公元前124年，卫青任大将军，节制诸将，深入匈奴腹地七百余里打击匈奴。从此之后，卫青几乎年年率军出战。公元前123年，卫青统率六员大将出击匈奴，这六员大将之中，独有担任票姚（勇健轻捷之意）校尉的霍去病立了战功，他率轻勇骑八百人，斩杀了匈奴相国，俘获两千余人，武帝大喜封之为冠军侯。公元前121年，霍去病担任骠骑将军，率万骑出陇西，历经五个匈奴王国，转战六日，行千余里，杀匈奴二小王，俘浑邪王子及相国等，俘斩八九千人；同年夏天，再次率李广等三将军出征，斩首三万余，俘获小王七十余人。在漠北之战后，武帝为表彰其战功，要建造宅第，以示奖掖，霍去病却上书对武帝说："匈奴未灭，何以家为！"无奈英雄早逝，霍去病死时，仅二十余岁。

卫青　（？－前106），字仲卿，河东平阳（今山西省临汾市）人，汉武帝时期重臣，军事家。

苏武牧羊（前 100 年）

汉朝与匈奴之间连年战争，给双方都带来了很大的损失。
公元前101年，新继位的单于想与汉朝通好，派出使者，把历
年来拘押起来的不愿投降的汉朝使者送归。为表示诚意，同年
武帝派出中郎将苏武、副中郎将张胜等，送还被汉羁留的
匈奴使者作为回报。苏武等人到达匈奴，已经投降匈奴的
汉人虞常等秘密地会见了张胜并谋划把单于的母亲阏氏劫
到汉朝。不料密谋败露，单于就把苏武召来，打算劝他投
靠匈奴。苏武表示，既然不能完成使命，即使活下来，又
有何颜面归汉。于是就要拔刀自尽，被人救下。单于软硬
兼施，不能奏效，就把苏武幽禁在一大窖中，断其饮食。
苏武吞旃饮雪，竟连续十余日仍旧活着，匈奴以之为神，
又把他流放到匈奴最北边的无人之处，北海之上，让他放
牧雄羊。匈奴告诉苏武，若想回家，除非等到雄羊生子。

苏武　（前140－前60）字子
卿，杜陵（今陕西西安西南）
人。汉武帝时奉命出使匈奴，
被借故扣留。数次拒绝匈奴的
劝降，后被发配北海牧羊长达
十九年之久，直到公元前81
年，苏武才回到长安。

苏武独自在北海之上与羊为伴，没有饮食，就挖取鼠穴中的老鼠食之充饥。
在最艰苦时刻，苏武仍坚持使臣身份持节牧羊，起卧操持，以至节旄尽落。期
间，单于曾派李陵到北海来，劝苏武投降，苏武誓死不从。到了公元前81年，
又有新单于继位，内政混乱，又害怕汉朝派兵来袭击决定与汉朝和亲，这才将苏
武等人送归汉朝。回到京师后，汉昭帝任命他为典属国，负责少数民族事务。苏
武羁留匈奴地区十九年，出使时是中年之人，回归时则须发尽白。苏武牧羊的故
事一直被后人所传颂。

司马迁撰修《史记》

司马迁的父亲司马谈，汉武帝时期任太史令，博学多闻。在父亲影响下，利
用优越的条件司马迁自幼学习古文，拜董仲舒为师习《春秋》，从孔安国习《尚
书》。二十岁时，开始游历，足迹遍及江淮流域和中原地区，考察风俗，采集传
说。汉武帝元封三年（公元前108年），司马谈去世，司马迁继承其职位，太初
元年（公元前104年）奉命参与制定《太初历》，同年，开始撰写《史记》，历十

年艰辛，终于成书。《史记》是中国历史上第一部纪传体通史，记载了上自上古传说中的黄帝时代，下至汉武帝元狩元年（公元前122年），共三千多年的历史。全书包括十二本纪、三十世家、七十列传、十表、八书，共一百三十篇，五十二万余字。全面地叙述了我国上古至汉初三千年来的政治、经济、文化多方面的历史发展，是我国古代历史的伟大总结。《史记》对后世史学和文学的发展都产生了深远影响。其首创的纪传体编史方法为后来历代"正史"所传承。同时，《史记》还是一部优秀的文学著作，在中国文学史上有重要地位。被鲁迅誉为"史家之绝唱，无韵之离骚"。

司马迁　西汉史学家、文学家。字子长，左冯翊夏阳（今陕西韩城）人。元封三年（前108），司马迁继承其父司马谈之职，任太史令，开始撰写《史记》。

轮台罪己诏

　　汉武帝时期，由于皇帝崇尚武力，与匈奴征战的同时，也不断地进行着开边战争，致使朝廷赋税不断加重。到了武帝晚年，穷极愁苦的农民为了求生存，不断举行武装起义。天汉二年（公元前99年）以后，南阳、楚、齐、燕、赵之间，农民起义不时发生，朝廷镇压过后，散而复聚，不屈不挠。武帝认识到，要稳定统治，只采取镇压的手段是不行的，还要在施政上有所转变。征和四年（公元前89年），有大臣上书请求派遣士兵屯田轮台以东，借以威慑西域，遭到武帝的拒绝，并借此机会颁布了著名的罢轮台屯田诏的罪己诏书，公开承认过去兴师不当，表示以后要息兵兴农。他封丞相田千秋为富民侯，意在"思富养民"，任命赵过为搜粟部尉，推行代田法，并诏令各郡、县要改进农具，鼓励农业生产。"轮台罪己诏"及其相关政策的出台，暂时缓解了农民暴动，安抚了农民情绪，稳定了一度动摇的西汉统治。

武帝临终托孤（前87年）

　　武帝后元二年（公元前87年），汉武帝托孤之后死去，完成了一代雄主的统治。

　　"文景之治"为汉武帝的执政打下了良好的基础。但是，不同于他的前几代君主，武帝崇尚武力，是中国古代专制制度下典型的雄主。他对外推行强硬政策，特别是对于不断入侵内地的匈奴人，更是采取了强硬的军事对抗的手段；对内则强调个人专权，不仅彻底铲除了诸侯的势力，而且大力削弱丞相的权力，整个政府只是一个为他个人服务的工具而已。晚年时，他已意识到自己穷兵黩武的危害，采取了有效的措施，才不至于像秦始皇那样，在自己身死之后就把王朝推向灭亡。

金日磾（前134－前86），字翁叔。是驻牧武威的匈奴休屠王太子，汉武帝因获休屠王祭天金人故赐其姓为金。后元二年（前87），武帝病重，托其与霍光辅佐太子刘弗陵，并遗诏封秺侯。死后谥号敬侯。

武帝崇信神仙，因而引发了巫蛊之祸，并导致了太子之死。在公元前88年，武帝准备把少子弗陵立为太子，但又恐怕弗陵年幼（年仅八岁），重演吕后专权的故事，就把弗陵的生母赵婕好赐死。同时，又把传说中的周公旦背负成王接受诸侯朝见的故事绘成图画，以此告诫掌握军权的霍光（霍去病之弟）。公元前87年二月，武帝病重之际，霍光请求临终嘱咐，武帝说，立少子弗陵，你来行周公之事，即让霍光摄政辅佐。武帝封霍光为大司马、大将军，金日磾为车骑将军，上官桀为左将军。不久，武帝崩，雄才大略的汉武帝结束了自己的统治，他的是非功过后人各有评论。

丝 绸 之 路

公元前138年和公元前119年，汉武帝两次派遣张骞出使西域，从此也开辟了中国与欧亚各国的陆地交通线。当时，从长安经甘肃凉州武威抵达西陲城市敦煌，从敦煌出发通往欧亚各国的商路有两条：一条沿昆仑山北麓经今新疆境内翻越葱岭（今帕米尔高原）南部，经大月氏（今阿富汗境内）、安息（今伊朗）诸国再抵达地中海，或南行至身毒（今印度），此为南道；一条沿天山南麓西行经今新疆境内翻越葱岭北部经大宛（今费尔干纳盆地）、康居（今撒马尔罕附近）、奄蔡（临今里海）诸国，再西行抵达大秦（罗马），此为北道。北道和南道都在高山、沙漠之间蜿蜒伸展，使节和商队往来其间，主要货物是丝织品、宝石、香料等。这条陆路横贯亚欧，连接中西，又因运销中国的丝织品以及丝绸而闻名于世界，因此被中外历史学家誉为丝绸之路。

昭帝即位（前87年）

后元二年（公元前87年）二月，汉武帝病重，临终前嘱托大司马大将军霍光、车骑将军金日磾、左将军上官桀等拥立太子刘弗陵即位。武帝死后，霍光等遵武帝遗命立刘弗陵为帝，是为昭帝。昭帝时年八岁，由霍光辅政，一切朝政均由霍光代为处理。此后，霍光对内轻徭薄赋、与民休息，对外与匈奴和亲，民生国力日渐恢复充实。汉昭帝年幼，一切朝政大事都由霍光决断。御史大夫桑弘羊与霍光的政见颇有分歧。霍光为排斥异己利用燕王旦和上官桀父子的谋反事件，处死了桑弘羊。从此，霍光更加权倾朝廷，独揽了大权，他的子侄女婿个个身居要位，形成了盘根错节的霍氏势力，皇帝大权再次旁落。

霍光立宣帝（前74年）

元平元年（公元前74年）四月，年仅二十一岁的汉昭帝死去，死时因没有子嗣所以皇位暂时无人继承。大将军霍光秉承上官皇后的旨意下诏，迎接汉武帝之孙昌邑王刘贺到长安。六月，刘贺即皇帝位。刘贺被拥立为天子后，荒淫迷乱，失帝王礼仪，不听大臣进谏。于是霍光与大司农田延年、车骑将军张安世商谋，废黜刘贺；后又召集丞相、御史、将军、列侯、中二千石、大夫、博士在未央宫会合，商议废黜事。众人都附和霍光的提议，霍光立即与群臣上报太后，太后下诏送刘贺回昌邑。刘贺仅做了二十七天皇帝就被废除。刘贺进长安时，从昌邑带了许多随从并入朝为官，霍光等认为这些人不能辅佐君王，将皇帝引向歧途，有二百余人被诛杀。七月，前廷尉监丙吉上书霍光说汉武帝有位曾孙叫刘询，年纪十八九岁，通晓经书，聪明贤德，可立为皇帝。刘询是原太子刘据的孙子，出生数月时，因刘据巫蛊事件，被关押于狱中，后遇武帝大赦得以恢复皇族身份。于是霍光召集百官议定此事，并上奏皇太后，请求立刘询为皇帝。皇太后表示同意，霍光便引导刘询进入未央宫面见太后。太后大喜，随即立刘询为皇帝，号宣帝。

霍光　字子孟，河东平阳（今山西临汾市）人。汉武帝时期的重要谋臣。汉武帝死后，受命为汉昭帝的辅政大臣，执掌汉室最高权力近20年，为汉室的安定和中兴建立了功勋。

昭 宣 中 兴

汉昭帝即位后，实行养民政策，多次下诏颁布轻徭薄赋、与民休息的政令。始元六年（公元前81年），昭帝召开了著名的盐铁会议，对汉武帝时期的内外政策全面检讨，并采取了新的措施。公元前74年，昭帝死，宣帝即位，继续推行休养生息政策，任用贤吏，在此期间，呼韩邪单于归顺汉朝，促进了汉与匈奴友好关系的发展。昭帝、宣帝在位的汉朝时期，政治稳定，经济快速发展，威名远扬四夷，再现武帝时期的盛世局面。后世史家称之为"昭宣中兴"。

始置西域都护（前 60 年）

汉宣帝地节二年（公元前68年），侍郎郑吉在渠犁屯兵垦荒，并大败匈奴夺取车师，升迁他为卫司马，委派他护鄯善以西"南道"诸国。神爵二年（公元前60年），匈奴日逐王率领部属投降汉朝，郑吉派渠犁、龟兹诸国五万人迎接。车师以西的"北道"也被打通，所以郑吉兼护"北道"诸国。郑吉破车师、降日逐，威震西域，总领南北两道，汉宣帝任命其为都护，"都护"这一官职设置由此开始。郑吉设西域都护府于乌垒城（今新疆轮台东北），督察乌孙、康居等三十六国，贯彻执行汉朝的号令。汉代开始设西域都护，加强了西域与内地的政治、经济、文化联系，削弱匈奴对西域各国的控制。

外戚王氏专权（前 27 年）

河平二年（公元前27年）六月，汉成帝同时封王谭、王商、王立、王根、王逢五人为侯，时人称之为"一门五侯"。这一事件标志着西汉外戚专权的抬头。外戚王氏家族得势，源于汉元帝时期。汉元帝的皇后王政君因生太子刘骜（即汉成帝），元帝封其为皇后，其父王禁被封为阳平侯，王禁之弟王弘被封为长乐卫尉。王禁死后，其

长信宫灯　汉代，出土于河北省满县。高46厘米，通体镏金。现藏河北省博物馆。

长子王凤继承爵位，官拜卫尉侍中。汉成帝继位后，尊王政君为皇太后，任命王凤为大司马大将军，任命王政君同母弟王崇为安平侯，封王凤庶弟王谭等五人为关内侯。自此，王氏家族把握了朝廷军政大权。王凤秉权专势，威震朝廷，郡国太守、丞相、刺史等各级官员都出于他的门下。王凤死后，王音继为大司马大将军。五侯相继死后，但其爵位全部被其子所继承，王氏亲属封侯者已近十人。永始元年（公元前16年），王政君又封侄子王莽为新都侯，这为后来的王莽篡汉创造了条件。

王莽改制（9年）

西汉末年，汉平帝即位执掌朝政，王莽任大司马，大权在握，他野心勃勃，虎视皇位，极力收买民心、树立党羽，以图将来取政夺权。平帝死，孺子婴即位，王莽继续辅政，自称摄皇帝。8年，王莽废除孺子婴，自立为帝，改国号为新。王莽篡位的行为激起许多朝臣的不满并激化了社会矛盾，为了解决这些问题，王莽以托古为名进行改革。9年，王莽下诏，历数土地兼并的弊端，下令天下的土地一律改称王田，天下奴婢，一律改称私属，都不许买卖；各家土地超出规定的，要把地分给九族或邻里；无田的人家按照一夫百亩的标准受田；违抗不遵者流放。第二年，王莽又下诏实行五均六筦，在全国的大都市设立五均官，目的为管理市场，盐、铁、酒、铸钱、五均赊贷等五业由国家经营，不许私人经营。政治制度方面，王莽也大加变更。王莽的改制，并没有解决西汉末年的社会危机，反而加剧了社会动荡。

绿林赤眉起义（17－27年）

王莽天凤四年（17年），荆州一带发生严重饥荒，新市人王匡、王凤聚众起义，他们活动于绿林山中，因而被称为"绿林军"。短短几个月，绿林军就发展到七八千人。当时人心思汉，绿林军就在宛城南面的淯水上拥立刘玄为皇帝，恢复汉的国号，年号"更始"。更始三年（25年），刘秀即皇帝位，改元建武，东汉开始。绿林起义的第二年（18年），琅玡人樊崇率众在莒县起义。樊崇作战勇敢，青、徐各地的起义部队都归顺他。参加这支起义军的都是为饥饿所迫的农民。为了在作战时与敌人相区别，他们就把眉毛涂红，所以称作"赤眉军"。

赤眉军多方转战，向西曾攻打到长安，建武三年(27年)春，起义宣告失败。这两次农民起义沉重打击了封建统治，最终推翻了王莽政权，建立了东汉王朝。

刘秀起事 (22 年)

22年，农民起义风起云涌，直接威胁着王莽的统治，但由于群龙无首，对王莽的政权始终未能造成有力的打击。乘着天下大乱的时机，西汉刘氏之后的刘秀弟兄在舂陵起兵，打着刘家招牌，对天下人形成了相当大的号召力。不久又联合从绿林军分化出来的新市兵和平林兵，与王莽政权的军队展开了正面抗衡。由于原绿林军方面力量较强，于是，他们推举本在平林兵中的刘秀族兄刘玄称帝，企图以刘氏为正统，统一天下的势力。在共同对敌方面，汉军中的各方面力量尚能团结，但在内部的权力分配方面，则不断发生争执。刘秀虽然在昆阳一战中击败王莽大军，但在汉军内部却势单力孤。刘玄借故诛杀了刘秀的族兄之后，为了谋求长远的发展，刘秀处处显得谦卑谨慎。

23年王莽身死，刘玄为天下之主，分封功臣和王侯。刘秀被封为大司马。持节北渡黄河，镇抚诸郡。刘秀在朝中缺乏势力，便乘着受命镇抚河北的机会，谋求发展。在河北，刘秀废除王莽苛政，恢复汉朝官名，大受吏民欢迎。南阳人邓禹，追刘秀至邺地，劝说刘秀招揽英雄，收买人心，图谋天下。刘秀收留邓禹，和他一起商议大计。两人同心协力，刘秀最终消灭了在邯郸称帝的王朗，使河北成为自己的势力范围。刘秀在河北揽招英雄，发展力量，为他最终建立东汉王朝打下良好的基础。

汉光武帝刘秀 (前6－57)，东汉王朝的开国皇帝，字叔文，南阳蔡阳(今湖北枣阳)人。建武元年(25)称帝于鄗(今河北柏乡北)，重建汉政权，史称东汉。庙号世祖，谥光武帝。

昆阳之战 (23 年)

更始元年(23年)，绿林起义军已发展到十多万人，直接冲击了王莽新政权的统治。王莽对此惊恐万分，他立刻从各州郡调集了四十二万精兵，由大司马王寻、大司空王邑率领，妄图一举歼灭起义军。同年五月，王莽军把昆阳城包围起来。城内起义军仅八九千人，但义军首领王凤、王常毫不畏缩，一面率众坚守阵地，一面派刘秀出城到定陵、郾城搬来了救兵。刘秀设计制造了攻克宛城的假捷报，并故意将一些战报丢失，以打击王莽军的士气。刘秀抓住战机，进行决战，王莽军全线崩溃，伏尸百余里。这时又逢狂风大作，暴雨如注，逃窜的莽军赴水溺死者又有万余人。起义军大获全胜，所获战利品不可胜数。昆阳之战是中国历史上一次重要战役，它从根本上摧毁了王莽的主力，对推翻王莽的统治起到了决定性作用。

汉　赋

赋是汉代主要的文学样式。它直接从骚体演变而来，也受到战国诸子散文的影响。西汉初期贾谊等人的创作，处于骚体赋的阶段。汉景帝时，枚乘创作《七发》，标志着汉大赋的成熟。汉武帝时，赋的创作最为兴盛，其中最为活跃的是司马相如，他把汉大赋的创作推向了不可逾越的顶峰，他的《子虚赋》、《上林赋》是这个时期的代表作。汉大赋的特点是气势恢宏，辞藻华丽，极尽铺陈之能事，表现了物质世界的丰富多彩，反映了西汉国家的盛大气象，是与当时盛世相"润色鸿业"的文学。到了东汉时期，大赋的创作以班固和张衡最负盛名。东汉后期，汉大赋的创作渐趋衰歇，各种篇幅较小的抒情小赋代之兴起。这类小赋不同于大赋的铺张刻板，充分显示了鲜活的生命力。

贾谊　又称贾太傅、贾长沙，洛阳（今河南洛阳市）人，西汉初年著名的政治家、文学家。

汉　乐　府

早在汉朝初期，政府就设置了专门掌管音乐歌舞的机构，称为乐府。汉武帝任命李延年为协律都尉，负责编制庙堂乐歌，歌词主要由文人写作，这些文人、词臣们创作的作品，大多着意修饰，意在颂圣应制。同时，乐府机关也深入民间，广泛地采集民歌并润色加工，后世就称之为乐府诗。这些乐府诗大部分是"感于哀乐，缘事而发"的民间优秀作品，广泛而深刻地反映了当时丰富多彩的社会生活：兵役的痛苦、官府的掠夺、贫民的亡命生活、妇女的悲惨命运，等等。许多作品故事情节完整，并带有浪漫色彩，感情真挚而深刻，思想性和艺术性都很高，对中国古典诗歌的发展有很大的影响。

隶　书

隶书的形成，是汉字发展史上一个十分关键的转折，它的定型，标志着汉字脱离了古文字时代而进入今文字时代，汉字从此进入了新的发展阶段。

隶书起源于战国时期，秦时已普遍流行于民间，在民间经过不断的加工和完善，到西汉时期已达到成熟阶段，基本定型，是汉代的主要字体。

在不同的发展时期，隶书呈现出不同的特点，因而又被分为秦隶、汉隶和八分三种形式。早在战国时期，秦代的竹简文书，甚至在兵器、漆器、陶器、量器等铭文中已出现了笔画省减、直多弯少、书写草率的简体字，可谓隶书的雏形。秦始皇烧毁经书，扫荡了旧有典籍，选拔了大批官吏，官职繁多，文书也大量增加，为了适应这种需要，迫切需要一种简便的文字来代替复杂难识的籀体和篆体，隶书也就应运而生了。

据晋代卫恒《四体分势》记载，秦时的下等文人程邈担任衙狱官吏，因罪被囚禁了十年，在狱中，他开展了改造文字的工作，对当时流行的许多字进行笔画的增减，将方的改圆，圆的变方。秦始皇得知后大加赞赏，让他出狱担任御史，命令他从事规范文字，他所改造后的字就是隶书。1975年湖北云梦睡虎地秦墓出土竹简一千余枚，简文是墨书的隶体，总字数约四万左右。即使在正规典型的小篆材料，秦权量诏书和秦代兵符中也不乏简草急就的例子，说明在秦始皇统一文字前隶书已作为一种新的字体出现。这反映出当时简体字已应用很广。

自秦以来，推行统一文字的政策成了历朝历代较为重要的大事，正如《说文·叙》所说："秦始皇统一天下以后，推行了一些统一文字的政策，最初确定以小篆来取代史籀大篆。"但秦代的统治时间短，小篆未能彻底推行。程邈改造后的隶书书写起来比小篆方便得多，更符合人民的需要，实际上，秦王朝是以隶文统一了全国文字。

汉代日常应用仍是隶书，但在形体和笔势方面都不断发展，逐步形成一种扁方、规整、捺笔上挑等讲究挑法、波势、波磔的书体，如西汉武帝到东汉光武帝时期的居延汉简和敦煌、新疆各地出土的汉简，就是典型的汉隶。

而八分的具体内涵说法很多，有人认为由于这种书体以"字方八分"为大小的标准，有人认为由于这种书体字形较扁，笔画向两旁伸展，势"若'八'字分散"。还有托

西汉·长乐食官壶

蔡文姬之名，说这种书体"割程（邈）隶书八分取二分，割李（斯）小篆二分取八分"，所以称为八分。我们把东汉中期熹平年间刊立的《熹平石经》为标准的笔画匀称、波势工整的隶体定为八分，魏以后便成为一个普遍的名称。

后人把魏晋南北朝以后的真书（楷书）也称为隶书，与行书、草书等相对，取其正式标准的意义。

经历了从篆书到隶书这次重大演进之后，汉字走向更简化、笔画化、定型化。

九、东汉（25 – 220 年）

25年，西汉皇室后裔刘秀称帝，都城洛阳，史称东汉。东汉时期，统治集团内部外戚、宦官、士人官僚集团，相互倾轧，竞相控制朝政。豪强地主势力迅速膨胀，逐渐形成割据势力。至东汉末年，农民起义爆发。东汉政权在分裂割据的局面下，维持着名义上的统治。220年，曹丕代汉，东汉灭亡。东汉时，政府注重兴修水利，农业得以发展，手工业也得到了较快的恢复和发展。东汉的科技文化进步很快，《九章算术》标志着中国古代数学完整体系的形成。地动仪的发明，造纸术的总结和推广，都表明东汉的科技已达到了很高的水平。东汉一代，豪强地主势力扩张，门阀世族形成。这一时期，匈奴、羌族开始内迁，鲜卑族入据蒙古草原，都对后世的民族交流和融合产生了直接的影响。

刘秀称帝（25 年）

西汉末年，王莽篡位，朝政混乱，引发了绿林、赤眉军起义，之后，又有许多地方地主武装参与了反对王莽的斗争，其中以加入绿林军的刘秀势力最强。昆阳之战后，刘秀到河北谋求发展，镇压当地的农民军，吞并了北方各地的豪强武装，逐渐扩大。25年六月，刘秀在河北鄗（今河北柏乡）即帝位，即光武帝。他沿用汉为国号，定都洛阳，史称东汉。东汉政权建立以后，当时在全国各地的武装割据势力依然存在。27年，刘秀杀死赤眉军首领樊崇，赤眉军宣告灭亡。随后，他又陆续消灭了其他武装势力。自此，东汉政权才真正意义上地统一了全国。为了巩固政权，光武帝在位期间进行了一系列的改革。多次下令释放奴婢，限制豪强霸占土地，减轻赋税，免除部分县的徭役，兴修水利。对各级官吏实行考察黜陟，罢免贪官，改任良吏，精减官员，裁并四百余县。在中央则加强尚书职权，在地方废除掌握军权的都尉，以加强中央集权的政治体制。因此，战乱后的社会经济得到了一定程度的恢复，人民的生活也逐渐安定下来，史称"光武中兴"。

杜诗制水排（31 年）

东汉初年，农业的发展促使生产工具得到大幅改进。当时，鼓风器具十分落后，冶铁工艺也因此受到了限制，不能够制造出充足的铁制生产工具，影响了农业和手工业的进一步发展。建武七年（31 年），杜诗任南阳太守，组织冶铁工匠，总结前人经验，设计并制造出水力鼓风机械水排，大大提高了冶铁效率。水排的创制，是我国古代机械制造史上一项具有重大意义的发明，它的出现大大推动了社会生产力的发展。直到一千年后，同类型的冶炼机械才在欧洲出现。

莎车王请置西域都护（41 年）

王莽末年，匈奴奴隶主贵族乘中原内乱之际重新控制了西域，这激起了当地各族人民的反抗。建武十七年（41 年），莎车王派遣使者来朝进贡，要求设置西域都护。汉光武帝就此事询问大司空窦融，窦融认为莎车臣服汉朝，应该加封号以示安抚。于是，刘秀任命莎车王为西域都护并赐都护印绶。敦煌太守裴遵反对，认为夷狄之国不可给予大权，以免令其他小国失望。刘秀又下诏收回都护印绶，改赐汉大将军印绶。裴遵强换印绶的行为令莎车使者十分不满，莎车王由此怀恨在心，依然自称西域大都护，并发文书告示西域诸国，强迫诸国服属。随后莎车王又自称为单于，多次出兵攻打龟兹诸国，西域诸国深受其害，忧惧不安。莎车王请置大都护反映了东汉初期西域地区复杂的政治斗争，一个重新控制西域的时机已经摆在了东汉政策面前。

收服南匈奴（48年）

48年，南匈奴呼韩邪单于来朝，并向东汉表示，愿永远臣服汉朝，共同抵御北匈奴，东汉同意。从此，南匈奴向东汉"奉藩称臣"。

东汉初年，匈奴比较强盛。刘秀无力与匈奴作战。46年，匈奴内部为争夺王位发生动乱，匈奴贵族相互残杀，最终造成了南北两部分裂的局面。南匈奴内附后，东汉于50年派遣中郎将段郴监护南匈奴，在五原西部设立单于庭，后又内迁到云中。南单于还遣子入侍。东汉王朝对南匈奴贵族也给予了丰厚的赏赐，并派将卒数千人护卫南单于。在汉朝的帮助下南匈奴日益强大起来。

"汉倭奴国王"（57年）

建武中元二年(57年)倭奴国遣使奉献朝贺，光武帝赐以印绶，上刻"汉倭奴国王"字样。

西汉时期，倭国（今日本）就与汉朝有过来往并逐渐频繁。东汉建立后，倭国又于57年派使者前来奉贡朝贺。1784年在日本九州北部发掘出土的刘秀所赐金印，成为中日友好的历史见证。107年，倭国王帅升遣使来朝贺，其中有一百六十多人的生口（奴隶）作为贺礼。与此同时，汉王朝的铁器和丝织品等，也东传日本。

光武帝去世

建武中元二年(57年)二月，汉光武帝刘秀驾崩于南宫前殿，享年六十二岁，其第四子刘庄继位，称为汉明帝。刘秀虽是皇族后裔，但少年时生活于民间，后来才成为天子。在尚未统一中国时，刘秀就提倡太学，厚赐博士弟子。以后南征北战，推翻王莽新朝，削平割据势力，重建汉家天下。东汉政权建立后，刘秀总揽万机，每天很早起来视朝理政，晚上很晚才回宫休息。有时与大臣们讨论国家大事，直到夜半才睡。皇太子不忍心他过于劳累曾劝他爱惜身体，刘秀说我乐于此举，不会为此而感到疲倦。刘秀一生，从善如流，注重吏治，释放奴婢，压制地方豪强，平徭简赋，关注民间疾苦，为东汉经济的恢复和发展起了关键的作用；刘秀还正确处理了东汉与匈奴、乌桓、岭南、西南夷、西域等各民族的关系。临死之时，刘秀还下遗诏要薄葬自己，用自己的实际行动，为后世树立了崇尚节俭的典范。

班固受诏撰《汉书》（64 年）

班固出身史学世家，有良好家学渊源，自幼博览群籍。建武二十三年（47年），进入太学学习。建武三十年，班固的父亲班彪病死，班固继承父亲的事业，开始编写《汉书》。有人上书汉明帝，告班固"私改作国史"，班固被捕下狱。后来明帝看到了班固的书稿，十分重视班固的才华，破格任命班固为兰台令史。永平七年（64年），明帝命班固完成西汉国史，撰写《汉书》一事正式被皇室认可。至章帝建初年间，这部书大致完成。历时二十余年后，

班固　（32－92），东汉史学家。字孟坚，扶风安陵（今陕西咸阳）人。

大将军窦宪获罪，班固也受到牵连，永元四年（92年），饱受折磨的班固死于狱中，年六十一岁。此时《汉书》尚有八表和《天文志》没有完成，班固的妹妹班昭和同乡马续受汉和帝之命继续创作，终于在汉和帝永元元年（64年）完成了这部中国史学巨著，《汉书》作为我国第一部断代史书而在中国文学史上享有很高的地位。

白马寺建成（68 年）

西汉末年，佛教从西域传入中国。东汉明帝时，传说明帝夜晚梦到了一位金人，头顶上放出白色的霞光，在殿廷中现身后，又向西飞去。第二天，皇帝就此事询问臣子，有位大臣解释说，皇帝梦见的，一定就是西方的圣人"佛"。明帝对此产生了兴趣。永平七年（64年），汉明帝派遣郎中蔡愔和博士秦景前往天竺求佛经。永平十年（67年），蔡愔和秦景与天竺的两位沙门（高级僧人）带着佛像和佛经回到洛阳。汉明帝接见了天竺僧人，并把他们安置在东门外的鸿胪寺。第二年（68年），又命人仿照印度祇园另建住所，园中有塔，殿内有壁画。天竺僧人就在这里翻译佛

经，传授佛教礼仪，他们所译的《四十二章经》是中国现存的第一部汉译佛典。由于驮佛经回来的那匹白马也供养在其中，这处住所就被命名为白马寺。"寺"原本是官署的名称，比如鸿胪寺，就是招待外国人和少数民族的宾馆。建造白马寺的目的就是为了接待天竺客人，因此也称为寺。白马寺也是佛教传入中国后建立的第一所寺院。东汉时，绝大部分佛经在洛阳翻译，而白马寺是最重要的译馆。

王景治河（69 年）

东汉明帝时期，黄河、汴渠年久失修，给周围百姓带来极大的灾难。永平十二年（69 年），汉明帝特派乐浪（今朝鲜平壤）人王景与将作谒者（管理土木营建的官员）王吴主持修治。

以前，王景与王吴已奉明帝令修复浚仪渠（在今河南开封），消除了水患。此次为修复河、汴工程，征调农民士卒多达数十万人。王景等对黄河自荥阳至海口千余里彻底加以整修，费时一年多，耗钱百亿，完成了这一工程。工程成功地分流了黄河和汴渠，从此，黄河不再侵入汴渠，汴渠也不再侵入黄河，汴渠也得安流漕运。黄河经过这次整治后，大约有八百多年（到 1048 年）的时间，再未发生改道之事。

班超再通西域（73 年）

永平十六年（73 年），班超跟随大将军窦固出击匈奴。随后，班超又奉窦固之命去联络西域各国君主亲汉而抵制匈奴。奉命后，班超仅率壮士三十六人慨然出行。当时鄯善王在亲汉还是亲匈奴问题上犹豫不决，在接待汉使的同时也接待匈奴使者。班超当机立断率随从三十六人夜袭匈奴使者，使鄯善王下定决心依附汉朝。于阗是亲匈奴的一个小国家，班超出使到这个国家时，于阗王听信巫师的煽动，要用班超的马祀神。班超假意答应，待巫师来取马时，杀掉巫师，并向于阗王晓以利害，最终劝服了于阗杀掉匈奴使者而投降了汉朝。疏勒王国本是亲汉的，但龟兹在匈奴人支持下杀掉疏勒王，立龟兹人兜题为疏勒王。班超派勇士田虑劫缚兜题，立疏勒故王

班超（32 – 102），字仲升，扶风平陵（今陕西咸阳）人，东汉著名的军事家和外交家。

兄子忠为疏勒王，解除了龟兹对疏勒的压迫。班超以自己的政治谋略，使疏勒、鄯善、于阗归附，东汉政府重新在西域设置都护和戊己校尉，使汉与西域复通，这是东汉同匈奴斗争的巨大胜利。

汉朝击破北匈奴（91 年）

和帝永元元年（89 年），车骑将军窦宪率兵北击匈奴，兵出鸡鹿塞，会合南匈奴，在稽落山大破北匈奴，出塞三千余里，至燕然山（今蒙古国抗爱山）。随窦宪出征的班固，作《燕然山铭》，刻石记功而还。永元三年（91 年），窦宪又派右校尉耿夔、司马任尚出居延塞，将北匈奴围困于金微山（今阿尔泰山）。这次汉军出塞五千余里，彻底击溃了北匈奴。从此以后，北匈奴部分降汉，部分归附鲜卑，余部离开中国边境走上了遥远的西迁路程。北匈奴的西迁，在世界史上是一件大事，它引起了古代世界的大变化，影响了欧洲和世界历史的发展。

纺织业兴盛

早在远古时代，居住在我国境内的人类就学会了养蚕，中国也是世界上缫丝、织绸的原产地，曾以"丝国"闻名于世。汉代的丝绸，为横贯亚欧大陆的"丝绸之路"的繁荣昌盛和贸易交往提供了物质基础。在沿"丝绸之路"上，如甘肃居延遗址，新疆的罗布淖尔、古楼兰和民丰尼雅遗址等地出土了许多东汉纺织品。此外，前苏联巴泽雷克冢墓、叙利亚巴尔米拉古墓等，发现了独特的汉隶铭文丝织品，以及缂毛等毛织品，还有敷彩印花和蜡缬、夹缬等印染品。

汉纺织品包括丝织品、毛织品、麻织品、棉织品、印染品等几种，以上各类纺织品在西域都曾出土。如新疆民丰尼雅出土的罗和绮，属于丝织品类；新疆民丰出土的"万世如意"锦、"延年益寿大宜子孙"锦、罗布淖尔出土的"韩仁"锦，都反映了我国汉代丝织技术的高超水平。尤其是在甘肃武威汉墓中发现的绒圈锦，是迄今为止，中国发现的最早的绒类织物。

汉代的毛织品，有缂毛、斜褐等品种，主要出土于新疆境内的"丝绸之路"古道上。新疆民丰汉墓出土的蓝色蜡染棉布白布裤及手帕等，是棉织品的坯布，一般称为白叠布，其花纹图案显示出当时印刷技术具有较高的水平。

汉代的印染技术比前代进步很多，已掌握了浸染、涂染、套染和媒染的一整套染色方法，印花也已用镂空版和手工彩绘相结合的工艺，甘肃磨嘴子汉墓中三件草篓裱糊的印花绢就是物证，艺术效果很好。新疆民丰出土的蓝白蜡染印花棉布是最早采用蜡防印染法的印染品。

东汉纺织品流行西域，不单体现了我国纺织技术发展的悠久历史和巨大成就，也表明了在世界文明史上，我国做出了杰出的贡献。

宦官专权（92年）

在汉章帝、汉和帝时代，外戚窦氏的势力迅速膨胀。建初八年（83年），窦宪为侍中、虎贲中郎将，窦宪的弟弟窦笃为黄门侍郎，兄弟二人骄横宫中，窦宪竟敢以低价强买汉明帝女儿沁水公主的园田，连公主也不敢与之计较。88年，和帝即位，窦太后临朝，窦氏一门更是牢牢地把持了朝政，这也是外戚专权的开始。永元初年，窦宪率军大破北匈奴后，窦氏兄弟愈加骄纵，强夺人财，掠人妻女，培植爪牙，甚至地方太守、刺史也要听从窦氏安排。永元四年（92年），和帝经过一番筹划，依靠中常侍郑众等人，先设计收捕窦宪党羽，逮捕并处死了窦氏死党郭邓叠，接着又派谒者仆射收窦宪大将军印绶，改封冠军侯。窦宪被迫离开京城来到封国后，和帝又下旨迫其自杀。和帝依靠宦官郑众等人的势力最终铲除了窦氏外戚。和帝深恶外戚专权，想亲自总揽万机，但朝臣几乎全为窦氏死党，要想彻底铲除其势力就只能依靠身边的宦官势力。因此，东汉宦官用事，从郑众开始。永元十四年（102年），和帝封郑众为鄛乡侯，宦官对外戚斗争第一次取得胜利。

西域完全归汉（94年）

建初五年（80年），西域动乱，汉章帝派班超与平陵人徐干率一千人前往平定。班超和徐干首先击破叛乱的番辰，稳住局面。元和元年（84年），假司马和恭率八百士兵赶到西域来支援班超。班超与和恭合兵处，联合亲汉诸国，在西域开始反攻，最终俘获了疏勒国王。永元元年（89年）、二年、三年，东汉政府三次派窦宪等人北击匈奴，彻底击溃了北匈奴势力。永元二年，班超又以少胜多击败了大月氏。北匈奴及大月氏的失败，使西域的反汉势力失去靠山。永元三年，龟兹、姑墨、温宿都向班超投降。永元六年(94年)，班超发龟兹、鄯善等八国兵共七万余人讨伐焉耆。班超采取军事打击与政治诱降相结合的方式，铲除了焉耆王、尉犁王等，使这一地区臣服于汉。至此，西域大小国家五十余个全部归顺了东汉。

说文解字 (100 年)

《说文解字》是中国最早的对后代影响极大的一部字典，作者许慎，书成于东汉和帝永元十二年(100年)。全书正文十四卷，后序一卷，共十五卷，收篆文九千三百五十三字，另有重文一千一百六十三字。是中国历史上第一部系统分析字形、解说字义、辨证声读的字典，开创了中国文字学和字典学的独立研究阶段。此书完全改变了周秦时代训诂词典的方法，开创了系统全面解释字的形、音、义的新体例，构成了严整的字典编纂格局，所释字以小篆为主体，分析字形结构，根据不同偏旁，分列为五百一十四部，始一终亥，部与部的排列顺序以部首的笔画和形体结构近似为准则。许慎科学而有条理地分析、阐述了汉字的产生和发展、汉字的功用、汉字的构造等，在实践和理论上都达到了前所未有的高度。书中所收的字覆盖面相当广泛，包括了经书(特别是古文经)中的常见字，如篆文、古文、籀文、俗体等，既有先秦的字，也有汉代新产生的字，为后代考查汉字发展的历史提供了极宝贵的材料，尤其在近代，是识别甲骨文和金文的必备工具书。《说文解字》释义，采用因形说义和选取书传中的古训等多种方式，虽为字书，实际上也是一部极其重要的训诂书，后代字书都援引它的训释，它的编排体例也被许多字典所继承。因此，在中国字典学史上《说文解字》的开创之功是不可磨灭的。

"蔡侯纸" (105 年)

我国劳动人民很早就掌握了造纸方法，这些纸的原料是麻或丝絮，质地比较粗糙。和帝时，宦官蔡伦总结西汉以来的造纸技术并加以改进，开创了以树皮、破布、麻头、鱼网为原料，并以沤、捣、抄、烘等一套工艺技术，造出了达到书写实用水平的植物纤维纸，称为"蔡侯纸"。因105年，蔡伦向和帝献纸，受到和帝赞赏，故105年被认为是造纸术的发明年。造纸术是我国四大发明之一，

蔡伦

对中国和世界文明进步做出了巨大贡献。大大提高纸张的质量和生产效率的同时，扩大了纸的原料来源，降低了纸的成本，纸张逐渐取代竹帛，为文化的传播创造了有利的条件。《后汉书·蔡伦传》载："自古书契，多编以竹简；其用缣者，谓之为纸。缣贵而简重，并不便于人。伦乃造意，用树肤、麻头及敝布、鱼网以为纸。"

张衡发明地动仪（132 年）

东汉时期，中国的地震发生比较频繁。为了测定地震方位，及时地挽救人民的生命财产，张衡决心发明一种仪器能快速而准确地知道发生地震的方位，他根据多年来收集的地震情报和记录，经过多年的潜心研究，在顺帝阳嘉元年（132 年），终于发明了世界上第一台测定地震方位的科学仪器——地动仪。张衡的地动仪基本上是由两部分组

地动仪

成：一部分是表达惯性运动的摆，另一部分是设在摆的周围与仪体相接联的八个方向的八组杠杆机械，两者都装置在一座密闭的铜仪中。它利用物体的惯性来拾取大地震动波，进行远距离测量。张衡制成的地动仪是人类历史上的首创，是人类文明史上用科学方法认识地震的第一次勇敢尝试，它揭开了地震科学的新纪元。而欧洲出现类似的仪器比中国晚一千七百四十八年。张衡除发明制造了地动仪外，还发明了世界上第一架自动的天文仪器——流水转动的混天仪，发明了世界上第一架测验风向的仪器——候风仪，还制造过自动车、自动木鸟、指南车等，张衡也因此成为我国古代著名的科学家。

梁冀专权（145 年）

汉顺帝死后，梁太后立自己年仅两岁的儿子为帝，是为汉冲帝。但冲帝在位仅一年即告夭折。梁太后与自己的哥哥梁冀密谋，又从皇族中选定一个八岁的孩子继承皇位，即为汉质帝。质帝即位第二年，因看不惯梁冀的专横便当着梁冀的面说他是跋扈将军。不久，汉质帝被梁冀毒死。接着，梁冀又立一个十五

岁的孩子为帝，这就是汉桓帝。桓帝即位，封梁冀三万户，增加梁冀所领大将军府的官属；又封梁冀的兄弟和儿子皆为万户侯。梁冀入朝可以"入朝不趋，剑履上殿，谒赞不名"。朝廷政事事无大小，都要经过梁冀决定，才能执行。梁冀一家，前后共出了七个封侯，三个皇后，六个贵人，两个大将军，其余卿、将、尹、校五十七人。梁冀把握朝权约二十年，权倾朝野，穷奢极欲，百官侧目，莫敢违命。

梁冀灭门（159 年）

随着外戚的权势高涨，宦官的威风就显得相形见绌，宦官与外戚之间的矛盾也越来越大。这种矛盾到延熹二年（159 年）随着梁太后病死越发激烈起来。当时皇帝为汉桓帝，因不满梁冀的专权，便与宦官结盟，发动政变，把梁氏一门，无分长幼，斩尽杀绝。在这次诛杀梁冀的行动中常侍单超、徐璜、具瑗、左悺、唐衡五人起了关键性作用，他们建议并谋划令汉桓帝下诏逮捕了梁冀。梁冀及其妻畏罪自杀，其余亲属则无论老少均被斩杀，梁氏财产也全被没收，价值三十余亿。因单超等五人诛梁冀有功，即得封侯，世称"一日五侯"。此后，东汉的政权开始牢牢掌握在宦官手中。

党锢之祸（166 年）

东汉中叶以后，外戚与宦官相互夺权争斗，趋势愈演愈烈。桓帝时期，以李膺、陈蕃为首的官僚集团，与以郭泰为首的太学生联合起来，结成朋党，猛烈抨击宦官的黑暗统治。宦官依靠皇权，两次向党人发动大规模的残酷迫害活动，史称"党锢之祸"。延熹九年（166 年），因遭到诬蔑，李膺等二百多名"党人"被捕，后虽释放，但终身罢黜。汉灵帝建宁二年（169 年），灵帝在宦官侯览、曹节指使下，再次逮捕李膺、杜密等百余人，并下狱处死，后又牵连六七百人，这是第二次"党锢之祸"。党锢之祸是擅政宦官假借皇帝名义而对朝野反对士人及年轻学生的全面打击。但这种倒行逆施，并不能挽救其行将灭亡

李膺　中国东汉大臣。字元礼，颍川襄城人。李膺人品高洁，太学生推崇他为"天下模楷李元礼（膺）"。

的统治，当士人、学生的"文争"被镇压下去以后，接下来的黄巾大起义，给封建统治者以沉重打击，汉灵帝也惧怕党人与起义军结合，于是，中平元年（184年）宣布大赦党人，流放者准许返回故里。至此，党锢问题才算最后解决。

黄巾起义（184年）

东汉末年，外戚和宦官争权夺势，祸乱朝纲，造成了统治的混乱。地方豪强趁机不断扩张，兼并土地。农民的处境日趋恶化，纷纷破产沦为流民，最后不得不奋起反抗。黄巾起义正是在此背景下展开的，起义的领袖是太平道的首领张角，自称"人贤良师"。张角以传道和治病为名，在农民中宣扬教义，进行秘密的活动。他加紧部署起义，广泛传播"苍天已死，黄天当立，岁在甲子，天下大吉"的谶语。中平元年（184年），由于计划泄漏，起义被迫提前举行。以黄巾为标志的农民起义军在七州二十八郡揭竿而起，他们攻城夺邑，取得了很大的胜利。黄巾军人员众多，遍布大江南北，声势浩大，京师震动。由于起义军领袖皆为农民，没有实际作战经验，组织涣散，分三路大军进攻都城但不能协调配合，终被东汉政权集中兵力各个击破。张角、张宝等领袖皆死。起义九个月后，黄巾军被镇压了下去，起义失败。

巨鹿之战（184年）

公元184年，在卢植征讨黄巾主力张角、张梁、张宝失利后，东汉政府又派董卓前往镇压，最终也因失败而告终。于是又改派皇甫嵩进击冀州。皇甫嵩初战失利，就采取"闭营休士，以观其变"的战略。他乘黄巾军稍懈之隙，潜夜进攻，结果打败广宗黄巾军，张梁牺牲，同时被杀害的起义军有三万人，投河自尽者五万人。不久，孤军奋战的张宝也战败牺牲。皇甫嵩大肆屠戮起义军，惨遭杀害的黄巾军达十万余人。至此，张角领导的黄巾军起义失败。

董卓专权（189 年）

　　黄巾起义之后，地方豪强纷纷割据土地，划分自己的势力范围。中平六年（189 年），灵帝死，少帝即位。当时宦官专权，外戚何进下诏令割据并州的董卓进京铲除宦官。不料消息走漏，何进反被宦官杀死。董卓进京后，控制了京师的军权，并自立为司空。九月，他胁迫何太后废少帝，立陈留王为帝，是为献帝。董卓此时已当上太尉，更封郿侯，为巩固自己的地位，笼络人心，还征招名士，为己所用。不久，他又晋为相国，可以"入朝不趋，剑履上殿"，军阀专政已代替了外戚、宦官专权。

王允诛董卓（192 年）

　　董卓执掌朝政后，施暴政、废少帝、杀太后，迁都长安、杀戮大臣、残害百姓，从文武官员到普通百姓无不恨之入骨。司徒兼中书令的王允为人正直，虽被董卓视为心腹，但王允对董卓的倒行逆施早有不满，一直想诛杀董卓。董卓自知为人所怨，出入常以骁勇过人的中郎将吕布做护卫。董卓回长安后曾因小事掷戟责打吕布，吕布心生嫌怨，便将这件事告诉了王允。王允见时机到来，极力劝说吕布杀掉董卓。初平三年四月，汉献帝有病初愈，群臣都到未央殿上朝。王允预先使尚书仆射孙瑞写就诛杀董卓的诏书交给吕布。吕布令同乡骑都尉李肃带勇士十余人扮作卫士埋伏于朝门内。董卓刚一进门，李肃便一戟将他刺倒，吕布随即将董卓刺死。董卓之死，大快人心，长安百姓暴其尸于街头并庆贺三天。

李傕、郭汜之乱（193 年）

　　董卓被杀后，王允想彻底根除董卓的势力，引起了董卓部将的恐慌。他们在李傕、郭汜的带领下率军数千围攻长安。长安城破，吕布败走，王允被杀。李傕占据长安后，与郭汜、樊稠共秉朝政。三人皆为军伍出身，不懂朝纲，还纵容士兵抢劫内府,焚烧宫殿,明抢豪夺,致使长安城破坏殆尽。193年春,李、郭、樊之间发生内讧,李傕杀樊稠,又与郭汜互相火并,争夺对朝廷的控制权。李傕派兵劫献帝,以此来巩固自己的地位。李傕、郭汜相攻数月,双方死者数以万计。后来,卷入这场争夺的官僚军阀越来越多,关中被打成一片废墟。最后,曹操抢先攻占长安,杀掉李傕,郭汜则在战乱中被自己部将杀死。至此,李、郭之乱才宣告平定。

张鲁起义(191年)

黄巾起义后,五斗米教盛行,它本是道教一个分支,宣扬捐五斗米即可入教,很受中、下层民众的欢迎,为此迅速发展教徒数十万之多,汉献帝初平二年(191年),五斗米教领袖张鲁与五斗米道另一领袖张修联合,率领民众,攻占汉中(今陕西汉中),杀死太守,消灭了当地的豪族武装。后又数次打败益州牧刘焉,占领了巴郡,建立起以汉中为中心,包括今陕西南部、四川北部广大地区的农民政权。张鲁政权持续约二十余年。建安二十年(215年),曹操率兵南下,攻下汉中,张鲁投降,张鲁政权遂亡。

官渡之战(200年)

建安元年(196年),曹操挟持汉献帝迁都到了许昌,以天子的名义诏令天下诸侯击败吕布、袁术后,势力范围向北发展到了黄河岸边。而北方最大的割据势力袁绍,击灭幽州公孙瓒,拥有冀、青、并、幽州之地。袁绍地广人多,欲南征曹操,进占许都,夺取最高统治权。建安四年(199年),袁绍率十万精兵南下攻许(今河南许昌东)。当时,曹操兵少将寡,率主力二万北上迎敌。第二年,袁、曹两军相峙在官渡(今河南中牟县东北),大战一触即发。曹操采用声东击西、各个击破的战术,奇袭白马(今河南滑县东南)袁军,斩袁绍的大将颜良。然后,曹操又诱敌深入,斩袁绍的大将文丑。两战两败之后,袁军士气非常低落,但袁绍自恃兵多粮足,定要同曹操决一死战。谋士许攸献计不被采纳,又遭到袁绍

曹操 字孟德,小名阿瞒,沛国谯县(今安徽亳州)人。东汉末年杰出的政治家、军事家和诗人。

的排斥，就投奔了曹操，向曹操献计，建义偷袭袁绍屯集军粮的乌巢（今河南延津县东南）。同年农历十月，曹操率五千人马，伪装成袁军，偷袭乌巢，把袁绍的军粮全部烧毁。袁军听说军粮被烧，顿时大乱，曹军乘势出击，大败袁军，歼灭袁军七万多人，袁绍仅带八百骑兵逃过黄河。官渡之战是我国历史上一次著名的以少胜多的战役，曹操在战斗中消灭了袁绍主力，奠定了统一北方的基础。

张仲景和华佗

东汉时期出现了两名著名的医学家张仲景和华佗，他们代表了当时病理、医术方面的最高成就。张仲景被后世称为"医圣"。他写有中医学史上的奠基之作《伤寒杂病论》，全书共十六卷。张仲景在书中提出了以"六经"辨伤寒、以脏腑辨杂病的"辨证论治"的原则，至今还是中医诊断治疗的核心部分。他还根据病变的表、里、阴、阳、虚、实、寒、热等不同情况，开创了"八纲"的论治方法，确立了脉症并重的原则。华佗被后世尊为"神医"，他不但精于方药针灸，还擅长外科手术。他有一项重要发明叫"麻沸散"，在施行外科手术时，他先让病人服用"麻沸散"进行麻醉，使病人免于痛苦，这在医学外科的麻醉史上有着重要的地位。华佗还创作了"五禽戏"，模仿虎、鹿、熊、猿、鸟的活动姿态以锻炼身体。张仲景和华佗对中国医学的发展做出了不可磨灭的贡献。

孙权安定东吴（203 年）

建安八年（203 年），孙权率军西征讨伐江夏太守黄祖，行军途中突然闻报江东鄱阳等地山越（泛指当时居于山谷间的土著居民）人民起义，孙权即刻还军。孙权命征房中郎将吕范、荡寇中郎将程普、建昌都尉太史慈分头进讨山越，很快就平定了山越。建安八年冬，建安（今福建建瓯）、汉兴（今浙江湖州南）、南平（今属福建）等三县百姓起义，各聚众数万人。孙权命令南部都尉贺齐率兵进讨。贺齐使属县各出兵五千人，连破农民军，斩其首领洪明，农民军六千多人被斩首。平定山越、击败建安等义军之后，孙

孙权 （182－252），孙坚次子，字仲谋，吴郡富春县（今浙江富阳）人。吴大帝，三国时吴国的建立者。

权基本上统一了吴越地区，巩固了自己的后方，为将来对外作战打下了坚定基础。

曹操统一北方（207 年）

曹操自起事之日起，就不断地招兵买马，积草屯粮，扩充其军事力量，又广纳人才，发展经济，为统一北方打下良好的基础。官渡战役之后，曹操进军河北。建安九年（204 年），曹操攻占袁绍的统治中心邺（今河北临漳），把青、冀、并、幽四州之地划归自己所有。建安十二年（207 年），曹操北出卢龙塞（今河北喜峰口），大败乌桓，安定了北方边境，接着又南平荆州，西定关陇，在削平了众多的州郡势力和氏族豪强武装之后，北方统一的大业基本完成。

赤壁之战（208 年）

曹操基本统一北方后，怀着统一天下的雄心，虎视江南。建安十三年（208 年）春，曹操在邺（今河北临漳西南）修建玄武池，训练水军，做向南方进军的准备。九月，曹操在新野和当阳连败刘备，并率精骑数万继续追击刘备。刘备退至夏口（今武汉境内），曹操继续南下，占领江陵，并乘胜向江东进军，以图兼并东吴。刘备此时只有军士二万多人，在军师诸葛亮的建议下，他决定与孙权共同抗曹。在东吴，许多谋臣慑于曹军号称八十万的声势，主张议和，诸葛亮与鲁肃、周瑜等对当前的形势做了精辟的分析，说服了孙权，坚定了孙权抗曹的决心。孙权即命周瑜、程普为左右督，鲁肃为赞军校尉，率领三万精锐水师，与刘备军会合约五万，进驻夏口。孙刘联军自夏口溯江而上，与曹军相遇于赤壁。当时曹军大多为青、徐北方兵马，不习水战，为克服船身的晃动，使用铁链连锁战船，结果又造成战船调动不便。孙刘联军乃乘东南风之便，用火攻焚毁曹军的战船和岸上的兵营，一时"烟炎张天"，曹军"人马烧溺死者甚众"。联军乘胜攻击，曹操被迫引兵从华容道狼狈北归。"赤壁之战"

周瑜（175 - 210），三国时期吴国将领，杰出的军事家。字公瑾，庐江舒县（今安徽庐江）人。美姿容，精音律，多谋善断，胸襟广阔，人称周郎。208 年赤壁之战中大败曹军，不幸早逝。

后，曹操损失惨重，在短时间内没有了南下的能力。刘备在战争中迅速扩大自己的势力范围，东吴也使自己的实力进一步加强，自此三足鼎立之势形成。

刘备占据益州（214 年）

建安十七年（212 年）十二月，同为刘氏宗亲的益州牧刘璋请刘备进川，打算双方联合共抗曹操。刘备进驻葭萌关后，收买人心，准备夺取成都。当时江东孙权受曹操攻击，请刘备相救，刘备借机向刘璋借兵，刘璋只给兵四千人，刘备乘机激怒将士反对刘璋，向刘璋发动进攻。第二年五月，镇守荆州的诸葛亮等人率军沿江西进，与刘备会合后共取益州。建安十九年，诸葛亮与大将张飞、赵云攻克巴东郡（今重庆奉节东），随后张飞、赵云分兵两路，攻占江阳（今四川泸州）、犍为（今四川彭山）、巴西（阆中，今属四川）、德阳（今四川遂宁）等地。刘备派从事中郎简雍入成都劝降，当时

刘备 （162 – 223），三国蜀汉开国君主。字玄德，涿郡（今河北涿县）人。221 年，于成都即位称帝，国号汉，年号章武。伐东吴兵败，因病崩逝，享年 62 岁，谥号昭烈帝，史称刘先主。

成都城还有精兵三万，粮食够用一年，军民准备誓死抗战。刘璋还派人向割据汉中的张鲁求救，不料张鲁派来增援刘璋的大军在将领马超的率领下向刘备投降。刘备给马超补充军队，命其引兵屯扎于成都城北。这一突然变故使成都城中将士军心大乱，刘璋也无心再战，遂命人打开城门，迎刘备入城。刘备进入城中，安抚百姓，收编军队。益州也进入了刘备的势力范围之中。

十、三国（220 – 280 年）

赤壁之战后，魏、吴、蜀三大势力成鼎足之势。建安二十五年（220 年）曹操死，子曹丕取代汉献帝，建魏。次年，刘备也在成都称帝，国号汉。229 年，吴王孙权在建业称帝，国号吴。三国分立时代正式开始。三国初期，各国主要致力于整顿吏治，恢复社会秩序和发展经济。三国时期虽然仍有不断的战争，但已和东汉末期军阀混战的性质不同，是有顺应民心所向的统一战争性质。三国鼎立局面对东汉末年军阀大混战来说，是一种历史的进步。晋武帝太康元年（280 年），

晋灭吴。至此，三国时代宣告终结。三国时期是一个混乱和割据的时期，也是从汉代四百年太平时期到四百年混乱的过渡时代。

建安风骨（196－220年）

东汉末年，曹魏建安时期，我国北方出现了七位著名诗人：孔融、陈琳、王粲、徐幹、阮瑀、应玚、刘桢。建安九年（204年），曹操占据邺城后，在中国北部创造了一个以邺城为中心的相对稳定的政治局面。许多文士在饱经战乱之苦后，相继奔赴邺城，归附到曹氏周围。在这里形成了以"三曹"为领袖，以"七子"为代表的庞大的邺下文人集团。他们战时大多随军，归来习文作诗，探讨文学，或歌功颂德，抒发情怀，或写征战之苦，述社会之乱，相互批评、磋商，共同提高写作水平，发展并繁荣了建安文学，后人因其创作风格集中体现了建安文学的时代风貌，称之为建安风骨。建安文学在中国文学发展史上占有相当重要的地位。建安七子的诗歌以五言为主。他们的作品各有特色，但都深刻反映了时代的离乱，艺术表现上悲凉、慷慨，文章内容和形式都达到了完美的结合。

孔融　东汉文学家，鲁国（今山东曲阜）人。

曹丕称帝（220年）

赤壁之战后，曹操退守北方，不久又率兵西征陇川，平定了关中，巩固了自己在北方的统治。216年，曹操为魏王，控制了东汉政权。220年正月，曹操病死，次子曹丕即位为魏王。他以不参加葬礼之罪逼弟弟曹植写下七步诗，又夺下弟弟曹彰的兵权，巩固了自己的地位。同年，曹丕逼献帝禅位于他，改国号为魏，定都洛阳。曹丕封献帝为山阳公，在封地内仍奉行汉朝历法，按天子的礼仪在郊外祭祀天地，向皇帝上书可以不称臣，追尊曹操为武皇帝。曹丕称帝后，改"尚书台"为"尚书省"，又设置秘书监和中书省，以分掉尚书省的权力，改变东汉

魏文帝曹丕　（187－226），三国时期魏国君主。字子桓。沛国谯县（今亳州谯城）人。曹操次子。曹操死，继位为丞相、魏王。当年十月，逼迫汉献帝禅位，自立为帝。国号魏，庙号世祖，谥号文皇帝。

中国通史故事

后期尚书权职过重的现象，使职官制度更加完善。又下诏禁止后族辅政，所有一系列措施都加强了中央集权制度，有效地避免了大权旁落的出现。

九品中正制（220 年）

曹丕称帝以后，采纳吏部尚书陈群的建议制定了九品官人法，即九品中正制。这个制度就是通过品评，将人士分为上上、上中、上下、中上、中中、中下、下上、下中、下下九等，朝廷任命中正官到各地主持品评；被评为上等的人士将被推荐到各级政府中去做官。在当时，老百姓是没有资格参加品评的。所以九品高下，只体现了封建统治阶级内部的差别。九品中正制创立之初，评议人物的标准是家世、道德、才能三者并重。其中一品（即上上）为虚设，不授予人，二品实为最高等第。由于充当中正者一般是二品，二品又有参预中正推举之权，而获得二品者几乎全部是门阀世族，故门阀世族就完全把持了官吏选拔之权。于是在中正品第过程中，才德标准逐渐被忽视，家世则越来越重要，甚至成为唯一的标准，到西晋时终于形成了"上品无寒门，下品无士族"的局面。到了隋代，随着门阀制度的衰落，九品中正制被废除。

刘备称帝（221 年）

220 年，曹丕废汉献帝为山阳王，自立为帝，改国号为魏，汉朝灭亡。刘备为了继承汉统，兴复汉室，于第二年，即 221 年，在诸葛亮、许慈、孟光等人的筹划下，在成都即帝位，是为汉昭烈帝，国号仍为汉，亦称"蜀汉"或"季汉"。定年号为"章武"。任命诸葛亮为丞相，许靖为司徒。同年五月，立刘禅为太子。

夷陵之战（222 年）

刘备西进成都之时，留下关羽镇守荆州，219 年，关羽调集了荆州精锐将魏将曹仁困于樊城。吴国趁关羽后防空虚，对荆州进行突然袭击，夺取荆州，杀

陆逊 (183－245)，孙策之婿，三国时期吴国大臣，著名的军事家。

了关羽。蜀将张飞报仇心切，饮酒过度，鞭笞士卒，被士卒所杀。222年，刘备以替关羽、张飞复仇为名亲率蜀军伐吴，攻入吴境五六百里，直达夷陵。吴军则在统帅陆逊的指挥下，利用火攻，大破蜀军四十余营。蜀军大败，伤亡惨重，逃回白帝城。第二年，刘备在白帝城一卧不起，不久病逝。夷陵之战使蜀国军事实力减弱，国力也开始衰落。

白帝城托孤（223 年）

吴蜀夷陵之战，刘备兵败逃至白帝城，一病不起。第二年，即章武三年（223 年）春，刘备病情加重，下诏令远在成都的诸葛亮立即动身赶往白帝城嘱托后事。在刘备战败到诸葛亮入白帝城这段时间里，蜀汉先后也有几位重臣去逝，刚刚建立的蜀汉政权又对益州和汉中的统治还没有完全稳定；而蜀汉太子刘禅当时年少不能主事。于是刘备便托孤于诸葛亮："君才十倍曹丕，必能安国，终定大事。若嗣子可辅，辅之；如其不才，君可自取。"又遗诏刘禅："汝与丞相从事，事之如父。"并安排中都护李严镇守永安，共同承担起兴复汉室的大业。之后不久，刘备逝世，终年六十三岁。同年刘禅在成都即帝位，改元建兴。

曹丕攻吴（222 － 225 年）

魏黄初二年（221 年）秋天，孙权因蜀军来犯，唯恐蜀、魏联军共同进攻吴国，便主动向魏称臣。曹丕同意，并让吴国太子入魏，作为人质，但被孙权拒绝。曹丕大怒，于三年出兵攻吴。孙权只好派建威将军吕范以水军拒曹休，以左将军诸葛瑾救南郡，以裨将军朱桓守濡须拒曹仁。十月，曹丕决定亲征攻打东吴。魏军将江陵团团围住，但相持几个月始终没有攻下，此时魏军中开始流行疫病，曹丕只好率军撤退。五年八月，曹丕亲率水军第二次攻吴，因遇暴风雨，江水暴涨，只好退兵。六年五月，曹丕第三次率水师征吴，八月入淮，十月至广陵（今江苏扬州），准备渡江。恰在这时，天寒地冻，长江上结了一层薄冰大船不得进入江中，再加上对岸有吴兵把守，魏军只好再次退兵。

诸葛亮定南中（225 年）

三国时期，在蜀汉境内散居着许多少数民族，他们大多居住在"南中"一带。即今之云南、贵州和四川的南部，总称为"西南夷"。当时蜀国把精力放在北方和东方，对"南中"的统治并不巩固。建兴元年（223 年）刘备死后，牂牁郡（今贵州凯里西北）太守朱褒、益州郡（今云南晋宁东）的大姓雍闿、越巂郡（今四川西昌）叟族首领高定同时反叛。蜀建兴三年（225 年）诸葛亮亲自率兵南征。七月，诸葛亮由越巂入南中，派马忠率东路军进攻牂牁，消灭朱褒的势力。又派李恢率中路军自平夷（今贵州毕节）直趋益州郡。这时雍闿已被高定的部下杀死，孟获代替雍闿为主，收集雍闿余部抵抗诸葛亮。八月，蜀军在与孟获军交战中，生俘孟获。诸葛亮对孟获采取攻心战术，七擒七纵，使其心悦诚服。诸葛亮进入滇池后，仍然委任孟获等渠帅在当地为官。诸葛亮平定南中后，从南方调拨了不少人力物力，充实了蜀汉的财政力量，从而解除了蜀汉的后顾之忧，稳定了后方，可以把主要精力放在北伐曹魏上来了。

诸葛亮 （181－234），字孔明，号卧龙。琅琊阳都（今山东沂南）人。207年出山辅佐刘备建立蜀汉政权，被封为丞相。刘备死后，刘禅继位，被封为武乡侯。234年病逝于五丈原军中。

孙权称帝（229 年）

建安五年，孙策死，其弟孙权继承了父兄事业，占据东吴，成为江东之主。魏、蜀相继称帝以后，孙权迫于形势，曲意事魏。吴黄武八年（229 年）孙权在群臣的建议下，在武昌称帝并改元黄龙。孙权称帝后，立国号为吴，追尊其父孙坚为武烈皇帝，其兄孙策为长沙桓王，立子孙登为皇太子。孙权设置农官，实行屯田，促进了江南经济的发展。九月，孙权迁都建业（今江苏南京）。孙权称帝，标志着三国鼎立局面正式形成。

诸葛亮之死

诸葛亮在刘备三顾茅庐，请他出山之后，便一直不辞辛苦，兢兢业业地辅佐刘备。吴夷陵之战，刘备兵败白帝城，临终托孤，让诸葛亮辅佐刘禅，担负起了整个蜀国的军政要务，无论大小事务自己都要过问。自建兴六年（228年）起，诸葛亮连年亲自率兵北伐，辛苦之至。在建兴十二年（234年）的最后一次北伐中，诸葛亮一直与司马懿相持于五丈原。不久，诸葛亮积劳成疾，卧病军中。临终前，诸葛亮将退兵事宜部署妥当。八月，诸葛亮卒于军中。长史杨仪按亮部署，秘不发丧，整军而出。懿恐亮未死，不敢进逼，挥军退还。杨仪于是安全地退回了汉中，并将栈道全部烧毁，以防司马懿趁虚而入。诸葛亮之死，是蜀国的巨大损失，本来就弱小的蜀国处境更加艰难。

诸葛亮

曹芳即位（239年）

魏景初三年（239年）正月，魏明帝曹叡病死，养子曹芳继位，年仅八岁。大臣曹爽、司马懿受遗诏辅政。因曹芳年幼，政事皆由两位辅政大臣处理。曹爽和司马懿，一为宗亲大臣，一为外姓重臣，二人为争夺权力明争暗斗。二月，曹爽采用谋士丁谧的计策，上表推举司马懿为太傅，削弱其实权，虽仍保留司马懿的都督中外诸军事、录尚书事等职，但仅为空名，实际上司马懿已被架空。同时曹爽又多树亲党，以弟曹羲为中领军，曹训为武卫将军，毕轨为司隶校尉，控制选举，掌管机密，以图专制朝政。而司马懿则假装年老体病，表面上退隐家中，不干预朝政，实际上却在暗中部署，伺机消灭曹爽集团。由此，曹魏集团内部开始分裂，冲突逐渐加剧。

高平陵政变（249年）

魏正始九年（248年）冬，曹爽与司马懿的斗争已达白热化。适值曹爽心腹李胜出任荆州刺史，曹爽令其借辞行之机，试探称病在家的司马懿的虚实。司马懿诡称病重，巧妙伪装，骗过李胜。于是，曹爽放下心来，不再提防司马氏父子。而司马懿暗中与其子中护军司马师、散骑常侍司马昭谋诛曹爽。正始十年（249年）正月初六，齐王曹芳到高平陵（今河南洛阳东南）祭扫明帝曹叡陵墓，曹爽与其弟中领军曹羲、武卫将军曹训、散骑常侍曹彦随驾前往。司马懿乘都城空虚，以迅雷不及掩耳之势发动政变，迫使皇太后颁令，关闭洛阳各城门，占据武库，屯兵于洛水浮桥，切断洛阳

司马懿 （179－251），字仲达，河内温县（今河南温县）人。三国时期魏国杰出的政治家、军事家。其孙司马炎称帝后，追尊为晋宣帝。

与高平陵的交通；同时派司徒高柔、太仆王观分别占据曹爽、曹羲营寨；又迫使皇太后下令免除曹爽兄弟职务，并派人游说曹爽兄弟停止反抗回城。正在高平陵的曹爽等见大势已去，接受条件回洛阳城，被司马懿软禁。正月初十日，司马懿以阴谋反叛罪，将曹爽兄弟及其亲信何晏、邓飏、丁谧、毕轨、李胜、桓范等下狱，不久，又以大逆不道罪斩首，并夷灭三族。从此之后，曹魏军政大权全部落入司马氏集团手中。

司马师专魏（251年）

魏嘉平三年（251年）八月，司马懿死，长子司马师继其父职做了抚军大将军，继续操纵魏国大权。司马师为加强自己的势力，在政治上实行高压政策，顺之者昌，逆之者亡。中书令李丰、太常夏侯玄都是时人敬慕的名士，这令司马师非常忌恨。司马师杀李丰，并诬陷他和张皇后之父张缉、太常夏侯玄谋反，杀害了张缉、夏侯玄及他们的朋友，并夷灭三族，废了张皇后。六年九月，司马师之弟司马昭受诏领兵到洛阳进见皇帝，大家都劝曹芳在司马昭辞行时杀死他并夺取他的兵权，以此来迫使司马师辞官。诏书写好后，曹芳因恐惧而不敢发。十九日，司马师逼迫皇太后下令，废曹芳为齐王，迎立

东海王曹霖之子高贵乡公曹髦为皇帝。于是，当年十月，年仅十四岁的曹髦在司马师的拥护下登上帝位，改年号为正元。曹魏政权完全落在司马氏家族之手。

曹髦之死（260 年）

曹髦即位后不久，司马师病逝，司马昭继之专权，并且权势日重，危及帝位，曹髦终于不胜其愤，声称司马昭代魏之心，路人皆知，决心要亲自出讨。曹髦率殿中卫士僮仆鼓噪而出，大臣王沈等人急走奔告司马昭，司马昭派中护军贾充领兵在南阙下迎击，太子舍人成济挺戈直刺曹髦，曹髦当场毙命，年仅二十岁。司马昭假传太后诏，宣布曹髦罪状，追废为庶人，又从邺城（今河北磁县南）迁来燕王曹宇之子曹璜，更名奂，于六月二日，在洛阳即位。司马昭"弑君"的行为引起了许多老臣的不满，为了平抚民心，也为掩盖自己的罪行，就把成济当成替罪羊灭了其一族。

蜀汉灭亡（263 年）

魏景元四年、蜀炎兴元年（263 年）十一月，司马昭派邓艾、钟会伐蜀，邓艾带军从小道突至成都城下，蜀国毫无防备，成都城内空虚，刘禅出城投降，蜀汉灭亡，共历二帝四十三年（221－263 年）。当时刘禅的儿子北地王刘谌极力主战，反对投降。刘谌苦谏其父不果，杀死妻儿后自杀身亡。刘禅仍不为所动，又派太仆蒋显下诏令姜维投降魏将钟会。至此，蜀汉宣告灭亡。魏灭蜀，得蜀二十八万户，九十四万人，甲士十万多人以及许多战略物资等，并且占据长江上游，失去长江天险的东吴岌岌可危。此次伐蜀的胜利为司马昭日后篡夺魏国帝位奠定了基础。

邓艾　字士载，义阳郡棘阳（今河南南阳）人，三国时期魏国杰出的政治家、军事家和战略家。

吴国孙皓即位

吴永安七年（264年）七月，吴景帝孙休病危。孙休手写诏书让丞相濮阳兴辅佐儿子孙𩅦称帝。二十五日，孙休病逝。此时，蜀国刚刚被魏国所灭，交趾百姓又起兵反吴，吴国官民都盼望能立一位长厚君主，救吴国于危亡。于是丞相濮阳兴、左将军张布顾不得孙休临终遗言，扶立已废太子孙和之子孙皓为帝。孙皓初掌权之时，体恤百姓，开仓济贫民，一时间朝野均对其大加称颂。但当帝位巩固之后，孙皓露出了他的真面目，残暴、奢侈，沉溺酒色，杀害忠良。孙皓的行为令濮阳兴和张布十分后悔，并流露出不满的情绪，结果被人告发，孙皓大怒，完全不念立己为帝之恩，将两人斩首示众。吴国朝政从此日益败坏国力渐衰。

十一、西晋（265 — 316 年）

曹魏咸熙二年（265年）司马炎逼迫魏帝退位，自立为帝，是为晋武帝。国号晋，史称西晋，都洛阳。太康元年（280年），西晋出兵灭吴，重新实现全国的统一，结束了东汉末年以来的混乱局面。西晋是历史上一个短暂而又黑暗的王朝。统治集团既腐朽不堪，又激烈争权夺利，爆发了影响巨大的"八王之乱"，使晋室诸王势力耗尽，社会生产遭到严重破坏，各民族纷纷起兵反晋，西晋王朝无力抵御，随之亡国。西晋时期，盛行门阀制度。门阀士族在政治、经济上享有极大的特权，操纵"九品中正"的选官制度，在政坛造成了"公门有公，卿门有卿"以及"上品无寒门，下品无士族"的局面；他们广占田地，荫庇大量劳动人口，并可免除赋役，从而形成了凌驾社会之上的特权阶层。西晋在经济上实行的占田制度，具有一定的积极意义，促进了农业生产的发展。

司马炎称帝（265 — 290 年）

265年，司马昭死，司马炎袭晋王位，同年十二月废元帝曹奂，自立为帝，改魏为晋，是为晋武帝，晋朝建立。晋武帝即位后，于280年灭东吴，结束了

晋武帝司马炎 (236－290)，字安世。司马昭长子。司马昭过世后，继承晋王的爵位。同年十二月，通迫魏元帝禅让，即位为帝，国号晋。谥号武皇帝，庙号世祖。

三国时代，统一了全国。晋武帝在位期间，鉴于曹魏末期的腐朽统治，采取了一系列有效措施，包括重视法律，抚鳏寡，并多次劝课农桑，废除民屯，使屯民成为州郡编户，颁行户调式，包括占田制、课田制、户调式、限田制等，严禁私募佃客，使得社会经济得以恢复和发展，太康年间（280－289年）出现一片繁荣景象，史称"太康之治"。与此同时，晋武帝大封宗室为王，给予门阀士族很大的权力，不仅封其官爵，给予土地，还授予军权。致使各诸王都有很强大的势力，这也为以后的"八王之乱"埋下祸根。

西晋灭吴（280 年）

自252年孙权死后，吴国朝政开始陷入混乱，至孙皓即位，更是骄奢淫逸，政治腐败，统治阶级内部矛盾十分尖锐。晋泰始五年（269年），尚书左仆射羊祜奉晋武帝司马炎之命镇守襄阳，都督荆州诸军事，羊祜在此屯兵操练，增强军队战斗力。为伐吴做好准备，晋咸宁四年（278年）羊祜病逝，镇南大将军杜预都督荆州诸军事，继续伐吴的准备。晋咸宁五年（279年），杜预认为伐吴时机已经成熟，建议晋武帝下诏伐吴。晋咸宁六年三月（280年）晋

羊祜 (221－278)，字叔子，泰山南城（今山东费县）人，西晋著名的战略家。

龙骧将军王濬攻至吴都建业，吴军骄惰，不战自溃，兵至石头城（今江苏南京北郊），吴主孙皓投降晋军，吴国灭亡。至此，三国鼎立局面结束，全国再次归于统一。

八王之乱（291 － 306 年）

太熙元年（290年），晋武帝死，其子晋惠帝即位。惠帝愚鲁无能，野心勃勃的皇后贾南风杀死辅政大臣杨骏等，掌握了政权。贾后专政引起了诸王的不满。永康元年（300年），在洛阳掌握禁军大权的赵王伦起兵捕杀了贾后及其党

羽，宣布自己为皇帝。诸王不服，齐王、成都王、河间王、长沙王等都起兵反对，赵王伦兵败被杀。光熙元年（306年），政权落在东海王司马越手中，他毒死惠帝，另立惠帝之弟司马炽为帝（怀帝），至此历时十六年的"八王之乱"方告结束。

刘渊起兵（304年）

刘渊，字元海，新兴（今山西忻县）匈奴族，少有大志，常以恢复匈奴势力为念，后被匈奴各部共推为大单于。304年，王浚与司马腾起兵征讨司马颖时，刘渊向司马颖献上良策，被司马颖拜为北单于。永安元年（304年）八月，刘渊在左国城（今山西离石）起兵反晋，自称大单于。同年十月，刘渊对众宣称："昔汉有天下之长，恩结于民。吾，昔汉氏之甥，约为兄弟；兄亡弟绍，不亦可乎！"于是，建国号为汉，刘渊即汉王位，并尊蜀汉刘禅为孝怀皇帝，建元元熙。十二月，刘渊与司马腾两军相遇，双方大战于大陵（今山西文水），司马腾大败，刘渊乘胜追击，派刘曜攻占了太原，又夺取了泫氏、屯留、长子、中都等地，并攻掠河南各州郡。

刘渊称帝建汉（308年）

晋怀帝永嘉二年（308年），匈奴冒顿单于直系后裔刘渊称帝，国号汉，改元永凤，迁都平阳（今山西临汾）。在290年晋惠帝即位，杨骏辅政时期，刘渊就被任命为建威将军、五部大都督，成为晋朝的北方守将和被晋朝承认的南匈奴最高统帅。刘渊努力推行法治，打击邪恶势力，恤贫济苦，以诚待人，在匈奴五部中树立起崇高的威望。晋惠帝永安元年（304年）八月，刘渊在离石（今山西离石县）起兵反晋，自称大单于。随着自己势力的逐渐扩大，把其他反晋武装先后收归到自己的旗下。为了进一步提高影响，加强自身的政治权力，永嘉二年（308年）冬十月，刘渊正式称帝。这是在西晋日趋衰败、各地流民纷纷起义反晋的浪潮中，中原建立的第一个少数民族政权。刘渊称帝后，废除了曹操以来的匈奴五部统治结构，恢复匈奴传统旧制。刘渊建立政权，再次把中原推向了战争和动乱，中国再次陷入四分五裂状态之中，但同时也对汉朝与少数民族的大融合起了促进作用。

永嘉之乱（311 年）

晋怀帝永嘉四年（310 年），汉帝刘渊死，其子刘聪即位。第二年，刘聪派石勒、王弥、刘曜等攻晋，在平城（今河南鹿邑西南）歼十万晋军，杀太尉王衍及诸王公。永嘉五年（311 年），刘聪又遣刘曜攻破洛阳，俘获怀帝，纵兵烧掠，杀士兵百姓三万余人。永嘉之乱后不久，怀帝被匈奴人所杀，其侄愍帝被拥立于长安。但这时皇室、世族已纷纷迁至江南，西晋王朝名存实亡。永嘉之乱后，大量人口为避战乱从中原迁往长江中下游，史称"衣冠南渡"，为东晋偏安一隅做了准备，客观上促进了长江中下游经济的发展，中国古代经济中心逐渐转移到南方。

石勒称霸（312 年）

汉国大将石勒以汉族失意士人张宾为军师，召集低级士族，建立为自己出谋划策的"君子营"。永嘉五年（311 年）四月，石勒消灭王衍所率晋军主力后，随后石勒又杀死汉国大将王弥，吞并了其部众。然后石勒移兵建业，不料大雨连绵三月不止，石勒军饥疫交加，死者大半。在危难时刻，张宾出谋，石勒全军北上，择险要之地，广积军粮，然后遣兵马四处征战，以称霸天下。永嘉六年（312 年）四月，石勒率军掠冀州郡县之粮积聚于襄国，又迁徙人口至襄国耕种。七月，石勒定都于此，第二年（313 年），石勒又立太学，选将佐子弟三百人入学读书。建兴二年（314 年）秋，石勒定租赋，令州郡官查实户口，每户出帛二匹、谷二斛。从此，石勒霸业至此而成。

西晋灭亡（316 年）

永嘉五年（311 年），怀帝司马炽被汉军俘获，晋朝群龙无首，驻守长安的秦王司马邺被大臣立为太子，313 年，刘聪将怀帝毒死，晋尚书、左仆射鞠允、卫将军索琳、梁芬等人，于四月在长安扶立秦王司马邺为帝，是为晋憨帝。改年号为"建兴"。但这时的皇室、世族已纷纷迁至江南，西晋王朝已经名存实亡。316年八月，刘曜率军围攻长安。相持数月后，长安城成为一座孤城，内无粮草，外无救兵。无奈之下憨帝只好出城投降，刘曜将他押到平阳后，被刘聪废封为光禄大夫，封怀安侯。共历四帝，统治五十二年的西晋王朝宣告灭亡。

竹 林 七 贤

　　竹林七贤指的是魏末晋初的七位贤士，即嵇康、阮籍、山涛、向秀、刘伶、王戎以及阮籍的侄儿阮咸。他们共倡老庄之学，同尚虚无清谈，常聚于一起，开怀畅饮，高谈阔论，悠游于竹林。他们有相似的哲学主张，但在志趣、人品、行为等方面相距甚远，其结局也极为不同。

　　魏末晋初，正值曹氏与司马氏之争尖锐，至发生高平陵事变，皇权旁落于司马氏之手，遂有司马氏大肆杀戮正始名士。在残酷的现实面前，七贤内部也发生了变化。

　　嵇康、阮籍、向秀、刘伶一类人卑视礼法，不肯攀附司马氏。嵇康博学多才，但一直隐居不仕，主张"越名教而自然"，并批评儒家六经。司马氏专权后，山涛举荐他去为官。嵇康拒绝，并愤然写下《与山涛绝交书》，公开反对司马氏.262年，被司马昭定了个"言论放荡，非毁典谟"的罪名杀害，年仅四十岁。

　　后人评价说，嵇康的思想，为七贤之中最为深刻、最有代表性的一家，嵇康的人品也是七贤之中最高的。

　　阮籍在思想上与嵇康齐名，著述颇丰。生在乱世，如履薄冰，阮籍虽蔑视礼法，旷达不羁，也曾作文讥讽钻营利禄之人。但又没有勇气脱离官场，一生曾官至中郎、散骑常侍，后又改任为东平相、步兵校尉，等等。在理想与现实的矛盾中，阮籍遂以酩酊大醉来应对人生，司马昭曾为司马炎求阮籍之女，阮籍故意大醉六十日来拒婚。

　　最能纵欲无度、玩世不恭的当属刘伶与阮咸。刘伶一味沉醉于酒中，甚至裸体纵酒，有客来家竟不穿衣服，伤风败俗，荒诞至极。阮咸比刘伶更有甚，他一生沉湎于酒，曾以大盆盛酒，甚至与群猪共饮，但若论思想上的深度，他们与嵇康、阮籍差距是很大的。

阮籍　（210－263），三国魏文学家、思想家。字嗣宗，陈留尉氏（今属河南）人。阮瑀之子。曾为步兵校尉，世称阮步兵。纵酒谈玄，蔑视礼法。与嵇康齐名，为"竹林七贤"之一。

山涛、王戎、向秀虽口尚虚无，但不反对礼法，他们热衷名利，苟全禄位。山涛官至尚书右仆射，居选职十余年，选用官吏，皆作评论。283年卒，享年七十九岁。王戎生性吝啬，贪财好利。家有好李，恐买者得其良种，竟钻核而后卖。向秀也在胆怯、恐惧中做了很多年的官，曾官至散骑常侍。

十二、东晋（317 — 420 年）

西晋灭亡后，317年，琅琊王司马睿在南渡过江的中原氏族与江南氏族的拥护下，在建康称帝，国号仍为晋，史称东晋。东晋王朝偏安江左，借助长江天险和江南富饶的人力和物力，与中原十六国对峙，延续了十一帝，共一百零四年。东晋是依靠门阀士族的支持建立的，东晋统治阶级内部矛盾错综复杂，皇权与士族之间、南北士族之间、北方士族之间、门阀士族与低级士族之间的内争不断发生。420年，东晋被刘裕创建的宋（即南朝宋，又称刘宋）灭掉后，形成南北朝的局面。由于东晋偏安于江南，使得江南的名士与渡江的中原人士有了更多的交流机会，促进了社会文化的发展。东晋的手工业水平比西晋有了大幅度的提高。另外，自曹魏以来，中国的文学发展一直处于大步前进的时期，其中以东晋年间的文人最为著名，东晋出现了山水诗人谢灵运、田园诗人陶渊明等，为后来隋、唐的诗文盛世创造了前提条件。当东晋在江南建国的同时，中国的北方则为少数民族控制着。由于少数民族的入主中原，使他们更多地接触到华夏文化，使之与汉民族逐渐发展为同一生活习惯的民族，促进了互相融合。

司马睿建东晋（317 年）

西晋后期，刘渊起兵建立汉国。其子刘聪即位后不久攻下了晋朝都城洛阳，俘获晋怀帝。皇室世族为躲避战乱纷纷南下，迁至江南。琅琊王司马睿是在刘渊起兵之后，接受王导建议，于永嘉元年（307年）九月南下，并在王导、王敦扶助下，立足江南。司马睿虽为皇族，但声望不够，势力单薄，本人才能也不高，所以得不到南北士族的支持，皇位不稳。但是，他重用了政治家王导。王导善于笼络人心，使南方士族支持司马睿，使北方南迁的士族也决意拥护司马睿。建武元年（317年）司马睿在南渡的中原士族和江南士族的拥护下在建康称帝，国号仍为晋，是为晋元帝，改元建武，并大赦天下，维持了偏安局面。东晋初年，政治上有王导主持，军事上依靠王敦，形成了"王与马，共天下"的局面。

祖逖北伐（313 － 321 年）

东晋建立以后，北方一直被几个少数民族统治割据，北伐中原、光复故土是许多南迁人士的愿望。在这种背景之下，祖逖开始筹划北伐大计。祖逖（266 － 321 年），范阳人，少有大志，历史上一直流传着他"闻鸡起舞"的佳话。祖逖亲见北方匈奴贵族对于中原人民的残暴统治，立志北伐，恢复中原。他向司马睿请求北伐。司马睿任命他为豫州刺史。在经过一番准备之后，祖逖率部渡江北上，击楫中流，说："祖逖不能清中原而复济者，誓不再回江东！"祖逖北伐得到了中原人民的响应和支持，北伐队伍迅速扩大。祖逖身先士卒，不蓄私产，与将士同甘苦。北伐战争取得一定的成就，迫使"石勒不敢窥兵河南"。就在此时，东晋内乱将起，祖逖自知北伐无望成功，忧愤成疾，321 年病死。祖逖死后，石勒又攻占河南，北伐失败。

闻鸡起舞

王敦之乱（322 年）

司马睿之所以能在江南建立起东晋政权，主要依靠琅琊王氏家族的支持。建兴三年（315 年），司马睿任命王敦为元帅，率兵讨伐叛乱的杜弢。王敦坐镇武昌，自行选派官吏，专权之心日渐暴露。永昌元年（322 年）正月十四日，王敦借口清君侧，在武昌（今湖北鄂城）起兵反晋。三月，王敦率军攻入建康。晋元帝只得任命王敦为丞相、都督中外诸军、录尚书事、江州牧。四月，王敦退兵回武昌。永昌二年（323 年）四月，王敦移师姑熟（今安徽当涂），自己担任扬州牧，图谋篡位。太宁二年（324 年）五月，王敦病重。晋明帝司马绍下诏任命王导为大都督，讨伐王敦，又诏征苏峻、祖约等保卫京城。王敦以兄王含为元帅，率众五万进攻建康，再反朝廷。不久，王敦病死，王含军被击溃，王敦之乱平息。王敦之乱，揭示了东晋政权内部中央与地方权力之争的序幕。

苏峻、祖约之乱（327 年）

东晋刚建立时期，方镇都各自拥兵自重，常常不听从朝廷调遣。王敦两次起兵，苏峻因平定王敦叛乱有功，被晋升为冠军将军、历阳内史，颇为骄纵，有轻视朝廷之意。祖约在寿春亦持名望功劳，以不得明帝顾命为恨，对朝廷不满。咸和元年（326 年），司马衍即位，是为成帝，外戚庾亮辅政。于是苏峻联结祖约，以诛执政庾亮为名，起兵反晋。攻入建康，大肆杀掠并专擅朝政。不久温峤、陶侃起兵讨伐。陶侃率兵四万，顺江东下，进逼建康。不久苏峻兵败被杀，祖约逃奔石勒。东晋建立以来最大的叛乱才得以平息。苏峻、祖约之乱对东晋当政的门阀士族打击很大。此后东晋至孝武帝时为止，虽然士族间的争斗不断，但都不敢轻动干戈，东晋也在没有内战的环境中度过了七十年之久。

石勒称帝（330 年）

330 年，石勒称皇帝，建立赵国，史称后赵。改元建平，以太子弘为皇太子。

石勒占据的为中原地区，而中原又因是兵家必争之地而屡遭战乱，农业生产破坏严重。石勒于是重视发展农业生产。314 年，他在刚刚稳定河北后，便令各郡阅实人户，每户收绢二匹，租二斛，租赋较西晋课田制约减一半。并多次遣使到各地督促农耕。太兴二年（319 年）称王后，设劝课大夫、典农使者等官，循行州郡，核定户籍，劝课农桑，对农桑卓有成绩者，予以奖励。所有举措的实施，都使农业生产得到快速恢复。

石勒早年诛杀晋朝王公大臣很多，但却注意笼络河北当地的豪门旺族。他攻占坞壁堡垒等民间自卫组织后，任命坞堡主为地方长官，借以征调军队和财物，也曾以士族集成"君子营"。后又将朝臣中掾、属以上出身魏晋士族者三百多家迁到襄国，并令胡人不得侮辱衣冠华族。又恢复魏晋选官旧制，使汉人衣冠世族多出任高官。还设立太学，选其将领臣属子弟入学学习，后又在襄国四门增置宣文、宣教、崇儒、崇训四所小学，教育将佐豪右子弟。令郡国置学校，每郡设博士祭酒二人，学生一百五十人，成绩优秀的学生可以被授予官职。

石勒的一系列改革在一定程度上缓和了胡汉矛盾，促进了社会经济的发展。河西张氏所建立的赵国与东晋隔江而望，北方地区除塞北鲜卑及辽西慕容燕政权以外其余地区全为石勒所有。

王导去世（339 年）

王导，字茂弘，琅琊临沂（今属山东）人。西晋末年，王导追随琅琊王司马睿，协助司马睿建立东晋政权，又助他树立君主威信，逐渐得到江南大族的拥护。王导历经东晋元、明、成三帝，对东晋政权制度的创设多有贡献，官至大司马、丞相。王导曾受命参加平定华轶、徐龛、王敦、苏峻、祖约之乱，曾两次接受皇帝遗诏，深得三代晋帝的信任。咸康元年（335 年）三月，王导因病未上朝，晋成帝亲自到他的府第，看望王导夫妇。同年四月，成帝任命王导为大司马，都督中外诸军事。咸康五年（339 年）七月，王导病故，享年六十四岁。晋成帝为王导举行了三天丧礼，丧礼之隆重一如汉博陆侯及安平献王旧事，还参用天子之礼。同年八月，晋成帝因王导病卒，把丞相改为司徒。王导为人简素寡欲，待人宽厚，虽辅佐元、明、成三帝，但家中没有多余的存粮，也不穿丝绸做成的衣服。在王导主政期间，他率领南迁士族，联合江南豪门望族，共同维持着东晋政权的稳定。

王　导

桓温灭成汉（347 年）

永兴三年（306 年），李雄在成都称帝，国号大成。永和二年（346 年），李雄死，李势即位。安西将军、荆州刺史桓温乘机发兵攻汉。桓温以袁乔率二千人为先锋，亲率周抚、司马无忌等大军随后，直击成都。桓温首战连连告捷。次年春，汉帝李势全军出战，在成都笮桥（今成都两南南河上）同桓温军激战。桓温初战失利，前锋受挫，众士卒欲退时，鼓吏误击进鼓，袁乔乘势督士卒力战，大破成汉军。晋军乘胜直追，火烧城门，李势连夜逃走，至葭萌关（今四川广元西南），遣使向桓温请降。至此，成汉灭亡。桓温还军，令周抚镇彭模。又经过两年的征战，周抚最终扫除了成汉的残余势力，蜀地再次进入东晋版图。

苻洪建前秦（350 年）

　　西晋末年，北方战事不断。这时西北地区的氐族人不断强盛起来，他们原本居住在略阳临渭（今甘肃秦安东南），入据中原，先后臣服于前赵和后赵。后赵灭亡时，苻洪已拥有十万部众，雄心勃勃，谋划进占关中。苻洪还没有实现进据关中的计划，就被人毒死，他的儿子苻坚继承父志，率领部众向关中进发。苻坚的军队打败占有长安的杜洪，进入长安。351 年，苻坚自称大秦天王、大单于，第二年改称皇帝，建都于长安，国号秦，史称前秦。苻坚是位很有作为的好皇帝，他勤于政治，推崇儒学，减租减赋，给农业发展以宽松环境促进了关中经济的发展。

王羲之作"天下第一行书"（353 年）

　　王羲之（303－361 年），字逸少，琅琊临沂人，后移居会稽山阴（今浙江绍兴）。王羲之是王导的侄子，曾任右军将军、会稽内史，故后人称他为"王右军"。王羲之一生喜好游山玩水和结交朋友。相传王羲之七岁学书，十二岁开始通读前人笔论，他的主要贡献也集中表现在书法的成就上，与其子献之并称"二王"。王羲之先拜卫夫人为师学习书法，后博采众长，书精诸体，用笔细腻，结构善变，尤其擅长楷书和行草书，风格妍美流畅，改变了汉魏以来的质朴书风，把书法推向全新的境界，被誉为"书圣"。

王羲之

王羲之的传世代表作有《兰亭序》、《十七帖》、《姨母帖》、《奉橘》、《丧乱》、《初月》等，其中永和九年（353 年）所写的《兰亭序》对后世的影响最大，被称为"天下第一行书"。

前秦统一北方（376 年）

370年，前秦趁前燕发生内乱之际，灭亡了前燕。376年苻坚派遣毛盛、姚表等人率十三万大军伐前凉，一路势如破竹，进而将姑臧团团包围，走投无路的前凉皇帝张天锡只好出降，前凉亡。凉州郡县全都成了前秦版图中的组成部分。灭凉之后，苻坚乘军队士气高涨之时，于376年冬，遣苻洛率军十万，俱难、邓羌等率兵二十万分兵出击代国，代国军队不堪一击，一触即败，国君什翼犍逃亡云中（今内蒙古和林格尔县北）。不久，代国发生内乱，前秦趁机击云中，杀代国国君什翼犍之子寔君，代国亡。至此，前秦基本上完成了统一北方的大业，促进了民族大融合，与东晋政权隔淮水而望，南北并立。

谢安建北府兵（377 年）

东晋谢安任宰相时期，长江下游地区军事力量薄弱，长江上游的桓氏势力和北方的前秦军队都对首都建康造成了威胁。为了解决以上问题，谢安决定组建新军。晋孝武帝太元二年（377 年）十月，朝廷任命谢安侄子谢玄为南兖州刺史，负责筹组新军。谢玄随即把南兖州的军事机关从京口（今江苏镇江市）移到广陵（今江苏扬州市），南徐、南兖两州侨户纷纷应征入伍。当时彭城（今江苏徐州市）刘牢之等数人以骁勇应选，谢玄任命刘牢之为参军，率领精锐作为前锋。因为晋朝百姓称京口为北京，所以当时人称这支军队为"北府兵"。太元四年（379 年）五月，前秦兵进攻淮南，并包围三阿。北府兵援救三阿，一战

谢安（320 - 385），字安石，陈郡阳夏（今河南太康）人。395年，指挥晋军在淝水之战中大败前秦苻坚。

告捷，迫使前秦兵向北退逃，显示了新军强大的实力。太元八年（383 年）淝水之战，北府兵更是表现神勇，成为击败前秦的中坚力量。在东晋内部各政治集团争斗时，都想把北府兵拉到自己的一方，北府将领也在左右东晋政局中占重要地位。

淝水之战（383 年）

　　前秦在统一北方后，不断向南扩张，相继攻占东晋梁、益（约今陕西南部及四川）二州及襄阳、彭城等地，苻坚继而进兵东晋，以求统一天下。晋太元八年（383 年），苻坚征集八十多万人进攻东晋，东晋宰相谢安命其弟谢石、侄谢玄等率军八万迎敌。同年十月，前秦军队攻占寿阳（今安徽寿县），苻坚派被俘的东晋将军朱序到晋军中去劝降。朱序乘机告诉谢石，前秦军队到达前线的只有二十五万人，建议先发起进攻。十一月，晋军在淝水与前秦军隔水对阵。谢玄诈称隔水不方便打仗，请秦军后退。苻坚想乘晋军渡河时消灭晋军，答应后退。可是，由汉人及各族被役者组成的前秦军不愿再战，秦军一退便"制之不可至"，此时，朱序又乘机大喊："秦军败了！秦军败了！"前秦军队顿时大乱。晋军趁机渡过了淝水，秦兵溃散逃跑，死亡大半，苻坚也被箭射伤，逃回长安。淝水之战后，南北朝格局发生变化，前秦政权瓦解，北方再次陷入豪强割据、兼并混战的局面，而南方的东晋巩固了其政权，出现了太平盛世。

慕容垂重建燕国（384 年）

　　前秦苻坚统治时期，北部边民不断发动动乱。前秦建元十九年（383 年）十一月，鲜卑将领慕容垂以安抚北部边民为名，脱离苻坚北上。十二月到达安阳，正好遇上丁零人翟斌起义反秦。慕容垂联合翟斌会攻前秦邺城，并密令慕容农起兵响应。慕容垂自称大将军、大都督、燕王，改秦建元二十年为燕元元年，立慕容宝为太子，封官拜爵，建立燕国，史称后燕。但邺城久攻不下，直到后燕燕元二年（385 年）七月，苻坚死，前燕邺城守将苻丕才率兵撤出邺城，返回长安，燕军进占邺城。随后，慕容垂定都于中山（今河北省定县），建元建兴。后燕建立后，慕容垂引兵南征北战，所领疆土日益扩大。建兴元年（386 年）七月，翟斌谋叛被杀，394 年，慕容垂率兵攻打西燕，杀死慕容永。此后，后燕又攻取东晋青、兖等地，与后秦分据关东、关西，成为淝水之战后的北方强国。

姚苌杀苻坚（385 年）

　　姚苌，字景茂，南安赤亭（今甘肃陇西东南）人，其兄为羌族首领姚襄。前秦寿光三年（357 年）四月，姚襄兵败前秦，并被苻坚杀害，姚苌于是率领其部众投降前秦。姚苌竭力主张苻坚伐晋，想借苻坚兵败之机自立。前秦建元二十年（384 年）三月，慕容泓起兵反秦。苻坚派巨鹿公苻睿为统帅，姚苌为司马，讨伐慕容泓。四月，两军在长泽展开大战，结果苻睿兵败被杀，姚苌也叛逃渭水以北牧马之地，自称大将军、大单于、万年秦王，建元改国，史称后秦。白雀元年（384 年）六月，苻坚亲率步骑二万讨伐姚苌，七月因西燕慕容冲率军进击前秦都城长安，苻坚乃引兵回援。苻坚率兵二万，亲自征讨姚苌，七月，西燕慕容冲围攻长安，苻坚被迫回兵救援，次年五月，西燕围攻前秦都城长安，双方展开了激战，前秦先胜后败，苻坚被姚苌部擒获。八月，苻坚被杀。东晋太元十一年（386 年）四月，姚苌占领长安后，自立为帝，改元建初，国号大秦，史称后秦。

拓跋珪建北魏（386 年）

　　拓跋珪是鲜卑族人，在他六岁的时候（376 年），正值前秦皇帝苻坚与代国交战时期，最后代国发生内讧，皇帝什翼犍被儿子杀死，但儿子即位，不得人心，众叛亲离，不久为前秦所灭。拓跋珪臣属独孤部，虽年幼，但性格刚强，被认为是"光复洪业，光扬祖宗者"。淝水之战后，前秦政权颠覆，北方短暂的统一为分裂割据所取代。拓跋珪乘势纠集诸部，于东晋孝武帝太元一年（386 年）一月在牛川（内蒙古西拉木伦河）召开部落大会，即代王位。同年四月，拓跋珪称魏王，定年号为登国，改国号为魏，是为北魏。拓跋珪在位期间，最大的功绩是迁都平城。迁徙人口达四十万之众，使鲜卑民族从游牧文化转向为农耕文化，完成了封建化进程，又进行了一系列改革，促进了民族大融合。

参合陂之战（395 年）

北魏登国十年后，燕建国十年（395 年），拓跋魏在参合陂大败慕容燕，后燕主力受创。

北魏初期，后燕为了自己利益，曾大力扶助北魏，先后帮其灭掉了鲜卑、贺兰、匈奴刘卫辰部，结果北魏国力大大增强。后燕怕其威胁自己，391 年，向魏求良马，魏不许，双方断绝来往。拓跋珪派长史张衮求好于西燕，欲联西燕以抗后燕。

慕容垂灭翟钊、吞西燕后，当年，派太子慕容宝率八万大军自五原（今内蒙古包头市西北）攻魏。拓跋珪闻讯将部落牲畜迁到黄河以西，避开燕军锋芒，又部署兵力，陈留公虔将五万骑屯河东，东平公仪将十万骑屯河北，略阳公遵将七万骑屯燕军之南。但各军按兵不动。双方相持直到冬日，燕军因出征日久，士兵疲惫不堪，国内又有慕舆嵩等叛乱发生，慕容宝决定烧船撤退。拓跋珪率精兵二万渡黄河追燕退兵。燕大军以赵王慕容麟三万骑军殿后，但赵王纵骑游猎，不做防备。行至参合陂，燕军夜宿于陂西，魏军悄然而至，布兵陂东。次日清晨，燕军准备东行，魏兵从陂上向下袭来，燕兵溃败，人马相踏，死者尸积如山，降者四五万人，尽被坑杀。太子慕容宝单骑出逃，侥幸得以生还。

桓玄之乱（402 年）

桓玄的父亲是晋朝丞相桓温。隆安三年（399 年），桓玄任都督八州及八郡诸军事，继续发展了其父的势力，势力日盛，与执掌朝政的司马元显矛盾逐渐激化。元兴元年（402 年），东晋以司马元显为大将军征讨桓玄，结果反为桓玄所败，桓玄趁胜攻入了建康。403 年，桓玄自称大将军，并于十二月称帝，国号楚，改元永始。次年，北府将士刘裕等起兵讨玄。桓玄众叛亲离，建康城内空虚，不久被攻陷，桓玄被杀，乱遂平。桓玄之乱进一步削弱了东晋的统治。

孙恩起义（399 年）

隆安三年（399 年），五斗米道再次盛行，在教徒首领孙恩的号召下起兵反晋，并从海上攻打会稽，擒杀了内史王凝之，起义很快波及到吴郡，吴义、义兴等八郡响应。东晋将领刘牢之指挥北府兵前去镇压，连败孙恩军，孙恩率众退入海岛。400 年，孙恩复攻上虞。刘牢之率兵进攻孙恩，孙恩兵败，退入海岛。401 年，孙恩军沿海北上到长江口，攻杀驻防沪渎（今上海市）的晋国内史袁山松，然后以兵士十余万，船只二千多艘进攻建康。晋廷派刘牢之拦击，双方战于京口，孙恩大败，损失惨重，又一次退入海岛。元兴元年（402 年），孙恩率领全部兵马进攻临海，结果再次失败，失去信心的孙恩投海而死。孙恩死后，其妹夫卢循被推为首领，率领余部继续对抗晋朝。

赫连勃勃建夏（407 年）

赫连勃勃原名刘勃勃，是匈奴屠各部首领刘卫辰的幼子。北魏登国六年（391 年）北魏攻匈奴，杀刘卫辰，刘勃勃被迫逃亡，先投奔了薛干部，不久投附后秦高平公、鲜卑族人没弈于，并娶其女为妻。后入长安，得到后秦皇帝姚兴的赏识，任命他为持节、安北将军，统领三交（今陕西榆林西）五部鲜卑两万余落。

407 年，刘勃勃杀其岳父没弈于，吞并其部将，自称天王、大单于，因《史记》、《汉书》记匈奴为夏后氏的后裔，遂自称国号为夏。号龙升元年，夏纪元开始。

刘勃勃又因其姓刘源于母姓、汉宗室，认为帝王"继天为子，是为徽赫，实与天连"，于是改姓赫连，又令其庶部改姓"铁伐"，取"宗族子孙，刚锐如铁，皆可伐之"之意。赫连勃勃采用游击战术没有固定的驻地，给后秦造成极大的威胁。

第二年（408 年），姚兴遣将伐夏，全军覆没。此后，夏开始由防守转为进攻，先后攻取了后秦的定阳（今陕西省宜川县西北），降安定（今甘肃省泾川县北），占杏城（今陕西省黄陵县西南）与上珪（今甘肃天水市），到后秦灭亡前夕，今宁夏全部、陕西北部及内蒙古河套地区都在夏控制范围内了。

顾恺之与《洛神赋图》

　　顾恺之（344－405年），著名画家，是东晋绘画的卓越代表人物。顾恺之出身士族高门，字长康，少年时便当上了大将军桓温的参军，后任散骑常侍。顾恺之多才多艺，名声很大，当时有"画绝、才绝、痴绝"的"三绝"称号。在绘画上，顾恺之总结了汉魏以来民间的绘画经验，把传统绘画向前推进了一大步。顾恺之善画肖像，亦工山水，他认为绘画妙在传神，要以形写神，有"传神写照，尽在阿睹中"的妙语。青年时代，顾恺之为江宁瓦官寺作维摩诘壁画，当众为画像点睛，三日间便为寺院募得百万钱，此事轰动一时。唐代书画评论家张怀瓘的《画断》说："像人之美，张（僧繇）得其肉，陆（探微）得其骨，顾（恺之）得其神，以顾为最。"他的画代表了当时绘画的最高成就。

陶渊明与田园诗

　　陶渊明（365－427年），又名陶潜，字元亮，浔阳柴桑（今江西九江）人，陶渊明的曾祖父陶侃，东晋开国元勋。但到陶渊明这一代，家境已经没落。陶渊明少年时生活十分贫困，可他学习却非常勤奋，对诸子百家的书都有所涉猎。年轻的陶渊明本来有"大济苍生"的壮志，他生活于东晋和南朝宋时代，曾经做过祭酒、参军等小官，最终无法实现自己的理想。陶渊明任彭泽县令时，他上任不到八十天就赶上了郡里的官员来巡视，属吏告诉他要恭敬地去迎接，陶渊明却说："我不能为五斗米折腰"，从此挂冠而去，不再出仕。隐居于田园的陶渊明开始纵情于诗歌，写下了大量田园诗，如"方宅十余亩，草屋八九间"，"暖暖远人村，依依墟里烟。狗吠深巷中，鸡鸣桑树巅"，细致地描写了纯洁、幽美的田园生活，表达了自己的高洁志趣。

　　陶渊明的诗和辞赋散文在艺术上具有独特的风格和极高的造诣，他开创的田园诗一体，为古典诗歌开辟了新的境界。他的作品平淡自然，都是出于自己的真实感受，直接影响到了唐代诗歌的创作。无论诗风还是人品，都一直受后人尊崇和景仰。

十三、南北朝（420 — 589 年）

东晋灭亡后，南方先后出现宋、齐、梁、陈四朝，北方也先后产生了北魏、东魏、西魏、北齐和北周几个政权，史称"南北朝"。在南朝，门阀士族开始衰落，寒门地主势力崛起，掌握了政治军事大权。宋、齐、梁、陈四朝存在的时间都较短，而上层既昏庸无能，其内部矛盾又相当激烈，于是，国势日趋颓废。北魏统一北方地区后，出现了孝文帝改革，内容包括推行均田制和租调制，改变官制、律令和姓氏，迁都洛阳等方面，具有巨大的积极意义，有力地促进了民族大融合。六镇大起义则打击了北魏后期的没落统治。南北朝时期的经济偏重于南方，因为中原的人口不断避乱南迁，不仅增加了江南的劳动力，而且先进的生产技术的传入大大促进了当地的经济发展。南北朝时期在文化方面的贡献，突出表现在特有的玄学思想的发展，乱世的自由给思想提供了沃土肥壤，文学的成就也很高，最突出的是诗歌。这一时期的对外交流，东到日本和朝鲜，西到中亚和大秦（即罗马），还有东南亚地区。

刘裕建宋（420 年）

刘裕，字德舆，京口（今江苏镇江）人。先祖曾是显贵士族，到他父辈时已经没落。义熙元年（405 年）三月，晋朝末年，帝位被桓玄所窃取，刘裕于是率兵攻打建康，杀了桓玄，迎安帝复位。为了提高威望，扩大势力，取代晋室，他在此后十年间，相继灭南燕、后秦。元熙二年（420 年）六月，代晋称帝，国号宋，都建康。刘裕即位后，吸取了前朝士族豪强胁主专横的教训，抑制豪强兼并；实行"土断"，清理侨人户籍，使侨人户口编入所在郡县；规定政府所需物资，不准滥行征发，派有关官员以钱购买；降低农民租税，废除苛

宋武帝刘裕　字德舆，小名寄奴。南北朝时期宋朝的建立者，史称宋武帝。中国历史上杰出的政治家、卓越的军事家、统帅。

繁法令，给百姓以宽松的政治环境，发展生产。刘裕推行政令能以身示范，崇尚俭朴。刘裕在位三年，422 年，刘裕病逝，他是中国历史上一位非常有作为的皇帝，他所作的改革促进了南方经济的发展，推动了社会的进步。

吐谷浑灭夏 （431 年）

　　晋义熙二年（406 年），后秦高平公没奕于被其收留并招为女婿的匈奴贵族赫连勃勃所杀，其部众也被兼并。次年，赫连勃勃自称天王、大单于，设置百官。赫连勃勃认为匈奴是夏后氏的后代，故国号大夏。赫连勃勃称王后，连年攻伐，并于晋义熙十四年（418 年）进据长安。宋元嘉三年（426 年），赫连勃勃第五子赫连定在平凉称帝。宋元嘉八年（431 年），赫连定侵入西秦，西秦向魏求援。未及魏出兵，西秦王乞伏暮末便被赫连定斩杀。因惧怕北魏逼侵，赫连定驱使俘获的西秦民众十余万人，准备渡过黄河。吐谷浑王慕瞶派慕利延、拾虔率三万骑兵半途埋伏，等到夏兵渡至河中时，突然发兵袭击，大败夏军，生擒夏王赫连定，大夏灭亡。夏从建国到灭亡仅仅经历了二十五年，三个皇帝。

拓跋魏统一北方 （439 年）

　　刘裕建宋时（420 年），北方还处于分裂状态，共并存着六个政权：鲜卑乞伏氏建立的西秦、汉人李氏建立的西凉、匈奴赫连氏建立的夏、鲜卑慕容氏建立的北燕、卢水胡沮渠氏建立的北凉及北魏政权。在以后十余年的不断兼并和斗争中，北凉灭西凉，夏灭西秦，夏又为臣服北魏的吐谷浑所灭。等到拓跋焘延和年间及太延年间，北方是北凉、北燕、北魏三个政权并立，其中又以北魏实力最强，于是开始了对北燕、北凉的征伐。

　　432 年，魏将奚斤曾率兵攻北燕，并攻取燕带方（今朝鲜黄海南、北道一带）、建德（今辽宁建昌北）等郡县；435 年，魏再次击败北燕，第二年（436 年），魏兵攻克了北燕白狼城（今辽宁喀喇沁左翼西南），进逼和龙（今辽宁朝阳），燕王烧毁宫殿，逃往高句丽，北燕遂亡。

　　439 年，魏帝拓跋焘让臣下书陈北凉王沮渠牧犍的十二条罪状，亲自率兵攻打北凉，不久魏军兵至姑臧，沮渠牧犍领文武五千人归降，北凉亡。

　　北凉的灭亡和北魏的统一北方，标志着自西晋永嘉之乱始，此后一百余年的北方十六国分裂的局面结束，北方再次实现了统一。

太武帝灭佛（444 年）

北凉时期，境内佛教盛行，439 年，魏国太武帝拓跋焘平灭北凉，下令将其国佛教信徒（包括沮渠氏宗族及吏民）数万户迁徙到当时魏的都城平城，于是佛教在北魏境内的影响迅速扩大。可拓跋焘和大臣崔浩都崇奉道教，厌恶佛教，因而崔浩便力主灭佛，正中拓跋焘心意。太平真君五年（444 年）正月十二日，拓跋焘下诏禁止王公庶民私养沙门（僧人），违者斩杀沙门及主人全家。太平真君七年（446 年）三月，拓跋焘率军亲征卢水胡盖吴时，攻入长安，入佛寺，见室内外有兵器，认为此物非沙门所用，定是与盖吴通谋，企图作乱，便命有司诛杀全寺沙门。在清理佛寺财产时，发现有许多酿酒之器和州、郡官民的财物，在密室中还藏有妇女。拓跋焘对佛教就更为厌恶。崔浩乘机再进灭佛之言，拓跋焘遂于本月下诏灭佛。

南北朝·镀金如来佛

宋魏大战（450 年）

北魏于太延五年（439 年）统一北方后，便开始了对南方的征战，不断派兵南侵，与刘宋交锋，割占其领土。刘宋经过元嘉之治的休养生息，国力增强，具备了北伐的条件。元嘉二十七年（450 年），刘宋对魏发动全面进攻，史称"元嘉北伐"。北魏太武帝拓跋焘率军南下反击，大败宋军，包围盱眙，兵至长江。刘宋依靠长江天险，布置兵力，对魏军的进攻进行坚决抵抗。魏攻不破长江防线，乃退。经过这次大战，刘宋国力大大削弱，其防线步步后撤，一直退到了淮南。

云冈石窟（460 年）

魏和平元年（460 年），北魏沙门昙曜在平城武州塞开凿石窟。
魏太延五年（439 年），北魏灭北凉，将凉州僧众三千多人迁至平城的同时，还强行驱使吏民工匠三万户迁居平城，从此北魏佛教盛行。446年（魏太平真君七年），崇信道教的太武帝拓跋焘下令灭佛，但452年（魏兴安元年），文成帝拓跋浚即位后，恢复佛法。次年（453年）文成帝召凉州高僧昙曜于平城。于是昙曜在平城（今山西大同）西面的武州塞即云冈开凿石窟。

昙曜共开凿出五座石窟，被称为"昙曜五窟,（即今编为第十六至第二十号的石窟）。五窟的平面皆呈椭圆形，没有后室，以巨大佛像为主体，充满石窟空间，使两侧的空间显得很狭小。每窟均有主佛像，高的超过十六米，一般为十三米左右。其佛面相方圆，两肩齐亭，深目高鼻，仪态谦和。另陪有菩萨及飞天塑像。无论主佛，还是飞天菩萨，造像奇伟精美。因昙曜自凉州来，他开凿石窟所请的工匠也多为凉州迁来内地的工匠，云冈昙曜五窟也具有明显的敦煌石窟的艺术风格。

继昙曜之后四十年左右，云冈又不断有石窟完成，其风格也较前有变化，石窟平面一般呈方形，石窟也分为前后二室。北魏迁都平城后，云冈石窟的开凿活动渐趋衰落，石窟也多为中小型，但艺术上显得更为成熟。

现存云冈石窟有大窟四十五个，小窟若干，造像五万多尊。它与敦煌石窟、龙门石窟并称古代三大窟，是著名的石窟艺术胜境。

祖冲之与《大明历》（462年）

祖冲之，字文远，范阳逎县（今河北涞水北）人，祖先侨居江南。祖冲之博学多思，曾造指南车、千里船、水碓磨及木牛流马，十分精妙。在数学方面，他在刘徽的基础上，推求出圆周率为3.1415926至3.1415927间，提出圆周率的约率为22／7，密率为355／113，密值的提出比欧洲早了一千多年。

祖冲之在何承天的《元嘉历》颁行后不久，就发现它不够精密。于是他在刘宋大明六年（462年）编了一部《大明历》，并于本年成书。

祖冲之受北凉赵匪欠的影响，修改了闰法，提出了三百九十一年一百四十四闰月的新闰周。首次运用东晋虞喜发现的"岁差"原理，测定冬至日在斗十五度，并统计得岁差约四十五年差一度。更进一步测定出岁实（回归）的日数为365.24281481，朔策的日数为29.530591，均非常精确。

与《元嘉历》相比，《大明历》有更高的科学性，但上奏皇帝后，孝武帝曾命令群臣讨论，其中戴法兴极力反对，并提出责难，祖冲之据理力争，一一驳斥，并写成著名的《驳义》一书。但《大明历》在刘宋朝没有施行，直到梁天监九年（510年）才正式使用，共沿用八十余年。

萧道成建齐（479 年）

萧道成，字绍伯，宋明帝时被封为右军将军，元徽二年（474 年）升为中领军将军并执掌禁卫军。南朝宋末年，皇族内讧，萧道成乘机而起并推立顺帝刘准，被授相国，封为齐王，掌握军政大权。升明三年（479 年），顺帝逊位，萧自立代位，史称齐高帝，改年号为建元，建立南齐政权。他崇尚节俭，反对奢糜，并以身作则，减免百姓逋租宿债，宽简刑罚。所有改革都利于社会发展，唯独在校籍工作中出现了许多弊端，侵犯了庶族地主的利益，并因此在其死后，而引发了唐寓之暴动，冲击了齐朝统治。齐自高帝至和帝萧宝融共历二十三年，于502 年被萧衍灭。

北魏实行均田制（485 年）

北魏早年在营建平城之前，曾在代北实行过计口授田的制度。入主中原后，随着封建制的确立，土地的所有情况有了不同，或由封建国家所有的大片荒地，因缺乏劳动力没有得到开垦；或是由宗主或寺院占有的土地，由广大的荫户百姓耕种；或农民私有小块土地，自己耕种。

魏太和九年（485 年）年初，实行三长制后，原来隶属于宗主的大量人口被清查出来了。国家手中控制的编户增多了，劳动力也增多了。

同年，又实行均田制，颁布诏令，实行均田：将土地分为露田、桑田两种。十五岁以上的男子受露田四十亩、桑田二十亩，妇人受露田二十亩。露田加倍或二倍授给，以备轮种。桑田为永业田，不须还官，但须在三年内种植桑、榆、枣等树，而露田在身死或年过七十岁后要还给官府。在不宜种桑的地方，给麻田，男子十亩，妇人五亩。奴婢可与良人接受同样数额的田地。耕牛每头受露田三十亩。

具体实行均田制时，原有的桑田，所有权不变，但要用来抵消应受份额。已达到应受额者，不得再受，超过应受额部分，可以出卖；不足应受额部分，可以买足。凡土地不足之处，允许向荒地处迁移，土地富足的地方，可以随力所能及借用国有荒田耕种。

均田制实行以后，游离的劳动者重新和土地结合起来，社会秩序较为稳定，土地开垦面积有了很大提高，促进了北方农业生产的发展。

北魏孝文帝改革（494 年）

471 年，主持政事的冯太后废献文帝，另立年仅五岁的拓跋宏即位，号魏孝文帝，朝政仍由冯太后把持。冯太后是汉族人，受过很好的教育，有政治才干，临朝听政长达二十五年。在魏孝文帝亲政前，冯太后就进行了一系列改革。改革的主要内容有：实行官吏俸禄制，严惩贪污官吏；颁布均田令，政府把掌握的土地分配给农民，农民向政府缴纳租税，并承担一定的徭役和兵役；迁都洛阳。魏太和十八年（494 年），孝文帝不顾保守派大臣反对，把都城从平城迁到洛阳，以便于接受汉族文化，加强对黄河流域的控制。革除鲜卑旧俗，接受汉族先进文化。孝文帝下令鲜卑贵族采用汉姓，改穿汉族服装，学习汉语，提倡同汉族人通婚。魏孝文帝的改革是中国历史上著名的改革之一，它所采取的措施，促进了政治和经济的发展，促进了鲜卑和汉族及其他各族的大融合。

萧衍建梁（502 年）

萧衍，字叔达，其父为萧顺之，齐高帝萧道成族人。因帮助其族兄萧道成灭宋建齐而官至领军将军、丹阳府尹。萧衍博览群书，有文武之才干，曾被齐竟陵王萧子良召入西邸，与沈约、谢朓等合称"西邸八友"。齐武帝时期，齐武王诸子叛乱，萧衍助其平定并斩杀诸子，因此倍受恩宠，飞黄腾达。齐明帝死前，任命他为持节、都督雍、梁、南秦、北秦四州、郢州的竟陵司、司州的随郡诸军事、雍州刺史。

雍州，地处南朝与北魏的交界处，当地有许多北来的流民，他们在与北魏的争战及镇压当地蛮族的活动中逐渐强大，并形成一股精锐武装。自宋文帝、孝武帝从荆州脱离独立后，力量骤增，其势力和影响都超过了重镇荆州。萧衍任雍州刺史不久，齐东昏侯萧宝卷杀戮朝廷大臣，引发动乱，萧衍便劝说其兄郢州行事萧懿，联合二州，相机举事。被萧懿拒绝，萧衍并未放弃，仍私下里为起事做准备。

齐永元二年（501 年），萧懿率兵击败转攻建康的崔慧景，被东昏侯任命为尚书令。同年，东昏侯又杀萧懿及其弟萧畅，并派一支禁军前往雍州袭击萧衍。萧衍闻讯起事，与雍州豪强共推东昏侯之弟、荆州刺史、南康王萧宝融为主。齐永元三年（501 年），萧衍顺江东下，先攻取郢城（今湖北武汉市），包围建康。年底，齐将王珍国、张稷杀东昏侯而归降萧衍。萧衍进入建康，杀东昏侯党羽四十多人，总掌朝政。

502 年初，萧衍进位相国，封梁公，加九锡。又进封梁王。不久，以齐明帝皇后宣德太后的名义颁布禅让诏书，称帝建梁。萧衍即梁武帝。

北魏分裂（534 年）

魏永熙三年（534 年），北魏孝武帝元贺不满于高欢专权，试图进攻高欢不成，西趋长安，投奔宇文泰。高欢另立元善见为帝，北魏分裂。

北魏末年，政局动荡，并逐渐形成了宇文泰和高欢两大军事集团。宇文泰割据关陇，高欢则以晋阳为中心，两集团各自拥兵自重，虎视北魏政权。

高欢在消灭尔朱荣势力的过程中，逐渐掌握了六镇余众的领导权，另外又得到了河北世族人士的支持，先在河北拥立元朗为帝，后入洛阳废元朗及尔朱荣所立元恭，改立孝文帝的另一孙子元贺为帝，自己坐镇晋阳，遥控朝政。

533 年，元贺不甘心事事受制于高欢，借故杀死高欢派到洛阳去监视自己的亲信高乾，从此，元贺与高欢的矛盾激化。534 年，元贺借口伐梁，集结大军，欲进击晋阳。高欢闻讯，决定先发制人，也以伐梁为名，发二十万大军南下。元贺自以为难敌高欢，遂向宇文泰求救，宇文泰派出亲信及轻骑精军去洛阳迎接元贺。元贺西奔长安，以宇文泰为后盾，高欢则在入洛阳后另立孝文帝曾孙元善见为帝，并迁都邺城。

宇文泰、高欢两大对立集团都拥立孝文帝后裔为皇帝，以魏的旗号相号令，并各自为政，互不承认，于是北魏政权由此分裂，后来，人们称建都邺城的政权为东魏，建都长安的政权为西魏。北方进入由两魏并存时期。

南北朝·陶俑

侯景之乱（548 年）

梁太清二年（548 年），侯景在立萧正德为帝后，又率领部下在寿阳起兵并进攻建康城。侯景攻势凶猛，很快就攻陷建康，他先杀梁武帝萧衍，后又将萧正德废去。梁太清三年（549 年）五月二十七日，侯景立梁太子萧纲为帝，是为梁简文帝。从此侯景大权独揽，为害江南。次年十一月，侯景自己称帝，改国号为汉。大宝三年（552 年），梁朝将军王僧辩、陈霸先起兵反抗侯景并连连击败侯景军队，进驻建康城下。城内空虚，众叛亲离的侯景见大势已去，跟心腹几十人仓皇东逃。四月，侯景被其部下杀死。侯景之乱对江南造成了极大的破坏，田地荒芜，人口流失，经济凋敝，一度富庶的江南出现了前所未有的荒凉。

高洋建齐（550 年）

东魏时期，高欢把持朝政为使高家权势更加稳定牢固，既定长子高澄为继承者，又培养次子高洋。为避兄弟猜忌，高洋平时韬光养晦，刻意掩盖自己的政治才能。高欢死后高澄执掌大权，但不久遇刺身亡，于是高洋取而代之把持朝政。东魏武定八年（550 年）正月十八日，太原公高洋晋升为丞相，都督中外诸军事。三月，高洋又受封齐王。徐之才、宋景业等人劝高洋称帝。高洋大喜，于是又从晋阳返回邺。五月初八，司空潘乐、侍中张亮、黄门侍郎赵彦深等人要求入朝劝说东魏孝静帝将皇位禅让给高洋。东魏武定八年（550 年）五月初十，在群臣的威逼之下，手无任何权力的孝静帝不得不颁发诏书禅让高洋。高洋的计划得以实现，名正言顺地登上皇帝宝座，并改国号为齐，史称东齐。

陈霸先建陈（557 年）

梁太平二年（557 年）十月初十，陈霸先在建康称帝，国号陈，建元永定。陈霸先（503－559 年），字兴国。原籍颍川，南渡后为吴兴长城（今浙江长兴）人，从小喜欢读兵书，习兵法擅长谋略，曾因平李贲之乱而被封为新安子、直阁将军。侯景发动叛乱时，陈霸先召集士卒三万人，联合王僧辩讨伐侯景，平定叛乱，又因功受赏，被封为司空，领扬州刺史，镇京口。555年，西魏破江陵，梁元帝被杀，他与王僧辩在建康（今江苏南京）奉萧绎第九子萧方智为梁帝，改元绍泰。但此时，王僧辩已纳北齐扶植的萧渊明为帝，他又袭杀王僧辩，同年陈霸先两次击败北齐的进攻，受封陈王，总揽梁朝大政。梁太平二年（557年）十月初六，陈霸先用武力逼萧方智禅位于己，于是梁朝灭亡。

北周统一北方（557年）

北魏分裂后，西魏实权一直掌握在宇文泰手里。557年，即宇文泰死后的第二年其子宇文觉夺取西魏皇位，自称天王，建立北周。建德元年（572年），宇文邕杀宇文护掌权，为周武帝。周武帝是一个有才能的皇帝，他掌权后，进行了改革，整顿吏治、释放奴婢。严惩隐瞒田地、户口的官僚、地主，注意发展农业生产，加强中央集权，积极训练军队。周武帝为增加国家直接控制的劳动力，减轻了一般劳动人民的赋役负担，下令禁断佛、道二教，销毁佛经、佛像，勒令僧道还俗。周武帝的这些改革，促进了社会经济的发展，加强了北周的人力、财力和军力。这时的东魏已

南北朝·菩萨交印图

为北齐所代替，在北齐内部，统治阶级分崩离析，阶级矛盾十分尖锐，农民起义连绵不断。建德四年（575年），周武帝亲率六军，向北齐发起大规模的进攻，六年，攻下北齐都城并俘获齐后主高纬。周军消灭了北齐政权，统一了中国北方，结束了自东西魏分裂以来近半个世纪的分裂割据局面，使人民免受战争苦难，得以重建家园，恢复生产，对整个北方政治、经济、文化方面的广泛交流和发展起到了促进作用，为隋统一中国奠定了坚实的基础。

邵士梅 蒋筱波·编译

中国通史故事

【卷二】

陕西新华出版 三秦出版社

十四、隋（581－618年）

581年，北周大丞相杨坚称帝，国号隋，都长安，建元开皇。随即在589年灭陈，结束了自西晋末年以来持续了二百七十余年的分裂局面，统一全国。隋统一后，社会安定下来，南北经济文化得到了交流。隋朝时候，经济有很大发展。耕地面积大量增加，农作物产量提高。手工业有新的发展，造船技术达到很高水平，能造起五层楼的宏伟战舰。洛阳的商业盛极一时，居住着数万家富商，封建经济呈现繁荣的局面。为加强南北的交通，巩固隋朝对全国的统治，605年，隋炀帝下令开通一条通南北的大运河，对南北经济的交流起了很大的作用。隋炀帝奢侈腐化，滥用民力，营建东都洛阳，几次巡游江都，三征高丽，兵役徭役繁重，极大地加重了人民的负担。隋朝末年，爆发了瓦岗军、河北及江淮等农民大起义，618年，李渊废隋恭帝杨侑，称帝建唐，隋朝灭亡。

杨坚称帝（581年）

北周武帝死后，国力日益衰落，朝政逐渐混乱，统治集团也四分五裂。杨忠是北朝显贵，西魏时为十二大将军之一，在北周时官至柱国大将军，封隋国公。

杨忠死后，杨坚（541－604年）继承了爵位，后来他的女儿又成为了宣帝宇文赟的皇后，杨坚当上了大司马、上柱国，掌握了国家大权，在朝廷中的地位十分显要。大成元年（579年），北周宣帝下诏退位，将皇帝宝座传给了他年仅七岁的儿子宇文阐，即周静帝。第二年五月，宣帝驾崩，因静帝年幼，外戚杨坚就以左大丞相、都督内外军事的名义把持朝政，不久相州、郧州、益州等地因不满其专权而起兵叛乱，杨坚率兵南下，不久将叛乱平定，并借机消灭了宇文氏诸王，自己独霸朝纲。581年二月，羽翼丰满的杨坚废掉了周静帝，并自立为皇帝，建立隋朝，定都洛阳，是为隋文帝。

隋文帝 （541－604），即杨坚，弘农华阴（今陕西华阴）人。隋朝开国皇帝，庙号高祖，谥号文皇帝。

三省六部制（581 年）

开皇元年（581 年），隋文帝对南北朝后期的官制进行了改革，建立了三省六部制度。三省即尚书省、内史省、门下省，三省长官都是宰相，分别掌握执行、决策和审议大权，互相牵制，最后集权于皇帝。在尚书省下，又分吏、礼、兵、都官（后改为刑部）、度支（后改为户部）、工六部，六部尚书分掌全国政务。隋文帝又在开皇三年将以往州、郡、县三级地方机构改为州、县两级制。这些措施都有助于改善吏治和加强中央集权。

隋反击突厥之战（581 － 583 年）

581 年，突厥佗钵可汗死，摄图即位为沙钵略可汗，摄图弟庵罗为第二可汗，木杆子大逻便为阿波可汗，沙钵略号突利可汗。摄图的妻子为北周的千金公主，隋文帝取代北周后，千金公主便劝其夫乘隋政权未稳发兵攻隋。隋朝大臣长孙晟，在北周时曾送千金公主入突厥，对突厥内部的情况十分熟悉，于是上书提出"远交而近攻，离强而合弱"的方针，建议联合西方的达头可汗和阿波可汗，以及东北的处罗侯，促使突厥内部分化，再乘势击败沙钵略。隋文帝派元晖出使达头，长孙晟出使处罗侯，促成了突厥内部的分化。开皇三年（583 年），隋开始反击突厥，兵分八路，大败沙钵略可汗，又屡败阿波可汗。突厥由此分裂为东西两个突厥汗国，东突厥以沙钵略为首，西突厥以阿波为首。开皇五年（585 年），沙钵略臣附于隋。隋的北顾之忧得以解除。

隋灭陈统一全国（589 年）

杨坚称帝建隋统一北方后，便开始做南下灭陈的准备了。杨坚首先任命韩擒虎为庐州总管，贺若弼为吴州总管，陈兵于隋陈边界。又命杨素督造战船，修成五牙大楼船、黄龙战船、大量平乘、舴等轻便小船，以备渡江。587 年，文帝又采纳谋士之策，在江南收获之际，派兵骚扰，废弃农时，并派人焚烧陈人粮仓，

中国通史故事

一三三

令陈国力更衰。588年，在巩固了内部、缓解了与突厥的矛盾后，杨坚命杨广出六合、杨俊出襄阳、杨素出永安、刘仁恩出江陵、王世积出蕲春、韩擒虎出庐江、贺若弼出广陵、燕荣出东海，兵分八路，计有五十二万人，在东临沧海、西接巴蜀的长江沿线，向陈发动了全线进攻。而陈后主沉溺酒色之中，不加防备。589年，韩擒虎领五百精兵夜渡长江，并攻克姑孰，控制了长江上游的咽喉要道。贺若弼横渡天堑，克京口，掌握长江下游门户，两路夹击之下，陈兵首尾不能顾，望风溃败。贺若弼、韩擒虎趁势分别攻入建康，俘虏了陈后主及文武百官。晋王杨广入建康后，命陈后主诏上游诸位陈将投降，陈水军都督周罗睺等全部投降，陈亡。自西晋灭亡以来二百多年的南北分裂局面至此结束。

韩擒虎 （538－592），原名擒豹，字子通，河南东垣(今河南新安县)人，隋朝名将。

改革兵制（590 年）

在北周以前，我国一直沿用府兵制，到了隋初，虽有兵农合一的趋势，但军人仍另立军籍，自成系统，不受地方州县管辖。590年隋灭陈后，隋文帝杨坚下诏改革府兵制，下令将军人划入当地州县，与农民一样分配土地，府兵从而有了军籍与民籍的双重身份。军人及其家属，平时耕作，战时出征，免租调役；同时，每年轮流上京戍卫。府兵在统领上仍由江卫分领，但江卫现在只负责督领宿卫京师的府兵。江卫各设大将军，总隶于皇帝。府兵制的改革，使国家兵源得到了保证，减轻了政府对军队的负担，对军人的管理和控制大大加强。这一制度到唐代仍沿袭使用。

开皇之治（581 － 600 年）

"开皇"是隋文帝的第一个年号，共二十年（581－600 年）。开皇年间，隋文帝采取了一系列有利于社会发展的政策，使得政治稳定，经济得到迅速发展。推行均田制，重编户籍，削弱豪强势力，简化行政机构，加强皇权的同时也增强了国力。当时各粮仓储粮都有数百上千万石，其丰实程度甚至超过两汉盛世。同时，经过南北朝时期，各少数民族与汉族进一步融合，民族关系融洽。隋文帝本人又勤政节俭，约束臣下甚严。因此在开皇年间，全国迅速呈现出繁荣盛况，史称"开皇之治"。

杨广弑父（604年）

杨坚称帝建立隋朝之时，因杨勇为其嫡长子所以被立为皇太子。但他率意任情，又奢侈无度，很快在宫内失宠。二弟晋王杨广，灭陈立功，又伪装节俭仁孝，同时广结党羽，并讨好内宫，在独孤皇后、杨素等人的鼓噪下，开皇二十年（600年）十月，隋文帝以仁孝无闻委任奸佞等罪名废太子勇。十一月，杨广被立为太子。仁寿四年（604年），隋文帝病重，召杨广入居大宝殿。杨广疑虑，写信给杨素询问后事的处理，不料被误传到文帝手中，同时又发觉杨广猥亵陈夫人，后悔莫及，欲复立杨勇为太子。杨广急派心腹张衡入侍，杀死隋文帝。广又伪造敕书缢杀杨勇，遂即位为帝，是为隋炀帝。

隋炀帝 （569－618），即杨广，隋文帝次子，内蒙古武川县人，杀死文帝及兄长杨勇后继位。在位14年，被农民大起义的浪潮困于江都（今江苏扬州市），为部下宇文化及等发动兵变缢杀，终年50岁。

东都洛阳（606年）

隋朝定都长安，隋炀帝杨广认为长安位置偏西，全国地理位置之中心为洛阳，若以洛阳为都，不仅易使号令达于四方而且交通畅通、运输便利。同时杨广认为，以文帝二十余年统治的成绩，有足够的物质财富来兴造新都。604年，杨广诏令营建东都。

605年，杨广、宇文恺征调二百万人动工建都，因急于求成役使急迫，丁夫死者众多，载尸之车源源不断，运木之车络绎不绝。

第二年（606年），东都建成。城分为外郭城、皇城、宫城。外郭城为大城，方圆七十余里，洛水以南有九十六坊、以北有三十六坊，置有东、南、北三市。皇城是文武官司所在，宫城为宫殿所在处。又在东都西面建有显仁宫，以奇材异石、奇花异草装扮其间；另建有西苑，苑中含海，海中浮山，伟殿曲廊，穷其华丽。

后炀帝又发民开通洛水与淮水间的运河——通济渠，复凿春秋吴王夫差故道邗沟，于是从东都可由水路抵达江南。为保证东都及长安的供给，东都城内有含嘉仓、城北有回洛仓。当时，东西二都共存成为隋代除长安以外的又一政治、经济、文化、交通中心。

开凿大运河（605－610年）

为了加强南北交通，隋炀帝从大业元年（605年）到大业六年（610年），先后征发民工二百多万人，利用天然河流和旧有渠道，开凿了一条横贯南北的大运河。大运河以洛阳为中心，东北到涿郡（北京），东南到余杭（杭州），全长四千多里，连接了海河、黄河、淮河、长江和钱塘江五大水系，经过河北、山东、河南、江苏、安徽和浙江六省，成为南北交通的大动脉。这是古代世界上最长的运河。

炀帝三游江都（605－616年）

大运河开凿好了之后，杨广大喜，于605年从东都出发，走水路沿运河南下江都。杨广所乘龙舟，高四十五尺，长二百尺。舟有四层，上层有正殿与东西朝堂，中间有雕装奇丽的房间一百二十间，最下层供内侍宦官所用；萧皇后所乘的船叫翔螭舟，华丽如龙舟，只是尺度稍小。嫔妃乘的是浮景舟，计有九艘。贵人、美人和十六院夫人乘的是漾彩舟，共有三十六艘。另外还有数千艘快船跟随，里面装载着后宫、百官、僧道、士兵及大量供奉之物。其队伍规模之大，难以想象，

随从船只每日络绎不绝地从京口出发，经五十多天才全部出发完毕。光用挽船士就八万余人之多，巡游途中，水面上舳舻相接二百余里，两岸上旌旗蔽野。所经之处，五百里之内的州县均须贡献食物，所贡皆为美味佳肴，宫人吃不掉，或抛弃或埋掉。次年（606年），炀帝决定从陆路回洛阳，命人议定舆服仪卫制度，龙袍凤衣、辂辇车舆、皇后仪仗、百官仪服，都极其华丽精致。费金银钱帛巨亿计，役使工匠十万多人。行至途中，羽仪绵延二十余里，气派非凡。

大业六年（610年），炀帝令王世充领江都宫监，大

隋炀帝

造宫室，等一切完工之后，再下江都并在江都宴请江淮名士；大业十一年（615年），杨玄感起兵叛乱，杨广遂取消了下江都的计划。大业十二年（616年），杨广不顾大臣的劝阻三下江都，并以江淮郡宦献礼的丰薄来升贬官吏，于是各级官吏竞相贡献，有的官员甚至用收明年租调的方法来聚敛钱财进贡。百姓不堪重负，纷纷背井离乡，流离失所，各地不断有暴动发生。两年后，杨广在江都被宇文化及诛杀。

三征高丽（612 – 614年）

大业七年（611年）二月，隋炀帝自江都（今江苏扬州）乘龙舟沿运河北上进入永济渠，赴涿郡（今北京），下诏攻高丽。隋炀帝还命元弘嗣赶往东莱海口负责造船三百艘，元弘嗣残暴，派人监督，日夜不停令船工赶造。船工昼夜立于水中，不得休息，自腰以下全都生蛆，死者十之三四。隋朝征集全国各地的水陆大军，会集涿郡，后又征发江淮以南水手一万人，弩手三万人，岭南排镩手三万人，全部奔赴涿郡。五月，炀帝令河南、淮南、江南造戎车五万乘，发河南北部民夫供应军需。七月，发江淮以南民夫及船只运黎阳及洛口诸仓米至涿郡，船队前后长达千余里，往返在路上的民夫经常有十万人，日夜不绝，死尸横遍道路，全国骚动。大业八年（612年）、九年（613年）、十年（614年），炀帝三次大举进攻高丽，不仅征高丽无功，反而耗费无数，给人民带来深重灾难，以此为导火索，在各地爆发了大规模的起义，大大加快了隋朝灭亡的速度。

瓦岗军起义（611年）

隋朝末年，农民起义风起云涌，其中以大业七年（611年），河南瓦岗寨（今河南滑县南）爆发的农民起义规模最大。大业十二年（616年），长安人李密加入瓦岗军，他精通兵法，善于谋划，帮助起义军屡次歼灭隋军。荥阳大海寺一战，李密等采取设下埋伏、诱敌深入的策略，围歼了隋军精锐部队张须陀部，大大削弱了隋军的主力。大业十三年，李密被推为领袖，称魏公，立国号为魏，建元永平。在以后的战斗中，瓦岗军始终为打击隋朝的主力部队，对隋朝的统治给予了致命的打击。后因内部分裂，最后入关降了李唐，经历8年的瓦岗起义宣告结束。

李渊晋阳起兵（616 年）

隋炀帝第三次南下江都时令唐国公李渊留守太原。大业十二年（616 年）底至十三年初，李渊见隋朝江山气数已尽，便以讨伐叛军为名，下令募兵，扩充了一支万人大军。炀帝亲信王威、高君雅等人见此情状，密图诛杀李渊。李渊于是先下手为强，先于五月癸亥夜，铲除了王、高及其党羽。次日，李渊在太原设大将军府，自称大将军，编士众为三军，号为义师，起兵反隋。七月，李渊集结了三万精兵，并兵分两路，由李建成、李世民分别率领从太原出发，向西攻取关中之地。

帝死隋亡（618 年）

隋炀帝第三次到江都以后，天下变乱纷纷，隋朝江山已支离破碎，杨广已知大势已去，无法挽回，于是荒淫益甚，令大臣王世充挑选江淮美女，送到宫中，共有一百多人，终日醉酒狂饮，唯恐不足。同时炀帝也忧惧不安，常对皇后萧氏谈论人们要推翻他的传闻，还曾拿着镜子自照，对萧后说：“好头颈，谁当斫之！”此时，长安已被李渊占领，隋炀帝无心北还，想定都丹阳（今江苏南京）。可随从士兵大多是关中人，久别乡里，思乡心切，逃亡不止。大业十四年（618 年）三月，虎贲郎将司马德戡、赵行枢等十余名近臣，恐受牵连，密谋结党西逃。炀帝宠臣宇文智及听说后献计说：“你们叛逃实自取灭亡，不若乘机图帝王之业。”于是众人共推宇文智及其兄宇文化及为主，与马文举、令狐行达等引兵入宫，缢杀炀帝。同时还杀害了炀帝之子赵王杨杲、蜀王杨秀以及隋宗室、外戚等，隋朝灭亡。

十五、唐（618 - 907 年）

从618年唐建立到907年被朱温灭掉，大唐王朝共存在了二百八十九年。唐朝一般分为两个时期，即前期和后期。中间以安史之乱为界，前期是昌盛期，后期则是衰亡期。前期出现了"贞观之治"，在政治、经济、文化等各方面都居于当时世界领先地位，此后的唐玄宗时期又出现了"开元盛世"，国强民富，升平之世再次出现。但也是在唐玄宗时期，发生了安史之乱，从此唐朝走向了衰亡。后期的唐朝政治混乱，从牛李党争到宦官专权，其间农民起义不断发生，黄巢起义军领袖之一朱温取代唐朝自立为帝，建立了五代的第一个王朝——后梁。唐朝灭亡。唐朝是中国历史上的一个辉煌时期。唐代中国在政治、经济、军事、文化、中外关系等各个方面取得了辉煌的成就。三省六部制作为中央集权政治体制已经成熟，并对后来的历朝历代影响深远。唐朝建立后仍推行均田制和租庸调制。建中元年（780年），两税法的施行，是我国古代赋役制度的重大变革。科举制度日益完善，使庶族地主取得了科举入仕的权力，封建国家统治的社会基础扩大。《唐律》和《唐律疏议》是典型的封建法典。唐朝具有灿烂的文化，这在中国和世界的文化发展史上占有重要的位置。绘画、舞蹈、建筑方面的成就亦荦荦可观。在宗教上，佛教和道教同时发展。韩愈、李翱视自己为正统儒家思想的继承者，从儒家经典中发掘先贤本意，给经学平添了一些新内容，为汉学到宋学的转变做了准备。

李渊称帝建唐（618 年）

隋朝末年，隋炀帝荒淫奢侈，失德失政，并且东征高丽无功而返，给社会带来极大的灾难。农民起义在各地兴起。617年，李渊集团在太原起兵。这时瓦岗军和河北农民军正在中原地区奋战，牵制了大量隋军，隋京都长安地区的防守力量很薄弱。这年秋天，李渊率三万人由太原出发，向关中进军。年底，李渊攻克长安，立代王杨侑为帝，自己辅政，操纵大权。618年，隋炀帝被杀，李渊废杨侑，在长安称帝，建国号为唐，是为唐高祖，并改元武德，建都长安。

统一战争（618 – 628 年）

唐朝建立初年，各地的割据势力依然存在，李渊集团开始了统一全国的战争。李渊首先东联李密，北和突厥，稳定好后方之后集中力量稳定关中。武德元年（618年），李世民率军消灭金城（今甘肃兰州）的薛举，占领了陇西全境；次年五月，凉州的李轨内乱，唐乘机消灭其割据势力，占领河西；武德三年（620

年），消灭联合突厥的刘武周势力。至此，李渊消除了后顾之忧，巩固了关中地区。李渊进军中原时，面临两大强敌，以洛阳为中心，已经建郑称帝的王世充，和盘踞河北的窦建德。李渊于是采取先郑后夏、各个击破方略，于武德三年派李世民率军发起对王世充的进攻，王世充求援于窦建德。李世民毅然决定扩大战役范围，采用围城打援的战法，以求"一举两克"。虎牢一战，李世民一举击灭王世充、窦建德两大集团，控制中原地区。武德六年（623年）李建成击灭窦建德旧部刘黑闼的反唐势力。同时，唐也派兵进军江南，先后消灭萧铣、林士弘，控制两湖及岭南地区，江淮的杜伏威早已降唐。武德六年八月，杜伏威部将辅公祏起兵反唐，李渊命李孝恭、李靖率兵镇压，次年三月，辅

唐高祖李渊　唐代开国皇帝，字叔德。先世本为赵郡（今河北赵县）李氏。618年五月，李渊称帝，改国号唐，定都长安。庙号高祖。

公祏败亡，唐巩固了在江南的统治。贞观二年（628年），突厥发生了内乱，唐太宗李世民于是出兵朔方，消灭了梁师都。至此，唐的统一全国的战争宣告结束。

玄武门之变（626年）

　　李渊立长子李建成为太子。在后来的四方征战中，次子李世民功劳最大，并形成了自己强大的势力。李建成害怕李世民对自己构成威胁，便联合了四弟李元吉与李世民争夺王位，暗中钩心斗角。

　　武德九年（626年）六月四日，李建成、李元吉借出征突厥之机共同谋取秦王府兵。李世民向李渊告发了李建成和李元吉的阴谋，李渊决定次日询问二人。李建成获知阴谋败露，决定先入皇宫，逼李渊表态。在玄武门（宫城北门）执掌禁卫军总领的常何本是太子李建成的亲信，却被李世民所拉拢。六月四日（庚申），李世民亲自带一百多人埋伏在玄武门内。李建成和李元吉一同入朝，待走到临湖殿，发觉不对头，急忙掉转马头往回跑。李世民带领伏兵从后面喊杀而来。李元吉情急之下向李世民连射三箭，无一射中。李世民一箭就射死李建成，尉迟恭也射死李元吉。史称"玄武门之变"。

唐太宗　（599－649），即李世民。在位23年间国泰民安，社会安定，后人称为"贞观之治"。为中国历史上伟大的军事家、卓越的政治家、著名的理论家、书法家和诗人。

　　"玄武门之变"后，李渊立李世民为太子，两个月后，李渊退位自称为太上皇，李世民即位，是为唐太宗，次年改元贞观。

渭水之盟（626年）

626年，突厥颉利、突利二可汗趁唐太宗即位不久之机，合兵十余万人攻占泾州，进至武功，京都长安戒严。突厥军进攻高陵，被泾州道行军总管尉迟敬德击败，杀千余人，并俘其俟斤阿史德乌没啜。颉利又领兵至渭水便桥之北，派亲信执失思力进长安探听消息。唐太宗指责突厥负盟，囚执失思力于门下省。唐太宗亲率高士廉、房玄龄等六骑至渭水边，与颉利隔水相望，并责其负约。继而唐大军赶至，颉利见唐军军容威严，于是请和。双方在便桥上，杀白马，订立盟约。唐给突厥金帛，颉利于是带领突厥军队撤离了唐境，并多年之内不加兵于唐。

贞观之治（627年）

隋朝末年，杨广昏庸并穷奢极欲，最终引起了大规模的农民起义。李世民也亲自参加，并目睹了农民起义的威力。隋末农民战争推翻隋王朝的事实，给李世民留下深刻的印象。他做皇帝后，经常和臣下总结前朝灭亡的历史教训。他常说：人君好比舟，人民好比水；水能载舟，也能覆舟。为了避免"覆舟"之祸，他勤于政事，励精图治。唐太宗很重视选官用人，并注意考察地方官的优劣，由于他多方面精心挑选，在他左右掌权的大臣，如房玄龄、魏徵、李靖、温彦博及戴胄等人各有所长，都是一时之俊。

唐太宗还注意纳谏。大臣魏徵、刘洎、马周等人，都敢于犯颜直谏。由于唐太宗善于纳谏，因此能及时地纠正一些错误，修明政治。唐太宗还注意执法，要臣下按法律办事。

在唐太宗即位之初，社会经济遭到严重破坏，民不聊生。几年之后，社会经济就得到了迅速恢复，并达到空前的繁荣，史称"贞观之治"。

魏徵 （580－643），字玄成，巨鹿下曲阳（今河北晋州市）人。唐初政治家，以陈谏太宗而出名。

房 谋 杜 断

　　"房"指房玄龄，齐州临淄（今山东淄博）人；"杜"是杜如晦，京兆杜陵（今陕西西安市东南）人。李渊刚刚起兵之时，二人便跟随李世民左右。并在此后的四方征战中，出谋划策，运筹帷幄助秦王李世民平定群雄，取得帝位。贞观初年，房、杜分领尚书左、右仆射，共掌朝政。台阁制度，皆二人所定。房玄龄善建嘉谋，杜如晦能断大事，两人为佐太宗，同心协力，相得益彰。

玄奘西行（629 年）

　　玄奘，俗姓陈，名袆，缑氏（今河南偃师）人。二哥出家于洛阳净土寺，玄奘小时候常去探视。玄奘十三岁出家，十五岁能背诵和讲解佛经，二十一岁受具足戒。聪慧好学，博览群经，研习佛学，见诸家所说佛教旨义不相统一，经籍混乱不全，听说天竺有《瑜伽师地论》可总括诸论，于是决定西行天竺求法。贞观三年（629 年）玄奘从长安出发，经玉门关，穿过战乱频繁的边境，西行中亚等地。途中数次被盗，险遭杀害；又困顿于沙漠，冻馁于雪山，最后终于在贞观五年（631 年）到达摩揭陀国王舍城，进入天竺佛教最高学府那烂陀寺，师事戒贤

玄奘（602－664），名陈袆，洛州缑氏（今河南偃师）人。世称三藏法师，俗称唐僧。

法师，学习佛经。五年后游历天竺各地，和当地僧人辩难，以博学、友好而受到各界的欢迎。戒日王于国都曲女城为之设无遮大会城，请其宣讲大乘教义，声名大振。贞观十九年（645 年），玄奘携带六百五十七部梵文佛经返回长安。玄奘西行往返耗时十七年，跋涉五万里，途经大小城邦、地区和国家百余，历尽千辛万苦。在长安受到唐太宗的热烈欢迎，住在慈恩寺里。他在寺里造塔，收藏所携归的经典与佛像，名为大雁塔。他将全部精力投入译经事业之中，前后译出经论七十五部，共一千三百三十五卷。在中国译经史上，玄奘开辟了一个新时代，他的译经被称为新译。玄奘主张"五种姓说"，又宣传"万法唯识"，创立了唯识宗。同时他口述途经各地的风土、人情、物产等，被弟子撰写成《大唐西域记》十二卷，是研究中古时期中亚及印度的宝贵资料。

鉴 真 东 渡

　　鉴真和尚是唐代著名的高僧，俗姓淳于，扬州人，精于佛教律宗。当时日本的佛教还不够完备，日僧荣睿和普照随遣唐使入唐邀请高僧到日本传授戒律，访求十年找到了鉴真。天宝元年（742年），受日本圣武天皇的邀请，鉴真决定东渡传法，但因弟子的劝阻和官府的阻挠，连续四次都未能成行。第五次漂流到了海南岛，结果荣睿病死，鉴真双目失明。但是他不改初衷，第六次搭乘日本遣唐使团的船只东渡，终于在天宝十三年（754年）到达日本，被日本人称为"过海大师"、"唐大和尚"。他去日本传播佛教和先进的唐文化，后来被日本天皇任命为大僧都，成为日本律宗的始祖。763年，鉴真在日本圆寂。鉴真东渡，不仅传播了佛法，还把自己的医学知识传到了日本，促进日本医药的发展，同时也促进了中日文化的交流。他坚持不懈的精神一直令后人景仰。

李靖破突厥（630年）

　　贞观年间突厥一直为患于唐朝边境，唐太宗甚为忧虑。贞观三年（629年），唐太宗以兵部尚书李靖为行军总管，率兵十余万，分道出击东突厥。630年正月，大将李勣在白道败突厥，李靖在阴山大败颉利可汗。颉利逃至铁山（今阴山北部），遣使请降，欲图来年东山再起。李靖、李勣商议后决定趁夜发奇兵袭击颉利，以除后患。结果李靖在阴山俘突厥千余帐，杀死突厥万余人，俘虏十万余人；李勣亦俘五万人。东突厥被唐灭后，尚有十万余降兵，唐太宗采纳中书令温彦博建议，在幽州到灵州一带设置顺、祐、化、长四州，安置突厥降兵，并都设督府统辖。至此东突厥平定，漠南一带尽属唐境。

李靖　（571－649），字药师，京兆府三原（今属陕西）人，唐朝伟大的军事家、军事理论家、统帅。

安西都护府 （640 年）

早在西汉时，为了统治管理西域地区，中央政府设置了西域都护府。隋末，汉族麴氏乘中原混战之机在高昌割据，自设政府。贞观以来，高昌王麴文泰有意对抗唐廷。唐太宗为争取麴文泰，曾遣使和谈，但麴氏不肯归顺。贞观十三年（639年）十二月，太宗派左屯卫大将军薛万彻率兵讨伐。唐军至碛口，高昌王麴文泰忧惧相加，不久逝去，其子智盛立。唐军直抵其都城交河城下，围城猛攻，智盛出降。唐军连攻下二十二城，收降八千余户，一万七千余人。贞观十四年（640年）九月，为了彻底安定这一地区，唐太宗下令，在交河城设置安西都护府。唐置安西都护府于交河城。

文成公主入蕃 （641 年）

吐蕃的发祥地是雅鲁藏布江流域的雅隆河谷。贞观三年（629年），松赞干布继赞普位，迁都逻些，接着征服诸部，实现了西藏的统一。太宗贞观八年（634年），吐蕃首次遣使入唐，松赞干布听说突厥、吐谷浑娶唐公主，心生羡慕，遂派人请婚。李世民当时正努力争取吐谷浑，为免助长吐谷浑内亲吐蕃势力，未许其请。松赞干布以为吐谷浑从中作梗，一怒之下，派兵击溃吐谷浑，屯兵二十万于松州。唐命侯君集等领兵击败吐蕃。松赞干布惧而退兵，遣使谢罪，再次求婚，并派其相禄东赞献黄金五千两及珍宝数百件做聘礼。李世民为其诚意所感动，且当时吐谷浑已附唐，遂准嫁以文成公主。贞观十五年正月，江夏王李道宗送文成公主去吐蕃，松赞干布亲往河源隆重迎接。随后，举行规模盛大的婚礼，并为公主筑唐式皇宫。文成公主入藏后，吐蕃羡慕华风，接受内地的服饰等风俗习惯，下令禁以赭涂面之俗；并派子弟到长安学习诗、书。文成公主随身带去的经史、诗文、佛经、佛像以及种树、工艺、医药、历法等书籍，送去了中原文化的精英，还带着种子、工具等物，成为传播中原先进的农业、手工业技术的队伍。公主带去的文化、技术和人才，有力地推动了吐蕃地区经济文化的发展。

《备急千金要方》（652年）

《备急千金要方》作者孙思邈，京兆华原（今陕西耀县）人，少时多病，后学医。通百家说，善言老庄，兼好佛典，尤以医道见长。淡于仕途，隐居于长白山。隋文帝、唐太宗、高宗曾多次征召，皆不就。一生致力于医药研究。他认为"人命至重，有贵千金"，故于本年撰成《备急千金要方》三十卷。本书序例以"大医习业"、"大医精诚"为题，首论医德。全书共分二百二十三门，包括妇产、小儿、五官、口腔、外科、内科、急救、食治、养生、针灸、方剂等。另载有医方五千三百余则。孙思邈继承传统医学，又广纳遍采民间药方，首创"复方"。他医术高超，永隆元年（680年），又撰成《千金翼方》，作为《千金要方》续编。被后人尊称为"药王"。

孙思邈　京兆华原（今陕西省耀县）人，生于581年，卒于682年，享年102岁。我国隋唐时期伟大的医药学家。

武则天封后（655年）

武则天（624－705年），自幼聪明伶俐，喜欢文史，并善用权术。十四岁时，因貌美有才，被唐太宗纳入宫中为才人，赐号武媚。太宗死后，入庵为尼。太子李治颇喜武则天才色，即帝位后，令武则天还俗并召入宫中，封号昭仪，备受李治宠爱。王皇后、萧淑妃渐渐失宠。武则天为了自己的地位，不惜扼死自己亲生女儿，反诬为王皇后所为，唐高宗始有废王皇后之意。永徽六年（655年）九月，高宗几次召见长孙无忌、褚遂良等元老重臣议废王皇后之事，均遭诸大臣坚决反对。后高宗以废后事问大臣李勣，李勣因与长孙无忌等有隙，遂说："此陛下家事，何必更问外人？"高宗也由此下了废除皇后的决心，于是以王皇后无子，武则天有子为名，于十月下诏废除王皇后和萧淑妃为庶人，册立武则天为皇后。这也为以后武则天夺权及建周称帝奠定了基础。

武则天　（624－705），中国历史上唯一的女皇帝。名曌，并州文水（今山西文水）人，唐高宗李治皇后。高宗去世后，废掉儿子中宗、睿宗，继位称帝，改国号"周"，史称"武周"。

徐敬业起兵（684 年）

684 年（光宅元年）九月，徐敬业等以匡扶庐陵王为名，起兵扬州，发表《讨武曌檄》。

徐敬业，名将李勣（本姓徐，赐姓李）之孙。少从李勣征战，勇武过人，历官太仆少卿、眉州刺史，袭爵英国公。光宅元年，武则天废掉了中宗李显，又立睿宗李旦即位，自己独揽大权，并重用武氏子弟，迫害李唐宗室。徐敬业被贬为柳州司马的途中路经扬州，遇被贬的给事中唐之奇、长安主簿骆宾王、詹事司直杜求仁及奉使到州的监察御使薛仲璋，遂共谋起兵反武后。徐敬业自称扬州司马，言奉密诏募兵讨高州叛酋，于是开府库，释囚徒，旬日间即拥兵十余万。骆宾王草《讨武曌檄》，历数武后"杀姊屠兄，弑君鸩母"等罪，中有"一抔之土未干，六尺之孤安在！""试观今日之域中，竟是谁家天下！"等语。皇后剥夺徐敬业赐姓，命毁其祖父冢，遣李孝逸为扬州道大总管率兵三十万讨之。徐敬业不用魏思温直指洛阳之策，而先取润州，欲借金陵王气，称霸江南。继闻李孝逸军将至，回军凭河拒守。李孝逸因风纵火，敬业大败，斩首七千级，溺死者不可胜计。徐敬业挈妻子逃奔润州，打算渡海投奔高丽国，但被其部下杀害，徐敬业起兵讨周宣告失败。

武则天称帝（690 年）

唐太宗临终前，经和大臣们商议后，决定让仁厚的李治继承王位，唐太宗死后，李治即位，称为唐高宗。高宗健康状况不好，许多政事都交给皇后武则天来处理。高宗死后不久，武则天先后立了中宗和睿宗两个皇帝，又先后废除，最后自立为帝，改国号为周，武则天也成为了中国历史上唯一的一个女皇帝，前后掌权五十余年。武则天称帝后在打击士族官僚的同时，对拥护她的庶族官僚则大力扶植。她还破格用人，大量选用庶族地主做官，并进一步发展科举制度。当时的宰相狄仁杰是有名的贤相。唐玄宗开元年间的名臣姚崇、宋璟、张九龄等，也都是在武则天时开始被提拔起来的。

同时，为了加强自己的统治，武则天也另外用酷吏滥杀，造成恐怖风气；她放手招官，使官僚集团急剧膨胀，加重了人民的负担。武则天信奉佛教，到处修建寺庙筑造佛像，浪费无度。因此，后人对武则天赞扬指责并存，说法不一。

狄仁杰拜相（691 年）

狄仁杰（607 - 700 年），字怀英，太原人。唐代名臣。年少时就胸怀大志，勤奋好学，后以明经入仕，历任大理寺丞、侍御史、刺史、宰相等职。狄仁杰一生断案无数，无一不审核周详，秉公处理。狄仁杰还以直谏著名。高宗时，大将军权善才误斫昭陵柏树，高宗想杀他，狄仁杰据理力争，权善才被改为流放。狄仁杰重民生业，力革弊政，在任宁州刺史时，调和戎夏关系，颇受尊敬。在任江南巡抚使时，奏毁淫祠一千七百余所。武则天想建造佛像，费钱数百万，狄仁杰痛斥弊端，武则天认为他是正确的，才罢免了此役。天授二年(691)九月，狄仁杰拜相，武则天问狄仁杰：“卿在汝南（豫州），甚有善政，卿欲知谮者名乎？”仁杰答道：“陛下以臣为过，臣请改之；知臣无过，臣之幸也，不愿知谮者名。”武则天深叹他的宽宏大量，更加重用狄仁杰。

狄仁杰　　（630 - 700），唐代并州太原（今山西太原）人，字怀英。武则天时期宰相，杰出的政治家。

北庭都护府（702 年）

长安二年(702 年)十二月十六日，武周开始设置北庭都护府，管辖天山以北的西域地区。贞观十四年(640 年)，唐灭高昌并以此地为西州。随后唐军打败西突厥，又以可汗浮图城为庭州，并置安西都护府于西州。642 - 648 年，唐军先后占领天山南北广大地域，设置了龟兹、疏勒、于阗、碎叶等“安西四镇”。显庆二年(657 年)，唐灭西突厥，控制了整个西域。在碎叶以东置昆陵都护府，以西置漾池都护府，均隶属安西都护府。垂拱元年(685 年)，武后重新设立昆陵都护府。但都护阿史那元庆统御无方，为有效管理天山北麓广大疆域，唐在庭州设立了北庭都护府，最初管辖盐、治等十六番州，景云二年(711 年)升为北庭大都护府，与安西大都护府分管天山北南，镇括天山以北，巴尔喀什湖以南，远至西湖流域的西突厥十四姓部落及各番国等地区。

五王政变（705 年）

长安四年（704 年），武则天病重，拒绝他人觐见，只诏张易之、张宗昌二人入阁侍疾，居中用事。二张皆为武则天宠臣，现在只有二人服侍在皇帝身边，一时舆论纷纷盛传"二张"暗中造反。十月，张柬之被任命为宰相，他利用武则天不能亲政之机着手组织政变。他联合诸多官员，控制了羽林军，于神龙元年（705年）发动政变，斩"二张"及其党羽，并逼迫武则天传帝位给唐中宗李显，复唐国号。事后，李显封张柬之等五个参与政变的人为王，因此这次政变被称为"五王政变"。

韦 后 乱 政

武则天被逼退位后，唐中宗李显即位，但他昏庸懦弱，唐朝的政局依然陷于动荡之中。李显之皇后韦氏也善权谋，趁机夺取了朝政大权。韦后想效法武则天当女皇，中宗每临朝听政，韦后必施帷幔坐于殿上，与闻听事。韦后又与武三思勾结，操纵朝政。景龙四年（710 年），韦后亲手毒死中宗李显。中宗之子少帝即位，韦后临朝摄政，京城守备及禁军皆派韦氏外戚子弟分领。京城相传有"革命"之举，人心恐惧不安。但不久，李隆基联合了太平公主的势力共同平灭了韦氏。

李隆基诛韦（710 年）

韦后杀中宗立少帝，自己临朝听政，其党羽及宗室韦室子弟纷纷劝其效仿武后，废唐而自立。韦温、武延秀、安乐公主等谋划除去相王及太平公主，废少帝，以成大事。不料，相王李旦第三子李隆基抢先一步，重振朝纲。李隆基对韦后专权深怀不满，他审时度势，在京师暗聚才勇之士，厚结羽林万骑，以谋匡复社稷。兵部侍郎崔日用深知韦后的阴谋，唯恐牵连自己，于是告诉李隆基。李隆基遂与其姑太平公主等谋先发制人，但苦于无兵。正好羽林万骑果毅葛福顺、陈玄礼、李仙凫等因不堪韦氏亲族的凌辱，李隆基遂劝其诛诸韦，皆踊跃愿以死报。李隆基与刘幽求微服潜入禁苑，等候羽林军。葛福顺等至羽林营，斩韦播、韦王睿等，率兵在李隆基统一指挥下，斩关而入，诸卫兵在太极殿守卫梓宫，闻声皆披甲接应。韦后仓皇逃至"飞骑"营，被飞骑所斩，安乐公主、上官昭容、武延秀也被杀。李隆基令闭宫门及京师门，派万骑分头搜杀诸韦及死党，连武氏宗属也被一同诛死。事平，以临淄王隆基为平王，知内外闲厩，兼押左右厢万骑。相王奉少帝御安福门，慰谕百姓，赦天下。次日，太平公主传少帝命，请让位于相王李旦。相王即位，是为睿宗，复以少帝为温王。睿宗将立太子，以宋王成器嫡长，而平王隆基有大功，故不能决。成器坚辞，曰："国家安则先嫡长，国家危则先有功，苟违此理，四海失望。"遂立平王隆基为太子。

玄宗即位（712 年）

延和元年（712 年）八月，睿宗传位于太子，李隆基即位，改元先天，尊睿宗为太上皇。

李隆基为唐睿宗李旦第三子，性果断，具英雄才略，初封楚王，后为临淄王。韦后杀中宗祸乱朝纲，引起李隆基的不满，于景云二年（711 年），与太平公主合谋发动政变，诛韦后，拥其父李旦即位，被立为太子。七月，彗星出西方，太平公主使术士谓睿宗曰："彗星入太微，主帝座有灾，皇太子将为天子。"暗示太子将弑君篡位。但睿宗已决意将皇位传于太子，太平公主及其党力劝，以为不可。太子闻讯，急驰入见，叩请父皇收回成命。李

唐玄宗　即李隆基，又称唐明皇，睿宗李旦第三子。与太平公主合谋发动政变，杀韦后，拥其父睿宗即位，被立为太子。延和元年（712），受禅即位，改元开元。

旦说："帝座有灾，授位于汝；社稷为大，不可多疑。"二十五日，睿宗下诏正式传位于太子。八月三日，太子即位，是为玄宗，尊睿宗为太上皇。自此，太上皇自称为"朕"，命曰"诰"，受朝于太极殿；玄宗自称为"予"，命曰"制""敕"，受朝于武德殿。太平公主劝睿宗虽然传位，仍宜主大事，故三品以上官任命及重大刑案仍由太上皇来裁决；其余政事则由玄宗处理。

太平公主谋逆

　　太平公主乃高宗第三女，其母为武则天，性格也与武后相似，沉敏有权略，于诸子女中备受其母宠爱。公主在斩二张、诛韦后及立睿宗中，有大功。睿宗时，益被尊重。宰相七人，五出公主门下。且自宰相以下任免系其一言，权倾人主，大臣多有附从。太平公主几番欲使睿宗废太子，阻止传位均不成，遂与宰相窦怀贞、萧至忠、崔湜、岑羲、左羽林大将军常元楷、知右羽林将军事李慈、左金吾将军李钦以及太子少保薛稷等共谋废立或进毒。本月，玄宗得知太平公主于七月四日作乱，遂与岐王范、薛王业、郭元振等商议，并决定先发制人先一日以兵诛之。三日，令羽林军出击，尽诛公主党羽，公主乘乱逃入山寺，三日乃出，赐死于家。四日，太上皇诰曰："自今军国政刑，一皆取皇帝处分。"同日，徙居百福殿。朝政自此全由唐玄宗处理。

开元盛世（713 — 741 年）

　　唐玄宗李隆基很有才能，刚刚即位，就从巩固皇权入手，稳定了政局。接着大力选拔人才任人唯贤，依靠姚崇、卢怀慎、宋璟等贤臣精心治理国家，大力发展经济，在唐玄宗初期，国力明显增强。玄宗自奉甚俭，改变武后以来后宫奢靡之风。由于开源节流，国家财政日益丰裕，仓库充实，物价平廉，生产发展、经济繁荣。社会经济的繁荣必然推动科技文化的发展，玄宗对儒士甚为优礼，并令臣下访求遗书，得图书近五万卷，使科技文化大放异彩。社会繁荣促进了人口的大幅度增长，开元年间，唐代人口增长到五千二百九十余万人，社会安定，天下太平，商业和交通也十分发达。位于运河和长江交汇处的扬州，中外商人汇集，城市特别繁华。在唐都长安城，世界上很多国家的使臣、商人、学者、工匠都争相前往进行友好交往，开展贸易，学习文化、技术。在当时，唐朝成为了亚洲的经济、政治和文化中心，在世界上享有很高的知名度。中国封建社会出现了前所未有的盛世景象。

姚崇　原名元崇，字元之，陕州硖石（今河南省三门峡市）人。历事武则天、唐中宗、睿宗、玄宗诸朝，任宰相。

李林甫拜相（734 年）

李林甫原任吏部侍郎，为人奸佞狡诈，极力讨好皇帝身边的宦官和妃嫔，故皇帝的一举一动都很清楚。又善揣摩玄宗喜好，故每奏对多顺旨，玄宗十分宠幸。时武惠妃得宠，生寿王清，诸王皆莫能比，太子亦渐疏。李林甫遂因宦官言于惠妃，愿尽力保护寿王，惠妃阴为内助，由是擢黄门侍郎。当月，以裴耀卿为侍中、张九龄为中书令、李林甫为礼部尚书，同中书门下三品。李林甫欲把持朝政，屡进谗言，使玄宗于开元二十四年（736 年）下诏罢裴耀卿、张九龄左、右相职，李林甫进兼中书令，并封晋国公。从此，相位为李林甫一人独占，直至去世时为止，把持朝政长达十九年之久。

杨　贵　妃

天宝四年（745 年）八月，玄宗册封杨太真为贵妃。

杨贵妃，蒲州永乐（今山西永济）人，小字玉环，幼年父母双亡，由叔父抚养成人，后来被送入寿王李清府中并嫁于他。开元二十三年（735 年）受封为寿王妃。

开元二十五年（737 年），玄宗宠妃武惠妃死，玄宗悲思不已，后宫佳丽数千，无如意者。有人言寿王妃杨氏才貌双绝，玄宗见而悦之，乃令妃自求为女道士，号太真，又为寿王更娶韦昭训女。天宝三年（744 年）十二月，玄宗偷偷把太真纳入后宫。太真肌态丰艳，能歌善舞，熟谙音律，善迎帝意，遂宠遇日甚。本月，玄宗册封杨太真为贵妃。追赠其父杨玄琰为兵部尚书，以其叔父杨玄珪为光禄卿，命杨贵妃宗兄杨铦为殿中少监，杨锜为驸马都尉，尚武惠妃女太华公主。杨贵妃族兄杨钊（国忠）也因此而日益显贵。贵妃有三姊，才色俱佳，玄宗皆赐第京师，出入宫掖，呼之为姨，后分别封为韩国夫人、虢国夫人、秦国夫人，每年赐其脂粉费百万。自太真被封为贵妃后，杨氏宗亲恩宠日甚。民间传言："生男勿喜女勿悲，君今看女作门楣。"

华清出浴图

杨国忠擅权

杨国忠本是杨贵妃的远亲，平时并无太多联系。后杨贵妃受宠于玄宗，并想让其宗室子弟为官来巩固自己的地位，因此国忠骤被擢用，历任给事中，兼御史中丞，天宝十一载（752年）出任宰相，并兼领四十余使职。当时的机务要政，多决于国忠私宅。公文批复，国忠但署一字，余皆责成胥吏根据贿赂而定。国忠又曾两度发兵攻打南诏，连连败阵，死伤二十万众。他却隐其败状，反报捷书。人知其毒，皆不敢言。直到安禄山乱起，杨国忠随玄宗南逃，途中于马嵬驿被哗变军士杀死。

安史之乱（755年）

唐玄宗末年，节度使安禄山和史思明发动了历时八年之久的叛乱，史称"安史之乱"。节度使一职始设于唐睿宗时期，仅是统领边防军镇的使职。唐玄宗为控制和防御周边各族，将节度使增为十个，节度使们权力也大大增加，除管军政外，还兼管本道民政及财政，权势积重。玄宗统治后期，政治败坏，中央军备空虚，天宝元年（742年），全国兵数为五十七万余名，边兵竟占四十九万。安禄山即在此外重内轻、尾大不掉的局面下起兵叛唐。安禄山于天宝元年任平卢节度使，后来身兼平卢（今辽宁朝阳）、范阳（今北京）、河东（今山西太原西南）三镇节度使，兵力雄厚。起兵之前已派人摸清了唐朝的底细，认为朝廷腐朽、实力空虚，时机已经成熟，又因与宰相杨国忠争权，遂于天宝十四年（755年）十一月，以讨伐杨国忠为名，自范阳起兵。河北州县，望风瓦解，唐朝的郡守、县令或逃或降，或被擒杀。叛军军锋迅速指向洛阳（今河南洛阳东），唐玄宗派遣大将封常清到洛阳募兵六万，这些新兵未经训练，很快为叛军击败，洛阳失陷。封常清与驻屯陕州的大将高仙芝一起退守潼关（今陕西潼关东北）。玄宗听信监军宦官的诬告，杀死高、封两人，起用病废在家的老将哥舒翰统兵赴潼关。次年正月，安禄山在洛阳称大燕皇帝，令部将史思明经略河北。安史之乱全面爆发。

马嵬驿兵变（756 年）

潼关失守后，安史大军进逼长安，长安城危在旦夕，唐玄宗带上贵妃及大臣、禁军将士出城南逃。天宝十五年（756 年）六月十四日，唐玄宗与随从逃至马嵬驿（今陕西兴平西）。禁军将士因饥饿疲劳，发生兵变，军士杀死杨国忠，并杀其子户部侍郎杨暄及韩国夫人与秦国夫人，愤怒已极的将士又请杀杨贵妃。玄宗说："贵妃常居深宫中，怎么能知国忠谋反之事呢？"高力士回答说："贵妃是无罪，但禁军将士已杀国忠，贵妃在陛下左右，将士心不自安，愿陛下三思，禁军将士安则陛下安。"于是玄宗命高力士引杨贵妃至佛堂，缢杀之。马嵬驿之变后，李隆基欲再西行，因当地父老拦路请留，遂分后军三千人给太子，令太子破逆贼，复长安。此后，太子北进至灵武（今宁夏灵武西南），李隆基南入成都。

杨贵妃（719－756），即杨玉环，号太真，蒲城永乐（今山西永济）人。唐玄宗李隆基"父夺子妻"立为贵妃，后因"安史之乱"缢死马嵬坡。

唐肃宗即位（756 年）

唐肃宗李亨是李隆基第三子，开元二十六年（738 年）立为皇太子。天宝十三年（754 年）正月，安禄山来朝，李亨言其有反相，请以罪诛之，李隆基不听。后安禄山果叛，兴兵直指京师。李隆基仓皇出逃，行至马嵬驿，父老请留李亨以讨贼，李隆基许之。太子李亨北上，一路招募兵马，唐军声势始振。天宝十五年（756 年）七月十二日，太子于灵武城南楼即皇帝位，是为唐肃宗。尊唐玄宗为太上皇帝，改元至德。至此，李亨担负起了收复长安、洛阳，平定安史之乱的重任。

史思明败亡（761 年）

安禄山起兵叛唐之后，命大将史思明进攻河北。史思明首先在常山大败颜杲卿，接着又连续攻克许多郡县，安禄山令其为范阳节度使。后来安禄山被儿子安庆绪杀死，史思明拥强兵，居范阳老巢，因不愿受制于安庆绪，于757年伪降唐朝，以为权宜之计，但不久即复叛。乾元元年（758 年）六月，唐将李光弼以史思明终当再叛，乃请以乌承恩为范阳节度副使，令其伺机谋杀史思明。事泄，史思明杀乌承恩再反。九月，郭子仪等九节度使围安庆绪，安庆绪派人求救于史思明。乾元二年（759 年）正月，史思明在魏州称王，自称大圣燕王。三月，亲率大军求援安庆绪，大败官兵后又斩杀了安庆绪及部将，收编其军队。四月，史思明在燕京称帝，国号大燕，并改元顺天。两年后，史思明死于其子史朝义手中。

郭子仪 （697－781），华州郑县（今陕西华县）人，祖籍山西汾阳。唐代著名的军事家。安史之乱时任朔方节度使，在河北打败史思明。后联合回纥收复洛阳、长安两京，功居平乱之首，晋为中书令，封汾阳郡王。

王　　维

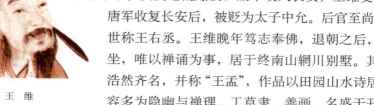

王维

王维，字摩诘，祖籍太原祁县，后随父迁居河东蒲州。开元九年（721 年），进士及第。天宝中，不满于李林甫擅权，任给事中。安史之乱爆发，叛军攻入长安，王维受胁任职。唐军收复长安后，被贬为太子中允。后官至尚书右丞，世称王右丞。王维晚年笃志奉佛，退朝之后，焚香独坐，唯以禅诵为事，居于终南山辋川别墅。其诗与孟浩然齐名，并称"王孟"，作品以田园山水诗居多，内容多为隐幽与禅理。工草隶，善画，名盛于开元、天宝间。苏轼赞其"诗中有画，画中有诗"。明董其昌推其为"南宗绘画之祖"，并言文人画自王维始。王维兼通音乐，多才多艺。代宗时，其弟王缙辑录其遗文，编为十卷，清人赵殿成有《王右丞集笺注》，并附以年谱。

上元二年（761 年），王维卒，享年六十一岁。

回纥助唐平叛（762年）

　　唐代宗宝应年间，安禄山、史思明已死，史朝义继续叛乱。为了尽早平叛及安稳后方，九月，代宗遣中使刘清潭出使回纥，重修旧好，并请出兵助讨史朝义。当时，史朝义欺骗回纥登里可汗说：唐相继有大丧，现国无主，可汗可率兵速来收其府库。回纥乃起兵至三城，见唐州县因战乱多成废墟，遂有轻唐之意，并侮辱使节刘清潭。代宗因当初毗伽阙可汗为登里求婚，肃宗以仆固怀恩女妻之，是为登里可敦，故派仆固怀恩前往安抚。仆固怀恩往见，说登里可汗唐朝恩信不可负，可汗遂遣使上表，诺助唐讨史朝义。

　　十月，代宗以雍王适为天下兵马元帅，会诸道节度使及回纥于陕州，共讨史朝义。代宗欲以郭子仪为副元帅，为程元振、鱼朝恩所阻而止。遂以仆固怀恩为副元帅。雍王适至陕州，时回纥可汗率其兵屯于河北。雍王适与其僚属数十骑往见之，可汗责适不行拜礼。药子昂说按礼不该拜，回纥将军车鼻说："唐天子与可汗约为兄弟，可汗为雍王叔父，为何不拜？"子昂说："雍王为唐皇帝长子，现又是兵马元帅，怎能向可汗下拜？"双方争执良久，车鼻遂鞭子昂、魏琚、韦少华、李进各一百，以李适年少不懂规矩免鞭遭。魏琚、韦少华当晚即因鞭伤而死。从此，李适（即德宗）深怨回纥。

李　　白

　　李白，是我国继屈原之后的最伟大的浪漫主义诗人，后人誉之为"诗仙"。字太白，号青莲居士。祖籍陇西成纪，生于碎叶，幼居绵州昌隆青莲乡。少时博览群书，二十五岁出蜀，云游天下。天宝元年（742年）应诏入京，供奉翰林。因遭权贵构陷，仅一年余即弃官离京。天宝三年（744年），在洛阳与杜甫相识并成为挚友，不久再次出游，足迹遍于今河南、山东、江苏、浙江、安徽、江西等地。安史之乱爆发，李白入永王幕府，随军东下。至德二年（757年）永王兵败，李白被捕下狱，流放夜郎，中途遇赦而还，漂泊困顿，宝应元年（762年）卒于当涂，享年六十二岁。李白之诗豪迈奔放，意

李　白

境非凡，富有浪漫主义色彩。他与杜甫等人共同推进并完成了陈子昂所开创的诗歌革新运动，影响十分深远。有《李太白全集》传世，存诗九百余首，文六十篇。

杜　甫

杜甫，我国古代最伟大的现实主义诗人，后人誉之为"诗圣"。字子美，自称少陵野老，原籍襄阳，后迁居巩县。自幼喜好诗歌、书法。七岁开始吟诗。二十四岁至洛阳应进士举，落第，遂周游天下。天宝三年（744年），与大诗人李白相识，惺惺相惜，交情甚笃。三十五岁入长安，求官不成，困居十载，四十四岁始任右卫率府胄曹参军。安史之乱起，长安陷落，杜甫拟投奔在灵武接位的肃宗，途中为叛军所俘，送至长安，后逃脱至凤翔，被

杜甫

肃宗任为左拾遗。后两京收复，随肃宗回到长安。乾元元年（758年），宰相房琯被贬，杜甫上书营救，触怒肃宗，贬为华外州司功参军。乾元二年弃官，居秦州、同谷，不久移家成都，筑草堂于浣花草堂，一度曾至剑南节度使严武幕中任参谋，严武表其为检校工部员外郎，故世称杜工部。永泰元年（765年），严武卒，杜甫携家出蜀，漂泊于岳州、潭州、衡州一带，穷困潦倒，于大历五年（770年）病卒于湘水舟中，享年五十九岁。杜甫身经安史之乱，在仕途上屡受挫折，生活困顿，因而对现实有深刻认识。他的诗广泛反映了唐代社会由盛转衰的急剧变化，再现了安史之乱前后的许多重大事件，因而被称为"诗史"。杜甫同情下层人民，作品反映人民的疾苦，与李白齐名，世称"李杜"。留世诗有一千四百余首，在艺术形式上，杜以古体、律诗见长、风格多样，而以沉郁为主；对仗工整，语言精练，成为唐代五律、七律的典范。有《杜工部集》传世，对后世影响甚大。

柳　宗　元

柳宗元，唐代著名文学家、思想家。字子厚，河东解县人，世称柳河东。唐德宗贞元进士。贞元十四年登博学鸿词科，授校书郎。转蓝田尉，迁监察御史。顺宗时，参与王叔文集团政治改革，擢礼部员外郎。革新失败后，被贬为永州司马，后迁柳州刺史，后人又称其为"柳柳州"，并于元和十四年（819年）十一月

卒于任上。他和韩愈均为古文运动领袖，世称"韩柳"，为唐宋八大家之一。他反对魏晋以来浮夸的骈文提出了"文以明道"。所作散文峭拔矫健，说理透彻。多寓言之作，篇幅短小，笔锋犀利。他的山水、小品、文章为后人称道，代表作是《永州八记》、《柳河东集》四十卷传世。

宦官专权（820 年）

唐宪宗即位后，立李恒为太子。后来，左神策中尉吐突承璀曾秘密上奏，请求废掉太子李恒，改立澧王李恽为太子，宪宗没有准奏。元和十五年正月（820 年），宪宗信道，并请方士为其炼丹以求长生。后来因服用过多，性情变得焦躁，多次杖责左右宦官侍臣。受刑者往往被打死，因此人人自危。在宪宗病重期间，承璀又奏请立澧王为太子。太子李恒闻讯后十分害怕，便私下派人与母舅司农卿郭钊商议，郭钊嘱咐太子只管对皇帝尽孝，不要理睬其他事情。二十七日，宪宗暴死，宫中流传为内常侍陈弘志所杀，但宫中都避而不谈此事，只说是宪宗药性发作而死。这时，神策中尉梁守谦联合宦官马进潭、刘承偕等杀死吐突际璀及李恽，立李恒为帝。正月三日，太子李恒在太极殿登基，是为唐穆宗，这也成了宦官扶持皇帝登基的先河。

牛李党争（821 年）

长庆元年（821 年）四月，会贡举揭晓，李宗闵婿等十四人皆录取，李德裕与李宗闵有隙，李德裕党遂诉于穆宗谓考试不公，穆宗命重试，结果十四人中罢黜了十一人，李宗闵为此遭贬，二李遂各分朋党，牛李党争烽烟再起。

元和三年（808 年），牛僧孺、李宗闵应举对策时指斥时政，触犯宰相李吉甫。主考官数人遭贬，牛僧孺、李宗闵数年不得迁任，此事件揭开牛李党争序幕。李党的首领是李吉甫之子李德裕，主要成员有李绅、郑覃、陈夷行、李让夷等；牛党除牛僧孺、李宗闵外，主要成员还有李珏、杨嗣复、令孤峋等。元和年间，由于牛党流落朝外，两党斗争还不激烈。821 年，两党再次因科举取士爆发斗争。三月，右补阙杨汝士与礼部侍郎钱徽主持进士贡举，中书舍人李宗闵女婿苏巢、宰相裴度之子裴譔、杨汝士之弟杨殷士及郑覃之弟郑朗等皆登第。西川节度使段文昌与翰林学士李绅曾推荐数人于钱徽，榜出皆不中，段文昌等上书抨击礼部贡举不公，所录取的皆为公卿子弟且多以打通关节而取得，实际上无任何技能。穆宗询问翰林学士李德裕、元稹、李绅，皆言文昌所奏属实。穆宗派中书舍人王起等复试，结果原中十四人，仅三人通过。四月，诏黜郑郎等十一人，钱徽、李宗闵、杨汝士贬官外放。李党获胜，双方积怨愈深。此后，两党不时为政见不同而相互攻讦。两党政见不同，牛党重科举，并利用科举考试中投卷、关节之风，相互援引；李党则对科举制不满，主张改进甚至一度建议取消进士科。牛党主张对割据藩镇姑息妥协，反对用兵；李党则力主削藩伐叛，强化中央集权。牛党对收复吐蕃侵占失地持消极态度，主张维持边界现状；李党则积极主张练兵修武，收复失地，完成统一。武宗会昌年间，重用李德裕为相主持朝政，形成李党独掌朝政的局面。牛党均被排斥出朝或遭流贬。李德裕支持武宗讨平昭义刘稹叛乱，击破回纥，废除佛教，改革朝廷弊政。会昌六年，宣宗即位后，对李党成员大量贬逐，并相继重用牛党的白敏中、令狐绹，拜之为相。召牛僧孺、李宗闵入朝。大中二年（848年），牛僧孺卒。次年，李德裕卒于崖州贬所。牛李党争终以牛党获胜告终。

甘露之变（835 年）

唐朝末年，宦官专权。唐文宗即位后，不满宦官乱政行为，打算惩治宦官，收回皇权。大和九年（835年）十一月二十一日，唐文宗以左金吾仗院内石榴树上夜降甘露为名，命宦官神策军左右护军中尉仇士良、鱼志弘等带领宦官去察看。在金吾仗院内，文宗早已安排好韩约、李训率兵埋伏在那里。仇士良等人一到，立刻受到了伏击。宦官数十人被打死，但宦官却劫持文宗进入宣政门，将门关闭，朝臣一时惊散。宦官挟持文宗退入内殿后，立即派遣神策军五百人，持刀出东上阁门，逢人即杀，死者六七百人。接着关闭宫城各门搜捕，又杀千余人。李训、王涯、韩约等先后被捕杀。经过这次宦官的大屠杀，朝官几乎为之一空。从此，宦官权势日盛一日，不仅藐视百官，还蔑视皇帝。最终文宗因忧郁过度而亡。

武宗崇道灭佛（845 年）

会昌五年（845年）七月，武宗下诏大举灭佛，毁兰若，强令僧尼还俗。

唐武宗崇道蔑佛，登位以后即召道士入宫，信道士赵归真之言，更恶僧尼耗费天下钱财，遂决心毁佛。会昌二年（842年）三月，从李德裕奏，敕发遣保外无名僧禁置童子沙弥十月，又敕有过失、不修戒行之僧尼还俗。若僧尼有钱谷田地，应纳入官。如惜钱财，情愿还俗，亦令还俗，充入两税徭役。会昌五年（845年）四月，敕祠部检括天下寺院及僧尼人数。同年七月下诏大举灭佛，毁山野招提、兰若，上都、东都两街各留二寺，每寺仅留僧三十人；天下节度观察使治所及同、华、商、汝州各留一寺。分为三等：上等留僧二十人，中等留十人，下等留五人。其余僧尼并景、祆诸教徒皆勒还俗。铜像、钟磬则销毁铸钱。遣御史赴各地督察。凡拆毁寺院，其财产田地皆由朝廷没收。八月，宣告中外，凡毁寺四千六百所，归俗僧尼二十六万零五百人，景教、摩尼、祆僧二千余，毁招提、兰若四万余，收良田数千万顷，奴婢十五万人。寻又诏东都只留僧二十人，诸道留二十人者减其半，留十人者减三人，留五人者更不留。其所留僧尼由功德使改隶祠部主客郎中收管。

黄巢起义（875年）

乾符二年（875年），濮州（今山东鄄城北）人王仙芝自称"天补均平大将军"，率众在长垣（今河南）发动农民起义，并连续攻克曹州、濮州。黄巢也起兵响应。义军挥师中原，逼近沂州、洛阳，唐朝廷大为恐慌，调各路军队镇压。二月，黄巢与王仙芝攻下鄂州、郢州、复州和荆南罗城。五月，王仙芝在黄梅兵败被杀。王仙芝余部由尚让率领与黄巢会合作战。878年三月，黄巢率军攻克亳州，众推黄巢为黄王，号冲天大将军，并建立官制，设置官职。随后挥师北上，再次攻克濮州。朝廷调遣张自勉为东北面行营招讨使，率兵围剿义军。形势于义军不利，于是决定向南转移，由滑州略宋、汴。唐朝调集军队围攻。黄巢于是率军经淮南转往长江一带，在和州与宣州间横渡长江，攻占南陵，杀死唐将王涓。由于唐宣歙观察使王凝固守宣州，义军久困于坚城之下。五、六月间，起义军转攻润州（今江苏镇江）。唐朝廷派高骈为镇海节度使带兵镇压，黄巢主动撤出，率军向南攻打杭州。八月，攻入杭州城内，烧毁官府文书档案等，释放在押犯人，没收地主官吏财产，发布文告，开仓赈济百姓。九月，起义军攻占越州（今浙江绍兴），唐浙东观察使崔璆逃走。唐廷派张璘阻遏义军，黄巢于是转战福建，开山路七百里入闽，破建州，十二月攻占福州。乾符六年（879年）六月，黄巢占领广州，俘获岭南东道节度使李迢。由于黄巢军中士兵大多为北方人，在广州多有水土不服，并瘴疫蔓延，士兵死亡甚多，部将劝黄巢北上以成大业。十月，黄巢率军从桂州出发北伐，向唐王朝的都城长安挺进。

唐朝灭亡（907 年）

天祐年间，朱全忠逼迫昭宗东迁洛阳，完成了篡唐的第一步，然后又将昭宗杀害，另立幼主为帝，并肆意杀害唐宗室。同时又四方攻城略地，号称中原大地尽在其辖境之内，势力愈盛。加之哀帝困居洛阳，全在朱全忠掌握之中，诸镇无力与之争衡，朱全忠篡唐时机日渐成熟。907 年正月，哀帝遣御史大夫薛贻矩至大梁慰问，薛返回洛阳，向哀帝表明朱全忠有受禅之意。哀帝即下诏，定于二月禅位。二月，朱全忠又使唐大臣共奏请哀帝逊位，迫使哀帝诏百官至朱全忠元帅府劝进，于是外臣及藩镇劝进者相继。三月，哀帝降旨，禅位于梁，遣宰相张文蔚、杨涉等奉玉册、传国宝率百官备法驾诣大梁。次月，朱全忠至大梁金祥殿，接受百官朝贺。朱全忠更名晃，即皇帝位，国号大梁。大唐自 618 年建国至 907 年为朱全忠所灭，历二百八十九年，共传二十一帝。

十六、五代十国（907 — 960 年）

唐哀帝天祐四年（907 年），朱温灭唐建梁，中国历史再一次进入了大割据时代。在北方广大地区，军阀混战的结果是先后出现了后梁、后唐、后晋、后汉和后周五个较强大的王朝。与此同时，南方各地又陆续并存过几个较小的割据政权，即吴、南唐、吴越、楚、前蜀、后蜀、南汉、南平及闽等九国；北方河东地区则有北汉势力。史称"五代十国"。五代十国时期，大小统治者激烈角逐，兵燹不断，社会经济、文化受到颇大影响。五代后期，统一趋势不断加强，后周世柴荣在位期间，实行了一系列改革措施，发动了北代战争，为北宋的统一奠定了基础。960 年赵匡胤在他的几位部将拥立下，黄袍加身，胁迫周恭帝禅位，夺取了皇位称帝，是为宋太祖。这一时期是唐藩镇之乱的延长，是唐宋的过渡时代。由于军阀割据混战，给百姓带来了极大痛苦和灾难。许多中原人士为避祸乱移徙南方，由此在另一方面增加了南北的交流。北方的生产技术和科学文化对南方的各方面发展起了一定的积极作用。"五代十国"在中国文化史上是一个重要时期。虽然时间较短，但史学、词、绘画等方面的发展和成就在中国历史上都有着极重要地位。

朱全忠建（后）梁（907年）

开平元年（907年）四月，梁王朱全忠即帝位，国号大梁，建元开平，是为梁太祖。标志着中国再次进入四分五裂、豪强割据、兼并混战状态。朱温，即朱全忠，原为黄巢部将，后见起义军大势已去，于是举兵降唐。唐朝廷授朱温同华节度使、右金吾大将军、河中行营招讨副使，赐名全忠，后诏授为梁王。朱全忠兵势强盛，企图篡唐以代。他先后杀昭宗、立幼主、屠诸王、灭朝士，拥兵自重，诸

朱全忠

藩如李克用、李茂贞、王建、杨渥、钱镠、刘仁恭等不能与之抗衡。唐哀宗称帝洛阳，但号令皆为朱全忠所发。唐天祐四年（907年）正月，哀帝被逼下诏，定于二月禅位。三月，哀帝正式降御札禅位于梁。四月，梁王朱全忠更名朱晃，服衮冕，即皇帝位，史称后梁太祖，改元开平，国号大梁，以汴州为开封府，称东都；以唐东都洛阳为西都，废唐西京长安，改称大安府，置佑国军；以哀帝为济阴王，迁之于曹州，派兵防守，第二年将哀帝杀死；撤废枢密院，设崇政院，任命首辅敬翔为使。梁的建立标志着唐朝灭亡，五代十国的开始。

王建（称帝）建蜀（907年）

唐末，四川由若干唐将共同镇守，但他们之间不断战争、兼并。891年，原唐将之一的王建攻取成都，占据了四川的绝大部分地区，优势明显。904年，唐廷封王建为蜀王。907年，朱全忠杀唐昭宗建（后）梁，王建拒绝向朱全忠称臣，于九月，王建亦于成都称帝，建都成都。国号蜀，后人称前蜀。次年改元武成。蜀国所辖地据有今四川和甘肃东南部、陕西南部、湖北西部。蜀地素称富庶之地、天府之国，故唐末士人，多依王建。王建虽目不识丁，却能亲用儒生，让士子儒生建章立制，故前蜀之典章文物有唐之遗风。919年，王建死，其子王衍立。王衍以奢侈荒淫著称，在成都大兴土木，扩建宫苑，自己荒于游宴，军政大事全部由王宗弼和宋光嗣处理，而二人又都是贪财好利、不恤民事之徒。由此，前蜀的

政治黑暗，阶级矛盾不断加深。925年，（后）唐出兵击蜀，蜀人心向后唐，前蜀遂亡。前蜀共传二世，历时二十三年。

洛 阳 兵 变

晚年的梁太祖朱温荒淫暴躁，平日生活很不检点，与众儿媳均有乱伦关系，其养子朱友文的妻子王氏更是为其宠爱。朱温长子朱友裕早死，朱温次子朱友珪、三子朱友贞则备受朱温猜忌，因此朱友文的地位日益提高。乾化二年（912年）六月，朱温病危，想立朱友文为皇太子。朱友珪的妻子张氏得知内情后，告之朱友珪，朱友珪决定发动政变。六月二日，朱友珪带兵进入宫中，杀死朱温，秘不发丧。并矫诏令朱友贞杀掉朱友文后，才为朱温发丧，即皇帝位。乾化三年（913年）正月，朱友珪在洛阳祀天，并改元，以求争取舆论的支持。朱友珪弑父篡位，朝野上下人心不服，而且政局不稳定，均王朱友贞见状乘势起兵，与握有重兵的杨师厚共击禁军，形势急转直下。乾化三年（913年）二月，朱友贞兵至洛阳，数千禁军倒戈，突入宫中。朱友珪见大势已去，与妻子张氏自杀。朱友贞返回开封即皇帝位，复年号为乾化三年，追废朱友珪为庶人。这也是五代中兵变立皇帝的开始。十年后，后唐大军攻入开封，朱友贞自杀身亡。后梁灭之。

杨行密建吴（902 年）

吴国的开创者是杨行密，农民出身。唐末乾符年间，江淮地区农民起义不断，杨行密也加入了农民军的行列。以后杨行密应募为车卒，补为队长，后杀军吏而据有卢州（今安徽合肥一带），其后又与秦彦、毕师铎、孙儒战于扬州。战争中，杨行密先后占有宣州（今安徽宣城县）、润州（今江苏镇江市）、滁州（今安徽省滁县）、和州（今安徽和县一带）、常州（今江苏常州一带）等地，尽有淮南、宣润。892年，唐廷封杨行密为淮南节度使。淮南地区经过连年战争后，经济凋敝，荒无人烟，一片凄凉景象。杨行密一面安抚流民，恢复生产，一面选练军队，抵抗北方割据者的南下，使南方避免卷入中原混战中，南方割据政权由此而相对稳定。902年，杨行密被唐朝廷封为吴王，建都扬州，统辖今江苏、安徽、江西和湖北二十七州之地。919年，部将徐温等尊吴王杨隆演为天子，建大吴国，建元武义，以徐温为大丞相，都督中外诸军事，封东海郡王。杨隆演虽被尊为吴王，但大权却为徐氏集团掌握。937年，徐温子徐知诰废吴帝杨溥，吴亡。自902年杨行密被封为吴王，至937年杨溥失权，吴共传四世，历时三十余年。

后唐建立（923年）

朱温拥兵自重，废唐建梁，其势力令各藩镇不敢小视。在北方，唯有晋王李克用的力量可以与之抗衡。908年，李克用之子李存勖击溃梁军于潞州城下，奠定了取威定霸的基础。915年，李存勖又入据魏州，并以此为根据地，很快占有了河北大部分地区。后梁龙德三年（923年）四月，晋王李存勖在魏州（今河北大名东北）正式称帝（是为后唐庄宗），国号大唐（史称后唐），改元同光，后唐正式建立。十月，后唐灭梁，基业初成，转向全力治理内政。因其号称"大唐"，自认为唐朝嫡系，一切法律均从唐旧制，并于十二月迁都洛阳。925年又灭掉蜀国，势力大增。此时的李存勖已被胜利冲昏了头脑，不仅大兴宫室，充实后宫，而且沉湎声色，疏忌宿将，听信谗言，引起了朝臣和藩镇的强烈不满，后唐政权立刻动荡不稳，陷入纷争之中。926年李存勖在西征途中被士兵所杀。之后，后唐政权又经历了三朝，但国力空虚的王朝处于内忧外患之中，几年后，为后晋所灭。后唐共经十四年，历四帝。

石敬瑭建后晋（936年）

石敬瑭是后唐明宗李嗣源的女婿，和末帝李从珂交好，并一同追随明宗。两人都能征善战，深受明帝赏识，被拜为河东节度使。后因弹劾末帝而被削官爵，石敬瑭遂于936年五月反。石敬瑭向契丹称臣，并以父礼事契丹帝耶律德光，称其为"父皇帝"，自称"儿皇帝"，许诺事成之后割燕云十六州给契丹，年年进贡等条件，争取到契丹的武力帮助。后唐清泰三年（936年）十一月，石敬瑭在契丹人的庇护下即皇帝位，建立后晋政权。石敬瑭称帝后，借契丹之力大破后唐军，攻入洛阳，灭亡后唐。后晋天福七年（942年），石敬瑭病死，从子石重贵即位，是为晋出帝。944年，契丹大举攻晋，并于946年攻入大梁（今开封），擒晋出帝，以失去尊严为代替，换来契丹支持的后晋，最终还是被契丹所灭，共历二帝，存在十一年。

刘知远建后汉（947年）

天福十二年（947年）二月，（后）晋河东节度使、北京留守刘知远称帝建（后）汉。

刘知远，本是沙陀族人，后赐汉姓刘，早年与石敬瑭俱事（后）唐明宗李嗣源，后助石敬瑭得契丹之援建（后）晋。入（后）晋后，刘知远奉表庆贺，虚于应付；同时固守太原，扩充实力。同年一月，契丹军进入大梁，他乘人民抗击契丹军时，于二月在晋阳（今山西太原南）称帝，自称不忍废掉国号晋，但认为开运年号不祥，于是称（后）晋天福十二年，旋东进河南，都于汴（今河南开封），国号汉，史称（后）汉。所统治范围大致与后晋相同，但仅存四年，历刘知远、刘承祐二帝，为五代最短命的王朝。

郭威称帝建后周（951年）

郭威出身微贱，少年入伍，屡立战功。至后汉时，又因有佐命之功，拜枢密使，出为邺都留守。传位后汉隐帝时，皇帝多疑，经常猜忌大臣，并令人杀郭威。郭威入开封，欲迎立刘知远之侄刘赟为帝。时传辽兵入侵，郭威领兵北征，行至澶州时，数千将士鼓噪起来，将黄旗披在郭威身上，拥其为帝。郭威率全军返回东京，后汉百官均出城迎接。郭威废刘赟为湘阴公，自任监国。次年（951年）正月百官逼，后汉太后下诏书，授皇帝玉符于郭威，郭威即位，国号周，史称后周，是为周太祖，改元为广顺，后汉由此灭亡。周太祖生活起居非常俭约，在位期间多次改革不合理赋税、刑法制度，周太祖在位仅三年，但他革除积弊，与民休息，使后周成为五代较强的王朝。周太祖对外屡败辽军，高丽、回鹘、南汉诸国皆称臣纳贡，北汉、辽、南唐境内人民纷纷迁入后周境内，这也为以后宋统一中国奠定了基业。

柴荣即位后周（954年）

954年正月，后周太祖郭威病逝，郭威生前未有子嗣，于是立圣穆皇后之侄养子柴荣为帝，即柴世宗，改元显德。郭威早在广顺三年（953年）封为晋王。

郭威死前，黜退一批恃功倨傲之臣，又任命一批新官吏，将朝政委归柴荣，因此权力移交顺利，柴荣（郭威养子）即后周世宗。柴荣继承郭威重农恤民的政策和统一中国的大志，任命王朴等能臣，浚通漕运，发展文教。大臣王朴献"平边策"，提出先攻南唐，取江北而控制南方各国，再取后蜀和幽州，最后解决辽国边患的战略思想以及争取民心和避实击虚等建议，柴荣大多予以采纳，成功地发动了一系列统一兼并战争。后周显德二年（955年）、显德三年（956年）、显德四年（957年），后周三度征伐南唐，皆胜，南唐自去帝号，割地请和。后周平定长江以北，得十四州、六十县。后周又谋取攻蜀，显德二年（955年）大败后蜀，取秦、成、阶、凤四州。显德六年（959年），柴荣以辽国未逐，决意北伐。后周屡败辽师，兵不血刃而取燕南之地，柴荣于此役染病班师，旋即病逝，未能完成一统大业。柴荣在位六年，多有仁政惠民，不仅减免苛政，而且在大兵过后，淮南大饥时，还命贷米与淮南饥民。柴荣一生致力于统一大业，使民众免遭刀兵之苦。但终未竟其志，为其最大的遗憾。后周传三帝，历十年。

十七、北宋（960 − 1127 年）

建隆元年（960年），后周大将赵匡胤在陈桥驿发动兵变，建立了宋王朝。在随后的二十几年里，赵匡胤和他的继承者赵光义南征北战，终于结束了唐末以来的分裂局面，形成了宋辽对峙的格局。重新统一带来安定，为北宋社会的繁荣提供了保障。鉴于五代十国期间，武将们随时可以废立皇帝的教训，赵匡胤为北宋确立了"重文轻武"的基本国策，这使北宋初期社会、政治比较安定，没有宦官专权和藩镇割据等祸事。不过这也使得北宋在军事上无比的软弱，三次北伐辽国都以惨败告终，最后只能以银绢买来百年的和平。

随着国家的统一，北宋进入到了一个繁荣的阶段。宋仁宗统治时期，政治比较清明，经济非常繁荣，达到了北宋的顶峰。可惜好景不长，宋辽之间的战事虽然告一段落，但西北方又出现了一个强大的西夏，将北宋王朝拖入连年的战争之中。严重的内忧外患让北宋走到了变法改革的十字路口。接下来的宋神宗和宋哲宗两位皇帝力图中兴，任用王安石进行变法，想使腐朽的北宋王朝重新焕发生命力，不想却引起激烈的党派之争，以司马光为首的旧党和以王安石为首的新党爆发了激烈的党派冲突，新法最终没有阻止住大宋王朝衰退的脚步。

陈桥兵变（960 年）

　　后周显德六年（959 年），周世宗柴荣病死，柴宗训即位，是为恭帝。恭帝年幼，不能处理朝政，殿前都点检、归德军节度使赵匡胤乘机掌握兵权。第二年（960 年）元旦，朝廷接到边境谎报契丹和北汉发兵南下，匆忙派赵匡胤统兵北上。大军行至陈桥驿时，赵匡胤之弟赵匡义和幕僚赵普策划将士发动哗变，声称愿意奉赵匡胤为天子。赵匡胤故作辞让，将士们把一件黄袍加在赵匡胤的身上，拥立他为皇帝。赵匡胤随即带着大军回师开封，逼迫恭帝禅位，轻易地夺取了后周的政权，改国号为"宋"，建立了北宋王朝（960－1127 年），史称"陈桥兵变"。赵匡胤取后周而代之，引起地方势力的极大不满，昭义节度使李筠和淮南节度使李重进先后起兵，赵匡胤两次亲征，消灭了二李，同时也震慑了其他藩镇势力，巩固了新生的政权。

杯酒释兵权（961 年）

　　北宋建隆二年（961 年）七月，某日晚朝结束，宋太祖令百官退朝之后，单独留下石守信、高怀德、王审琦等手握重兵的禁兵将领，并于后殿摆酒相邀，叙谈兄弟情分，气氛很是融洽。酒酣耳热之际，宋太祖却唉声叹气、满脸愁苦的样子，石守信等人大为不解，忙问缘由，宋太祖叹息说："没有你们拥戴，我也当不上天子！可这天子也不是好当的呀，真不如当节度使快乐，我没有一个晚上能睡个安稳觉！"石守信他们忙问为什么。宋太祖说："人哪有不贪图富贵的，我这个位置，有谁不想坐！"石守信等人大惊失色，忙说："陛下怎么说起这样的话呢？现在天命已定，谁敢再有异心！"宋太祖说："你们虽然没有异心，但你们手下的人如果贪图富贵，有一天突然也给你来个黄袍加身，那时你们就是不想做，办得到吗？"石守信等人听了宋太祖这番话，已经明白了皇帝的意思，全都离席跪倒叩头道："我们实在愚蠢，没想到这一点，千万请陛下可怜我们，给我们指一条生路。"宋太祖说："人生就像白驹过隙转瞬即逝，不过要多积些金钱，多买些良田美宅留给子孙，歌儿

石守信　（928－984），开封浚仪（今河南开封）人。北宋初期重要将领，开国功臣。

舞女颐养天年，岂不快乐，我们君臣之间两无嫌隙，这样岂不是都好吗？"石守信等人恍然大悟，都欢喜道："陛下为我们想得如此周到，真好比生死人而肉白骨，敢不从命。"

第二天早朝，这些手握重兵的将领一同上书称病，要求辞职。宋太祖果然履行自己的诺言，赏赐他们许多金钱良田美宅，收回他们的兵权，只给他们挂个各地节度使的虚衔。这就是历史上著名的"杯酒释兵权"。事后，中央集权大大加强。

北宋平定南方（974 年）

北宋开国之初，四方并未平定，依旧存在诸多割据势力。南方有南唐、后蜀、吴越、南汉以及湖南、荆南、漳泉等割据政权，北方有地跨长城南北、占有燕云地区的辽朝以及辽朝卵翼下的北汉。宋太祖为了统一天下制定了先南后北的统一战略。建隆四年（963年）正月，宋太祖派遣慕容延钊、李处耘带兵出征湖南，当年三月即平定湖南，并一举占领荆湖，从而在军事上割断了后蜀、南唐、南汉之间的联系。乾德二年（964年）十一月，太祖遣兵五万伐蜀，后蜀孟昶上表请降。开宝三年（970年）九月，太祖派遣潘美、尹崇珂等率军讨伐割据岭南的南汉政权。次年二

钱镠　字具美，小字婆留，杭州临安人。唐昭宗天复二年(902)，封其为越王。904 年，改封吴王。及朱温建梁，始封其为吴越王。

月，平定南汉。岭南平定以后，南方只剩下三个割据势力。其中，两浙地区的吴越国王钱镠和漳州、泉州地区的平海军节度使陈洪进早已听命于宋朝。开宝七年（974 年）十一月，曹彬率军攻破金陵（江宁城），南唐后主降，南方大体平定。宋太祖于是集中兵力平定北方。

宋太宗即位（976 年）

开宝九年（976 年）十月，宋太祖赵匡胤去世，其弟赵光义即位，是为宋太宗。宋太宗初名赵匡义，太祖时改名光义，称帝时又改名炅。即位后，宋太宗对吴越王钱镠和割据漳、泉二州的陈洪进施政治压力，迫使其于太平兴国三年（978年）纳土归附。次年，亲征太原，灭北汉，结束了五代十国的分裂割据局面。为

了进一步加强中央集权，宋太宗在位期间取消所有节度使所领支郡，并将各节度使调至开封，解除他们的兵权，使节度使成为一种虚衔。宋太宗曾两次攻辽，打算收复燕云十六州，都遭到失败，北宋与辽开始了时战时和、相互对峙的局面。

王小波、李顺起义（993 年）

川蜀地区地势显要，易守难攻而又远离中原。五代时期，曾先后建立过前蜀、后蜀两个政权。因为该地区长期远离中原频繁的战火，到后蜀时，国库十分丰盈。965 年，宋太祖灭蜀，纵容将士在成都抢掠，并把后蜀积累的财富运到东京。他们还虐待降兵，激起了百姓和蜀兵的怨恨和反抗。宋太宗时，又在那里设立专门的衙门，垄断了蜀地茶叶和丝帛的贸易。一些地主、大商人趁机投机倒把，这使百姓度日更加艰难。

993 年，青城县（今四川灌县东南）以贩茶为生的王小波和他妻弟李顺，在茶叶实行官卖后，断了生路，举行起义。他们提出的口号是："我们患的是贫富不均，现在为你们均贫富。"各地贫民纷纷响应，前来参加王小波的起义军，十天就聚集了几万人。

王小波起义军先后攻下青城、彭山（今四川彭山）。杀了大贪官齐元振，把他搜刮来的钱财，分给贫苦的百姓。

王小波又带兵北上江原（今四川崇庆东南），和驻守江原的宋将张玘在江原城外展开激烈战斗。起义军英勇顽强，在即将胜利之时，王小波前额中了张玘的冷箭。王小波不顾血流满面，继续带领战士冲锋陷阵，终于打败宋军，杀了张玘。

起义军占了江原后，王小波因伤势太重而牺牲。起义将士推举李顺做首领。在李顺的指挥下，起义军不断壮大，连续攻下许多城池，最后占领了成都。

994 年正月，军民拥戴李顺做了大蜀王，建立大蜀政权。李顺继续扩充人马，攻占各州县。北面打到剑阁，东面打到巫峡。

起义军的节节胜利引起了宋朝政府的恐慌。宋太宗派宦官王继恩为剑南西川治安使，前往镇压。王继恩兵分两路，一路从东面截堵巫峡的起义军，一路由自己亲率大军向剑门进兵。王继恩通过剑门后，与当地的宋军合兵一处进攻成都。双方于成都展开激战，虽然义军有十几万之众，但还是抵不住宋军的猛烈进攻，最终成都陷落，李顺牺牲，起义宣告失败。

澶渊之盟（1004 年）

　　澶州之战后，形势对宋十分有利。但宋朝君臣颇多厌战，辽入宋境后亦多处失利，双方均有和意。几经交涉，双方于景德元年（1004 年）十二月订立盟约，主要内容是：宋辽维持旧疆，约为兄弟之国；宋每年送辽国银十万两，绢二十万匹，称为"岁币"；沿边城市只能依旧完葺，不许增修城堡及开挖河道等。因澶州又称澶渊，故这次盟约被称为"澶渊之盟"。澶渊之盟的签订，宋辽战事基本结束，边境地区趋于平静，使两国的人民都免遭刀兵之灾。

科举取士（1005 年）

　　宋朝时期，太祖沿用了科举考试制度，但所录取的人数不多，一般每榜仅为三五十人。977 年太宗赵光义下令扩大取士人数，该榜共取士五百人。此后，中试者日益增多。并设立特科，使被录取人数进一步增多。仅景德二年（1005 年）当年一榜，中士者即达三千零四十九人，创历史最高峰。1052 年，曾规定进士限四百人，诸科不得超过此数。1066 年，又诏，嗣后每三年一开科场，进三百人为额，明经、诸科不得过此数。宋高宗赵构时规定，省试每十四人取一人，宋孝宗赵昚以后又规定每十六人取一人。

　　据统计，两宋三百多年间，共取士约十一万人，平均每年取士人数，皆数倍于唐、元、明、清各朝，且及第举人的待遇也非常优厚。不但有皇帝临轩唱名、闻喜宴集等荣耀，而且未出官先释褐，及第即赐绿袍、靴、笏，登科者一般（前四甲）都不必守选，不必像唐朝那样再经过吏部考试，当年即可授予一定的官职。宠幸之至，空前绝后。

　　通过科举考试制度，宋朝吸收了大批文人。文人参与其统治，使朝廷掌握了用人大权的同时，其官僚机构日趋庞大，弊端逐渐出现。

交子的出现（1023 年）

在宋朝以前，市场上流通的几乎全为金属货币。到了北宋时期，随着商品经济的进一步发展和各地区联系的加强，交易额越来越大，需要大量轻便的货币作为支付和流通的手段。北宋前期，宋王朝为了掠夺川蜀地区的财富，在此地区禁铜钱而通铁钱，但铁钱体重值小，不便携带，于是出现了一种类似存款收据的纸券。纸券正背都有出票人的印记，有密码花押，票面金额在使用时填写，这就是中国最早的纸币交子。交子既可以兑换，也可以流通，中国由此成为最早流通纸币的国家。交子原由商人分散发行，宋太宗初年成都十

北宋·影青刻花注子注碗（酒器）

六家富商联合建立交子铺发行交子。后来由于富商不善经营，且经常发生不能兑现情况以致失信于民，引起政府干涉并收归官办。1023 年，北宋政府在益州设立交子务，在次年二月开始发行官交子，将交子控制在政府手里，从而使纸币制度更加完善。交子有一定的发行限额，也有一定的流通期限，每三年持旧交子换新交子。交子按规定可以随时兑现，属于信用货币性质。交子票面金额开始时临时填写，后改为固定金额。1105 年，交子改称为钱引，并在除闽、浙、湖、广外的国内其他各路发行。

范仲淹、欧阳修被贬（1036 年）

范仲淹任开封府尹时不畏权势，直言上书，因而得罪了一些贵族官僚大臣，并对他恨之入骨。当时宰相吕夷简夂掌朝政，朝廷内外官僚的升迁往往都掌握在

范仲淹

他手中，一些士大夫便因巴结吕夷简而得晋升。针对这一情况，范仲淹上书言及此事，他认为官员的升迁应由皇帝掌握，晋升、降黜官僚不应由宰相做主。同时，范仲淹还向宋仁宗递交了自己绘制的《百官图》，对近年来官吏的升迁进行描绘，指出官员升迁中的不公平现象。此事触怒了宰相吕夷简。

范仲淹的上书曾引起宋仁宗的高度重视，但吕夷简在

宋仁宗面前竭力诋毁范仲淹，诬蔑他"务名无实"，只是徒有虚名而已。为此范仲淹又上书宋仁宗进行辩论，其一议帝王好恶；其二论选贤任能；其三论近名；其四论推诿等。吕夷简为此怒不可遏。侍御史韩缜为了迎合吕夷简之意，将范仲淹所上奏章逐一进行断章取义，然后诬告范仲淹越职入对。景祐三年（1036年）五月，范仲淹被贬知饶州（今江西鄱阳）。

范仲淹被贬后，谏官、御史均不敢进谏，唯有余靖上书陈述范仲淹无辜被贬，冒死进谏。因而余靖也被贬为筠州（今江西高安）监税。范仲淹、余靖被贬之后，尹洙上书陈述范仲淹等人因进谏而遭贬，并认为给范仲淹加上朋党罪名毫无根据。他认为余靖与范仲淹私人关系极为一般，如果冠之以朋党的罪名而被贬，那么，自己就难逃其责了，因而尹洙请求朝廷发落。吕夷简大怒，贬尹洙为郢州（今湖北钟祥）监税。

景祐三年（1036年）五月，欧阳修写信给谏官高若讷，认为范仲淹刚直不阿，亘古未有，自己无权替他辩解，而你（指高若讷）身为谏官，却不尽责，居然在范仲淹被贬后不劝谏皇帝。高若讷将欧阳修的这封信转交给宋仁宗，欧阳修因此而被贬为夷陵县令（今湖北宜昌）。

活字印刷术（1041 – 1048 年）

庆历元年至庆历八年（1041 – 1048年），毕昇发明了活字印刷术。

唐朝后期，随着印刷品的需求逐渐增大，雕版印刷术逐渐普及开来，并对文化的传播、普及和提高，起着越来越重要的作用。毕昇又在雕版印刷术的基础上于庆历元年到庆历八年，即1041-1048年间发明了活字印刷术。其方法是：用一块薄而平整的胶泥刻字，使字画凸出，每字单独一印，用火烧硬，既而成一个个的活字。常用的字如"之"、"也"等多制一些备用。另设一块板，板上均匀敷以松脂、蜡、纸灰等合制而成的胶粘物品。排版时，根据要印的文稿逐一拣出每一个字，放在铁板上，紧密依序排列。印刷时，把铁制的框子放在铁板上，界起来成为一版，再用火烤版，使胶粘物品溶化，然后再用另一平板在上面压，以使每个字平整均匀，等到放冷后就坚固了。铁板坚固后即可付印，印数百份迅速无比。用毕，再以火烧铁板，即可将字型拆下。为了提高印刷效率，毕昇采用两版交替使用的办法，一版印刷，另一版就可排字。

毕昇发明的活字印刷术，在宋代已得到应用。1193年，周必大在潭州（今湖南长沙）就曾用胶泥活字印刷自己的著作《玉堂杂记》。后来，到了元朝，有人又对胶泥活字印刷术加以改进，发明了木活字及铜活字。

活字印刷术的发明，在印刷事业上具有划时代的意义，是我国的四大发明之一，体现了我国劳动人民的智慧。

侬智高反宋（1052 年）

北宋中期广原（今越南广渊）蛮族首领侬智高建立了南天国，之后与宋朝之间的冲突不断发生。因侬智高与交趾（今越南）世代为仇，交趾也与侬智高经常交战。宋仁宗皇祐四年（1052 年）二月，侬智高上表要求归顺宋朝，但宋朝认为侬智高曾归顺过交趾，没有接受侬智高归顺的上表。侬智高请求归顺被拒绝后，招纳一些亡命之徒，积聚力量，策划侵宋。皇祐四年四月，侬智高率领五千军队从郁江东下，攻破横山寨（今广西田东）。五月，侬智高又攻陷邕州城（今广西南宁），建立大南，自称仁惠皇帝，改年号为启历，大封文武百官。九月，宋仁宗命枢密副使狄青率军南下镇压。皇祐五年（1053 年）正月，狄青与侬智高在昆仑关外归仁辅（今广西南宁北）大战，狄青用兵得当，大败侬智高，斩获 3200 余人。侬智高军火烧邕州城后逃往因理国（今云南）。狄青因平定侬智高有功，被升为枢密使，负责总揽全国军务。

宋英宗即位

嘉祐八年（1063 年）三月底，宋仁宗病逝。宋仁宗死后第二天，曹皇后立即召见皇子赵曙并让他即皇帝位，是为宋英宗。宋英宗即位后几天，突然发病，不认识人，满嘴胡说八道。宰相韩琦领着文武百官面见皇太后，经过商讨，下达一道诏书：宋英宗上朝听政前，皇太后暂时全权处理朝政。治平元年（1064 年）五月，曹太后还政宋英宗，不再处理朝政。当月，韩琦提出应对英宗之父濮安懿王、生母谯国夫人王氏等人的称呼问题作出符合礼仪的决定。治平二年四月，宋英宗命令朝廷礼仪官员专门就此问题进行讨论。司马光认为崇奉濮安懿王应按直系亲属对待，可以追封濮安懿王为大国国王。吕大范等认为天无二日，建议称呼濮安懿王为"皇伯"。两派意见相持不下，无奈之下执政大臣只好搬出皇太后来，让皇太后直接下达

宋英宗 （1032－1067），原名宗实，后改名赵曙，太宗曾孙。1055年立以为嗣。1067年，病逝于宫中福宁殿。

一道圣旨，追尊濮安懿王为皇，其夫人为后。欧阳修亲手草拟诏书，确定这一尊号并诏告天下。

王安石变法（1069 年）

王安石（1021－1086 年），字介甫，号半山，江西临川（今江西抚州）人，我国古代杰出的政治家、改革家。王安石生的时期正值北宋中期，尽管政治清明，百姓生活比较安定，但仍存有一定弊端。嘉祐三年（1058年）王安石在《上仁宗皇帝言事书》中提出了他的改革主张。治平四年（1067年）正月，宋神宗赵顼即位。神宗立志革新，熙宁元年（1068年）四月，召"负天下大

王安石

名三十余年"的王安石入京，用为参知政事，要依靠他来变法立制，富国强兵，改变积贫积弱的现状。并设置三司条例司作为领导变法的机构。从熙宁二年到熙宁九年（1076年）的八年内，围绕富国强兵这一目标，对北宋社会积弊进行了大胆的改革。陆续实行了均输、青苗、农田水利、募役、市易、免役、方田均税、将兵、保甲、保马等新法。王安石变法以"富国强兵"为目标，从新法实施，到守旧派废罢新法，前后将近十五年时间。在此期间，每项新法在推行后，基本上收到了预期的效果，使豪强兼并和高利贷者的活动受到了一些限制，使中、上级官员、皇室减少了一些特权，而乡村上户地主和下户自耕农则减轻了部分差役和赋税负担，封建国家也加强了对直接生产者的统治，增加了财政收入。各项新法或多或少地触犯了中、上级官员、皇室、豪强和高利贷者的利益，最终被罢废。王安石变法的目的在于维护封建统治，客观上有利于社会进步，但由于历史局限性不可能使北宋从根本上摆脱封建危机。

欧 阳 修

欧阳修（1007－1072 年），字永叔，号醉翁，又号六一居士。吉州永丰（今属江西）人。欧阳修年幼失父，家境贫穷但乐而好学，在母亲的教导下曾以芦获画地学写字。1030年，二十四岁及第，任西京（今河南洛阳东）推官。景祐年间，为馆阁校勘，作《朋党论》为范仲淹申辩，贬夷陵令。1043年，知谏院，擢知制

欧阳修

诰，拥护范仲淹等人推行庆历新政。新政失败后，又上疏反对罢范仲淹政事，出知滁、阳、颍等州十一年。召回后，迁翰林学士。1057年知贡举。1060年，任枢密副使；次年拜参知政事。英宗初年，他因参与濮议之争颇受非议，辞位出知亳、青、蔡三州。王安石推行变法，他站在反对派一边，坚请致仕。本月卒，终年六十六岁，谥文忠。

欧阳修成年后，曾得唐韩愈遗稿，遂立志古文。一生苦心探索，因而文章冠盖天下。他培养了一批优秀的古文作家，曾巩、王安石、苏轼父子皆受其熏陶。欧阳修可谓言文运动的领袖。

欧阳修在史学领域也颇有建树。他早年有志于史学，不满薛居正的《五代史》，自改作成《五代史记》七十四卷。1054年，他奉诏编《新唐书》，历时六年而书成，共二百二十五卷，备受史家推崇。

欧阳修还喜好金石文字之学，十八年间收得鼎铭、碑志、书帖一千卷，名曰《集古录》，用以考证正史传讹阙失。

熙宁五年（1072年）八月，欧阳修去逝。

永乐城之战

大宋元丰四年（1081年），宋将种谔攻取了西夏银（今陕西米脂西北）、夏（今内蒙古乌审旗南白城子）、宥（今陕西靖边西北的内蒙古境）三州，欲进而夺取整个横山地区，进逼西夏都城兴庆府（今宁夏银川）。为保持这一战果，徐禧上书建议，在银州东南二十五里险要之地构筑永乐城（今陕西米脂西），宋神宗立即表示同意。西夏军队屡次前来阻扰宋军的筑城工作，均被击退。筑城成功的消息传入京城，宋神宗十分高兴，赐永乐城名为银川寨。永乐城的战略位置十分重要，直接威胁西夏统治，令西夏国王十分恐慌，立即发倾国之兵来争。西夏由大将叶悖麻负责指挥，集中三十万军队围攻永乐城。永乐城宋军守将徐禧错失战机，等到西夏军队布阵以后，徐禧才发动攻击。永乐城中缺水断粮，兵无斗志，西夏将士则奋不顾身，争相攻城，最终永乐城被攻下，徐禧被杀。叶悖麻又下令将数万宋军民夫全部杀掉。

司马光《资治通鉴》（1084 年）

    司马光（1019－1086 年），北宋史学家。字君实，陕州夏县（今属山西）人。宝元进士，仁宗末任天章阁待制兼侍讲、知谏院，他奉英宗诏令评论历代名臣事迹，遂编撰《通鉴》，以作为封建统治的借鉴。治平三年（1066 年）四月，司马光编成编年史《通志》八卷。治平四年（1067 年）十月，司马光向神宗进读《通志》，深受赞赏，于是奉神宗之命设书局继续编撰，至神宗元丰七年（1084 年）完

司马光

成，历时十九年。神宗以其"鉴于往事，有资于治道"，命名为《资治通鉴》。《资治通鉴》是我国历史上第一本编年体通史，记述了从周烈王二十三年（公元前403 年）到五代后周显德六年（959 年），共计一千三百六十二个年头的历史。全书共计二百九十四卷，另考异、目录各三十卷。这部书选材广泛，除了有依据的正史外，还采用了野史杂书三百二十多种。而且对史料的取舍非常严格，力求真实。这部书所记述的内容也的确比较翔实可信，历来为历史学家所推崇。而且《通鉴》记事简明扼要，文笔生动流畅，质朴精练，无论在文学还是历史上，都享有很高的地位。

元 祐 更 化

    元丰八年（1085 年）春，神宗病死，年仅十岁的儿子赵煦即位，是为哲宗，其母宣仁太后以太皇太后的身份执政。此前王安石变法的失败，最主要来源于宣仁太后阻挠，这次她掌权后遂援引司马光、文彦博等保守派到政府中，将各种反变法的力量聚集在一起。司马光打着"以母改子"的旗号，反对新法。他把变法的责任都推给王安石，攻击"王安石不达政体，专用私见，变乱旧章，误先帝任使"；接着全盘否定了新法，诬蔑新法"舍是取非，兴害除利"，"名为爱民，其实病民，名为益国，其实伤国"。新法大部废除，许多旧法一一恢复。与此同时，打击变法派。列为王安石等人亲党的变法派官员，全被贬黜。在对西夏的态度上则继承了熙宁以前的妥协政策，为偷安一时，把已收复的安疆、葭芦、浮图、米脂四寨割让给西夏。这些政策，将国家通过变法得来的钱财积蓄耗散殆尽，激起

社会上广泛不满。因这一事件发生在元祐年间，故史称"元祐更化"。所以后来把支持变法的一派人称为"元丰党人"，而反对变法的一派人则被称为"元祐党人"。从此，宋朝内部党争不断，朝政也更加混乱不堪。

沈括 （1095 年）

沈括（1031－1095 年），宋杭州钱塘（今浙江杭州）人，字存中。我国著名的自然科学家。嘉祐进士，历任扬州司理参军、馆阁校勘、检正中书刑房公事、提举司天监，知制诰兼知通进银台司。1074 年，为河北西路察访使，讲修边备、改革旧政数十事。次年出使辽国，力斥其夺地之谋。1076 年，迁翰林学士、权三司使。熙宁末，主张免除下户役钱、轻役依旧轮差，结果被御史蔡确所劾贬为宣州知府。1080 年，除鄜延路经略使、知延州。1082 年，夏人攻陷永乐城，因首议筑永乐城，责授均州团练副使、随州安置，徙秀州，晚年居润州梦溪园。1095 年逝世于此处，年六十五岁。

沈括博学善文，在天文、地理、律历、音乐、医药、卜算等领域都有很大的成就。他在数学方面首创隙积术和绘图术，提出了高阶级差术数和公式及求弧长的近似公式。他还提倡科学的十二气历，意识到石油的价值，并以晚年写成科学名著《梦溪笔谈》成就最大，该书内容丰富，于科学技术阐述尤多，在世界科学史上具有重要的地位。北宋的许多科学发现，如活字印刷术、指南针应用等技术，都借助其记载得以流传。

平夏城之战

自宋哲宗即位始，西夏便不断派兵进入宋边境骚扰百姓。绍圣三年（1096 年），宋廷对夏采取强硬政策，停止与之分割地界，渐绝岁赐，次年在好川水北筑平夏城。西夏发兵五十万分三路入侵，攻占金明砦（今陕西安塞南），向辽国献俘。元符元年（1098 年）十月，西夏以四十万之众包围平夏城（今宁夏固原北），猛攻十余日，受到宋军的顽强抵抗，最终也未能攻下，于是退兵。宋军乘胜反夏军，大获全胜。元符二年（1099 年）二月，西夏遣使向宋谢罪，宋不受，又在神堆（今陕西米脂西）大败夏兵。后来在西夏的盟主及援军辽国的斡旋下，宋朝终于与西夏停战并重修于好。

苏　轼

　　苏轼是大文学家。他的文章涵浑奔放，大气磅礴，有人把他和韩愈并论称"苏海韩潮"。苏轼与其父苏洵、弟苏辙同列于唐宋八大家，合称"三苏"。苏轼多才多艺，不仅文才过人，其诗亦清疏隽逸，还擅长书画。其行书、楷书，用笔丰腴跌荡，与黄庭坚、米芾、蔡襄并称"宋四家"。又善画竹，作枯木、怪石，讲究神似，并提出"士夫画"（文人画）之说。传世书作有《黄州寒食诗帖》等。画作有《古木怪石图》等。著作有《苏东坡集》、《东坡乐府》等。

　　苏轼在词的发展史上是开一派先河的大家。他以舒展豪放、大气磅礴的作品，在北宋词坛上树起了标志性的丰碑。

　　苏轼首先在词的题材上，扩大了反映社会生活的范围，提高了词的意境，使词成为一种独立的新诗体。广至大千世界，深至个人内心，举凡记游、怀古、说理、感旧、田园风光、贬居生涯，苏轼将其一一纳入词中，使原先局促黯淡的词境豁然开朗，为宋人开辟了一块可与唐人诗歌成就争雄况胜的天地。《念奴娇·赤壁怀古》和《水调歌头·丙辰中秋……兼怀子由》这两首词集中体现了苏词的思想艺术成就。这两首词笔涉天地古今，境界开阔高远，既抒写了个人的失意惆怅，又表现出旷达超脱的情怀，一改词局限于"花间"、"樽前"的旧传统，展示了雄浑豪放的格调和社会人生的广阔领域。

　　苏轼作词不拘一格，挥洒自如。他一方面将写诗的豪迈气势和遒劲笔力贯注词中，一方面尝试用散文的句法写词，在词中发议论，偶尔兼采史传、口语，给人以清雄之感。苏词的结构变化多端，写景、抒情和议论融为一体，有巨大的艺术表现力。

　　作为继欧阳修后北宋文坛的杰出领导者，苏轼在书画上也有特殊贡献。他喜画枯木、怪石、墨竹等，时出新意，形神俱妙。他的《枯木竹石图》一卷，画蟠曲枯树一株，顽石一块，石后露出二三小竹和细草，深具意趣，可谓"诗中有画、画中有诗"。他画竹，常常一杆从地直至顶。图中枯木虬屈无端倪，怪石皴硬。自谓"枯肠得酒盘角出，肝肺槎枒生竹石"。枯木题材绘画也正是他心灵的写照。该图运思青拔，风格卓绝，乃画中珍品。

　　在书法方面，他以行书和楷书名著于世。最著名的墨迹代表是《黄州寒食诗》，为行书诗稿。诗文中，充满着

苏　轼

消沉、悲苦、凄凉、绝望的情绪。其书随意命笔，随着诗情的起伏而变化，参差错落，时大时小，忽长忽短，感情随着笔尖自然流出，达到了艺术形式和内容的完美统一，令人感叹不已。该帖笔墨丰肥圆润，浑厚爽朗，跌宕多变，代表了其行书的最高成就。

建中靖国元年（1101年）七月，苏轼于常州病逝。

徽宗即位（1100年）

宋徽宗　（1082－1135），姓赵名佶，宋朝第八位皇帝，画家、书法家，在位25年，国亡被俘受折磨而死，终年54岁。

宋徽宗赵佶是宋神宗赵顼之子，哲宗赵煦之弟，北宋第八代皇帝，1100－1125年在位。宋神宗在位的时候，赵佶一方面讨好皇后，一方面勤学书画，在大臣面前彬彬有礼，享有很高的声誉。元符三年（1100年）正月初八，宋哲宗去世，赵佶如愿以偿即帝位，是为宋徽宗。宋徽宗在政治上腐败无能，在他统治期间，奸臣弄权，大兴土木，民不聊生。然而，在艺术上，宋徽宗能书善画，自创"瘦金体"书法，办画院、编画谱，为中国艺术发展做出了一定的贡献。宣和七年（1125年），金兵南下，很快兵临城下徽宗慌忙传位于钦宗，自称太上皇。靖康二年（1127年），金兵攻破都城，徽宗与钦宗同为金朝所掳，押解北上，后死于金五国城（今黑龙江依兰）。

金朝建立（1115年）

五代的时候，居住在黑龙江地区的靺鞨民族改称为女真族。其中有一部分迁移到东北地区的南部，发展比较快，称为"熟女真"。依然居住在黑龙江地区者，比较落后，称为"生女真"。生女真有数十部之多，其中最先进的是完颜部。当时，辽朝末代皇帝耶律延禧在位，荒淫暴虐，对女真人的勒索压迫更加凶狠。辽派驻东北的地方长官，到任后迫使女真各部奉献礼物，并肆意摊派，女真人不胜其骚扰。特别是所谓"银牌天使"，以钦差大臣名义到处敲诈，奸污妇女，更激起女真人的愤怒。徽宗政和三年（1113年），阿骨打担任了女真部落联盟的酋长，阿骨打好弓箭，善骑射，有勇有谋，博得部众的拥护，他为了摆脱辽的统治，开始从事反抗辽朝奴役的斗争。阿骨打顺应了女真民族反抗奴役的要求，在宋政和四年（1114年）秋，正式举起反辽的旗帜，带领少数军队先后在宁江州（吉林扶余县东南）等地大败辽兵。接着，陆续攻占辽朝边境州县，军事力量更加强大。宋政和五年（1115年），阿骨打称皇帝，国号"大金"，年号"收国"。定都会宁府（黑龙江省阿城县南）。阿骨打称帝后，扩充和整顿了军队，推行了猛安谋克制度。猛安谋克原是女真人在氏族社会末期的部落组织，阿骨打对此加以发展。对归附部族的首领，一律给以猛安或谋克的称号，对其部众则和女真本部族战士一样进行军事编制，规定以三百户为一谋克，十谋克为一猛安。由于实行了兵民合一的制度，猛安谋克既是军事组织，又是地方行政组织。在其管辖之下的各户壮丁，平时从事生产，战时应征出战。这种兵农合一的制度，对金的经济发展和军事胜利起了重要作用。金还确立了"刑、赎并行"的简单法制，创制了女真文字。

　　阿骨打所有一系列措施，使金很快强大起来，并为今后南进中原奠定了基础。

宋徽宗退位（1125年）

　　金军南下侵宋后，兵分两路，西路军进展顺利，很快逼近了太原，东路军以郭药师为先锋继续南侵。消息传到开封，北宋君臣慌作一团，宋徽宗又一次假意下诏罪己，以此号召各地官兵和百姓起兵勤王，抵抗金兵南侵。这时，东路金兵已绕过中山府（今河北定州）南下，离开封只有十天路程。因此，群臣请求徽宗在三天内禅位，以便让新皇帝组织军民抗金。徽宗为了能逃命，只好同意退位。宋宣和七年（1125年）十二月二十三日，宋徽宗宣布退位，由皇太子赵桓即皇帝位。钦宗即位后，根据徽宗的旨意，尊徽宗为教主道君皇帝，尊为太上皇，居龙德宫。

宋钦宗（1100－1156），即赵桓。北宋末代皇帝。靖康二年，与其父徽宗同被金兵俘虏北去。绍兴二十六年（1156）死于五国城，享年57岁。

李纲坚守开封（1126 年）

李纲 （1083－1140），字伯纪，邵武（今属福建）人，南宋著名爱国民族英雄。

靖康元年（1126 年）正月初三，金兵先锋攻破黄河渡口，进而向开封进军。消息传到京城，全城恐慌。宋徽宗仓皇出逃，宋钦宗的新朝廷人心慌乱，主战、主逃议论不一。钦宗当即任命李纲为尚书右丞兼东京留守，想让李纲为他守东京，而自己逃往陕西避敌。李纲流着泪拼死请求，钦宗才答应不去陕西，留在东京。这样，京城人心逐渐安定下来。李纲临危受命，当即组织军民全力备战。与此同时，宋钦宗却忙于求和，以割地、赔款、留人质的条件求金人退兵。在李纲的指挥下，开封军队多次打退了金军的进攻，保卫了开封城，但金军并未退兵，开封城依然处于金军包围中，形势仍十分危急。此后，宋朝各地勤王援兵逐渐来到京城，兵力总数达到二十多万，宋军在兵力总数和声势上均压倒金军，金军只好北撤，退守牟驼岗。后来，宋钦宗又与金军签署议和协议，开封之围才得以缓解。

靖康之变（1127 年）

北宋靖康元年（1126 年），金兵分东、西两路南侵。十一月，两路金军渡过黄河，北宋军队望风而退，举朝惊惶，被迫答应了金朝以黄河为界的退兵条件。但缓兵之计没有维持多久，两路金军陆续抵达汴京城下，城中宋军不过数万，京城危在旦夕，但城中军民的抗敌情绪十分高昂，请求作战的群众多达三十万人。而宋钦宗却亲往金营议降，答应了金人提出的巨额勒索。靖康二年（1127 年）钦宗再赴金营时被扣押。北宋朝廷严令禁止军民的武装抗金。二月，金军下令废除徽宗和钦宗二帝，北宋宣告灭亡。四月，金军掠夺了大量的财物，带着徽、钦二帝及宗室、大臣等三千多人撤离汴京北归。这就是"靖康之变"。

《清明上河图》

《清明上河图》完成于北宋末年，画者张择端，字正道，东武（今山东诸城）人。少时读书，后游学京城汴梁（今河南开封），开始学习绘画。他工于界画，特别擅长舟车、市桥、郭径，自成一家。有《清明上河图》、《西湖争标图》等作品名于世。

《清明上河图》是著名的风俗画作品，绢本，长卷，淡设色，卷宽二百四十八毫米，长达五千二百八十七毫米。"清明"指农历清明节前后，一般认为该图描写的是北宋京城汴梁及汴河两岸清明时节的风光。

全画结构共分三段：首段描写市郊风景，寂静的原野，略显寒意，渐而有村落田畴，嫩柳初放，有上坟回城的轿、马和人群，点出了清明时节特定的时间和风俗。中段描写汴河，汴河是当时中国的南北交通干线孔道，同时也是北宋王朝的漕运枢纽，画面上巨大的漕船，或往来于河上，或停泊于码头。横跨汴河有一座规模宏敞的拱桥，其桥无柱，以巨木虚架而成，结构精巧，形制优美，宛若飞虹。桥的两端连着街市，人们往来熙熙攘攘，车水马龙，与桥下繁忙的水运相呼应，是全国的第一个热闹所在。后段描写市区街景，以高大的城楼为中心，街道纵横交错，各种店铺鳞次栉比，有茶坊、酒肆、脚店、寺观、公廨等。有沉檀栋香、罗锦匹帛、香火纸马，有医药门诊、大车修理、看相算命、修面整容，还有许多沿街叫卖的小商小贩。街上行人摩肩接踵，络绎不绝，男女老幼，士农工商，无所不备。

作品采用了传统的手卷形状，以鸟瞰的角度，通过不断推移视点来摄取景物，段落节奏分明，结构严密紧凑。至于笔墨技巧，则无论人物、车船、房屋，线条均遒劲老辣，兼工带写，设色清淡典雅，不同于一般的界画。

《清明上河图》构图采用全景式且笔法严谨精细，再现了我国南宋时期都市各阶层人物的生活情状和社会风貌，是一幅写实主义的伟大作品，把社会风俗画推进到更高的阶段。

宋·磁州窑剔花盖罐

十八、南宋（1127 — 1279 年）

　　北宋灭亡一个月后，康王赵构在南京（今河南商丘）即皇帝位，随后南渡长江，重建宋朝，史称南宋。尽管南宋政权不乏如宗泽、韩世忠、岳飞等绝世名将，北方沦陷区的人民也表现出了对南宋北伐的渴望，可南宋的统治者却始终缺乏赵氏先祖北伐契丹的勇气，他们相信钱绢对异族的诱惑，远远超过相信自己的百万军队，称臣纳贡成为南宋残喘的最后手段。尽管此时，南方经济空前繁荣，经济实力大大超过了战火摧残的北方，但因南宋朝廷在秦桧之后接连出现了史弥远、丁大全、贾似道等奸臣权相，始终没有把经济上的升腾转化到抵御强敌之中。1279 年，蒙古骑兵最终使南宋退出了历史舞台。

南宋建立（1127 年）

　　北宋靖康之变，金兵俘虏了徽、钦二帝，并将其及宗室、大臣一起押解北国，然后撤兵而还。宋徽宗第九个儿子康王赵构同年在河南商丘即位，改元建炎，是为宋高宗。随后朝廷南迁至临安（杭州），南宋开始。南宋建国之初，高宗为了收买人心，起用抗战派李纲为相，进行抗金的斗争；同时他又担心战争胜利后宋钦宗会回来和他争夺皇位，于是又任命了一大批投降派的官僚居于要职。因此，在南宋初年抗金斗争中主战派与投降派之间的激烈斗争就开始了。以宋高宗为首的妥协投降派对李纲的抗金斗争百般阻挠，李纲入相仅七十五天即被罢免。

宋高宗　（1107 — 1187），即赵构，字德基，宋徽宗第九子。宋南渡后，即位建康，迁都临安。后以秦桧为相，杀岳飞，与金媾和，奉表称臣。在位36年。

1129 年金军发动了对南宋的第三次战争，宋高宗一路狂奔逃到了海上。南宋军民群起而抗金，次年金军北退。宋高宗从海上回到了临安。1138 年，临安正式成为南宋的都城。此后，东起淮水、西到秦岭的宋金战线逐渐地稳定下来。

宗泽保卫东京（1127年）

建炎元年（1127年）六月，宗泽原北宋都城开封并出任东京留守、知开封府（今河南）。宗泽到任后，在大力加强开封的守备的同时，又和河北的忠义民兵建立密切联系。开封的形势迅速好转，多次打败了金军的进攻。在这种形势下，宗泽坚决要求朝廷派大军北伐、收复失地，但他的出兵计划一直得不到宋高宗的批准。宗泽二十多次奏请高宗还京，均为奸臣黄潜善、汪伯彦所阻，不被采纳。宗泽忧愤成疾，建炎二年（1128年）七月病逝，终年七十岁。死前一日，宗泽长吟"出师未捷身先死，长使英雄泪满襟"的名句，并嘱咐部将们要继续抗金，连呼三声"过河"，念念不忘抗金大业。宗泽死后不久，汴京又重新为金军所占领。

宗泽　（1060－1128），中国宋代抗金大臣、民族英雄字汝霖，浙江义乌人。

钟相、杨幺起义

南宋初年，南宋王朝处于内忧外患之中。在受金兵南侵的同时，南宋王朝内部也不断有农民起义爆发。最著名且规模最大的是发生在洞庭湖边的钟相、杨幺起义。北宋末年，湖南常德人钟相在家乡利用宗教活动组织群众。他宣称："法分贵贱贫富，非善法也。我行法，当等贵贱，均贫富。"他的这个主张比北宋初王小波"均贫富"的思想又进了一步。1127年初，金兵入侵中原，钟相组织民兵三千人北上"勤王"，还未与金兵接触，就被宋高宗命令遣返。建炎四年（1130年），钟相发动起义，攻占了洞庭湖周围的十九个县，建立了大楚农民政权。起义军镇压官吏、儒生、僧道等人，夺取他们的财物。钟相后来被叛徒杀害，杨幺继续领导斗争。起义军凭借水军优势，多次给官军以痛击。绍兴五年（1135年），南宋王朝派遣岳飞镇压，起义最终归于失败。

岳飞抗金（1139 – 1142 年）

岳飞 （1103 – 1142），民族英雄、著名军事家、抗金名将。字鹏举，谥武穆，后改谥忠武，河北（今河南）相州汤阴人。

靖康之难后，金兵不断南下，在金兵铁蹄的践踏下，百姓苦不堪言，反金活动接连不断。岳飞和抗金名将宗泽、韩世忠等一道，站在抗金斗争的最前线。1139 年金军发动大规模的侵略战争，岳飞率领岳家军顽强反击，挺进中原。七月，岳飞和金兀术一万五千精锐骑兵相遇并发生激战，大败金兵，然后乘胜向朱仙镇进军。此次北伐中原，收复了颍昌、蔡州、陈州、郑州、郾城、朱仙镇，消灭了金军有生力量，南宋的抗金斗争发生了根本的转机。但是就在这关键时刻，宋高宗担心一旦中原收复，钦宗回国，他就难保皇位，因此与秦桧极力破坏抗战。他们首先令东西两线收兵，造成岳家军孤军突出的不利态势；然后以"孤军不可久留"为名，连下十二道金牌令岳飞班师。为了避免孤军被灭，岳飞被迫回师。回到临安以后，岳飞被以"莫须有"的罪名杀害。岳飞精忠报国，不屈不挠地坚持抗金战争，是一位杰出的民族英雄。

绍兴议和（1141 年）

绍兴七年（1137 年），金熙宗在完颜宗磐、完颜昌的建议下，下令取消伪齐政权，对南宋采取"以和议佐攻战"的斗争策略同时，派遣宋朝在金的使臣王伦回朝，向高宗诱降。高宗随即任命秦桧做右相，向金做投降的准备。并不顾抗战派将领反对，于绍兴九年（1139 年）与金订立和约。绍兴十年（1140 年），金朝突发政变，兀术一派掌握大权，撕毁和约，对南宋发动全面进攻。金兵入境，大敌当前，宋高宗虽想妥协苟安，形势已不得不战，于是下令抗金，但目的仍在以战求和，并无北上恢复的打算。同时又时刻担心战争的顺利发展，将帅权大，威胁朝廷。绍兴十一年（1141 年），高宗收回张浚、韩世忠、岳飞三大帅在外兵权。后来又杀害岳飞。十月，高宗派吏部侍郎魏良臣等偾金，在宗弼面前"再三叩头，哀求甚切"，宗弼才准议和。十月，金派使臣萧毅到"江南抚谕"。规定投降条款：宋奉表称臣于金，金册宋主为皇帝，宋每年贡银绢各二十五万两、匹，称"岁贡"；

金主生辰及元旦宋遣使致贺；东以淮水、西以大散关为界，宋割唐、邓二州，又割商（今陕西商县）、秦（今甘肃天水）之半予金。这就是"绍兴和议"。议和之后的二十年间，金国也遵守其承诺，没有再对江南进行大规进攻，宋金两国人民基本安定，天下太平。

宋孝宗即位

南宋绍兴三十二年（1162年）初，受到南宋军民坚决抵抗的金军又值统治集团内部发生政变，被迫撤军北还。宋军乘势收复了许多州县，各地义军也纷起响应，形势对宋十分有利。此时，主和的宋高宗赵构既不敢继续抗金，又难于继续推行投降政策，处于进退两难的境地，于是决定把重担交给养子——皇太子赵眘。赵构曾有一子名赵眘，但幼年就夭折了，而赵构又因为屡遭变乱受了惊吓，丧失了生育能力，所以一直没有后嗣。绍兴二年（1132年），赵构选六岁的赵伯琮入宫，赐名瑗；绍兴三十年（1160年），又更名玮，立为皇子；绍兴三十二年，又更名赵眘，立为皇太子。伯琮是赵匡胤的七世孙。六月，高宗退居德寿宫，自称太上皇，赵眘即位，这就是宋孝宗。因为这一年是壬午年，所以被称为壬午内禅。孝宗在位二十七年，不忘恢复故国，即位之初即诏令为因主战而蒙冤的岳飞等人昭雪，极大地鼓舞了主战派的斗志。

隆兴和议（1164年）

南宋将领张浚率军北伐中原，以图收复失地，无奈因多种原因最终归于失败，使南宋抗金斗争陷入低谷，南宋朝廷准备与金议和。隆兴二年（1164年），金大定四年闰十一月，经过几年的战争和外交努力，宋金双方终于就和平条件达成一致意见。主要条款为：双方世为叔侄之国，宋帝正皇帝之称，不再向金称臣；改岁贡为岁币，宋每年给金白银二十万两、绢二十万匹；宋放弃商（今陕西商县）、秦（今甘肃天水）等六州，两国疆界还以绍兴和议为准；不遣返叛亡之人。这就是隆兴和议。此协议使宋金双方保持了四十年的和平关系。隆兴和议既成，宋廷开始了裁定内外大军的兵额。乾道元年（1165年）七月，定殿前司兵额为七万三千人。二年正月，定马军司兵额为二万八千人（六年正月增至三万），步军司为二万一千人。后来，又陆续裁减各地兵员。到乾道末年，宋内外军总数为四十余万，每年军费八千多万缗钱，大大减小了军费开支，减轻了农民负担。

李 清 照

李清照

李清照是南宋著名女词人。号易安居士，齐州章丘（今属山东）人。父李格非为当时著名学者，夫赵明诚为金石考据家。早期生活优裕，与赵明诚共同致力于书画金石的搜集整理。金兵入据中原后，被迫随军南渡，流寓南方，又适值明诚病死，境遇孤苦。所作词，前期多写其悠闲生活，后期多悲叹身世，情调感伤，有的也流露出对中原的怀愤。形式上善用白描手法，自辟途径，语言清丽。师词强调协律，崇尚典雅、情致，提出词"别是一家"之说，反对以作诗文之法作词。并能诗，留存不多，部分篇章感时咏史，情辞慷慨，与其词风不同。其散文《金石录后序》介绍他们夫妇收集、整理金石文物的经过和《金石录》的内容与成书过程，回忆了婚后三十四年间的忧患得失，婉转曲折，细密翔实，语言简洁流畅。有《漱玉词》、《李清照集》。

韩 世 忠

韩世忠（1089－1151年），宋延安（今属陕西）人，一说绥德人，字良臣。南宋中兴四将之一。出身贫苦，十八岁从军，防御西夏有功。1120年，以偏将随王渊镇压方腊起义。1126年，攻杀拥众数万之游寇李复。1129年，苗刘之变中，他参与讨伐并擒获了刘正彦，因此授武胜军节度使，御营左军都统制。次年春，率水师八千阻拦金兵十万渡江，于黄天荡大败金军。绍兴初，镇压福建范汝为起义。1134年，再次大破金军于大仪镇（今江苏扬州西北），时论以此举为中兴武功第一。1136年，宋廷委任其为京东淮东路宣抚处置使，置司楚州，联络山东义军，力图恢复。扼守淮河达七八年之久，屡败伪齐与金军，使敌闻风丧胆。1141年被解除兵权。赵构、秦桧诬陷岳飞，他不惧权势，前去质问秦桧。后罢政家居，闭门谢客，绝口不谈国事。在家读佛经，自号清凉居士，借以避祸。1151年病死，终年六十二岁追封蕲王。韩世忠始终主战，反对议和，深受人民爱戴。

陆　游

陆游（1125－1210年），我国伟大的爱国诗人。宋越州山阴（今浙江绍兴）人，字务观，号放翁。

陆游幼年时正值北宋末年，南宋初期，战事频繁，而宋军又屡次败于金兵，后偏安江南，不思收复失地，因此对故土沦丧、人民涂炭深感痛心。1154年，应礼部试名列第一，但为秦桧所黜。秦桧死，始任福州宁德簿，迁大理寺司直兼宗正簿。孝宗赵昚即位，任枢密院编修官，赐进士出身。曾任镇江（今属江苏）、隆兴（今江西南昌）、夔州（今四川奉节）通判。和大将张浚商讨整顿武备，进取中原，被诬告免职。1173年入四川宣抚王炎幕府，曾向王炎提出抗金大计。又在蜀州、嘉州、荣州（今四川崇庆、乐山、荣县）任职，改任制置史范成大参议官。未几，朝廷召回为礼部郎中兼实录院检讨官，官至宝章阁待制。晚年隐居家乡。1210年卒，终年八十六岁。

陆游工诗词、散文，亦长于史学。南渡后，与尤袤、杨万里、范成大并称南宋诗坛四大家。陆游的诗代表了其最高成就，多沉郁顿挫，雄浑豪放，以恢复中原、统一中国、反对投降为主题，兼有反映人民疾苦、批判时政之作。诗中每行每句无不透露着他的爱国热忱和对多灾多难国家的一片丹心。其诗今存有九千多首，著有《剑南诗稿》、《渭南文集》、《南唐书》、《老学庵笔记》等。

朱　熹

朱熹（1130－1200年），我国著名理学家，徽州婺源（今属江西）人，生于南剑州尤溪（今属福建），后徙居建阳，今属福建考亭。字元晦，后改为仲晦，号晦庵，晚年又号晦翁，别称紫阳。1148年进士及第，任泉州同安县主簿，后又任知南康军，改提举浙东茶盐公事，在地方讲求荒政，又修建书院，引进士子，与之议论学问。

庆元初，赵汝愚为相，召朱熹入朝，韩侂胄逐贬汝愚，

朱　熹

使人劾朱熹十罪，乃落职罢祠，后致仕，本年病卒，年终七十一岁。嘉定初谥曰文，后又赠太师，追封信国公，淳祐中从祀孔庙。

朱熹早年主张抗金，中年以后转持消极防守。早年除研习儒家经典外，于佛教、禅学、道经、文学、兵法等无所不学。曾受业于胡宪、刘子翚、李侗，得程颢、程颐之传，兼采周敦颐、张载等人学说，集北宋以来各派理学之大成，逐步建立起完整系统的理学体系。其学派被称为"闽学"或考亭学派、程朱学派。

朱熹哲学体系中的基本范畴是"理"。在宇宙观上，他认为"理"是万物生成的本源，也是人类社会的最高准则。"理一分殊"；万物有万理，万物均源于天理。一理摄万理，万理归为一理。有"理"而后有"气"，"理""气"不可分，但"理"为本而"气"为末，理为先而气为后。

在认识论上，他主张"格物致知"，认为知识是先天固有的。但由于"利欲所昏"，使"知"有不至。应该用吾心的天理与外物的天理相印证，以推致先天所固有的知识。

在人性论上，他认为"性"是一切生物所据有的天理。他把人性分为天命之性和气质之性，天命之性是"专指理言"，是至善至美的，"理""气"相杂的"气质之性"则有善有恶。他把传统的纲常学说加以理论化、通俗化，把"三纲五常"当作社会的最高道德标准，人们须"去人欲，存天理"，"正心诚意"，"居敬""穷理"以"求仁"。

朱熹生平主要从事著书、讲学，对经学、史学、文学、乐律以至自然科学都有贡献。主要著作有《四书章句集注》、《伊洛渊源录》、《资治通鉴纲目》、《楚辞集注》、《诗集传》以及门人编撰的《朱子语类》、《朱文公文集》等。

朱熹死后，其学说和著作得到赵昀（理宗）的推崇。从此，他的学说成为理学的正统，理学成为官方的哲学，对后世影响深远。

庆 元 党 禁

绍熙五年（1194年），光宗禅位于赵扩，退为太上皇。赵扩即位，是为宁宗。宁宗即位后，任命赵汝愚为宰相。大臣韩侂胄因拥立宁宗有功，又因政见不同，与赵汝愚发生嫌隙。庆元元年（1195年），韩侂胄使谏官奏赵汝愚以宗师居相位，不利于社稷。朱熹联合吏部侍郎彭龟年共同弹劾韩侂胄，韩侂胄对宋宁宗说朱熹迂阔不可用。时宋宁宗信任韩侂胄，遂罢用朱熹，赵汝愚和中书舍人陈博良等力争无效。庆元元年（1195年）二月，赵汝愚也被罢相。韩侂胄当政，凡和他意见不合的都称为"道学"之人，后又斥道学为"伪学"。禁毁理学家的"语录"一类书籍，科举考试稍涉义理之学者，一律不予录取。庆元三年（1197年），又将赵汝愚、朱熹一派及其支持者定为"逆党"，开列"伪学逆党"党籍，共五十九人。至嘉泰二年（1201年）初，韩侂胄感到权势已巩固，才解除伪学之禁，列入党籍的人士也逐渐恢复官职。这就是历史上的"庆元党禁"。

铁木真建国 （1206年）

蒙古族本是东胡语系室韦的一支。约1100年，蒙古草原上部落林立，并互相攻劫。经过长期的战争兼并，形成了塔塔儿、克烈、蒙占、蔑儿乞、乃蛮等五大部落，他们之间结怨很深，互相视为仇敌。雄据南方的金朝也已衰弱，为蒙古统一提供了有利条件。铁木真，出生于蒙古部孛儿只斤氏族的贵族家庭。少时其父也速该被仇人毒死，部属离散，他随寡母度日，屡遭艰险。后来投奔克烈部首领王罕，收集亡父旧部，逐渐恢复实力。宋淳熙十六年（1189年）被推举为汗。宋宁宗嘉泰元年（1201年）、二年，铁木真与王罕联兵战胜以札木合为首的蒙古高原十余部的联军，实力骤增。此后，他灭克烈部、乃蛮部，击溃蔑儿乞部，其他部落纷纷降附，统一了蒙古高原。1206年，蒙古贵族在斡难河畔召开大聚会，推举铁木真为大汗，尊称成吉思汗，建立蒙古国。成吉思汗即位后，在整个蒙古高原普遍实行千户制，建立军事行政制度，并开始使用蒙古文字，确立了蒙古国的规模。

开禧北伐 （1206年）

宋宁宗开禧时期，韩侂胄为相，他积极抗战，力图收复中原。但同时又好大喜功，急于求成，开禧二年（1206年），在没有做好充分准备的情况下，发动了北伐战争，结果大败。金军乘胜分路南下，连克州县。韩侂胄提出向金朝议和。实际上此时的金军已无继续作战的能力，因此把主力撤回，只留下一军在濠州待和。金国向宋朝提出必须斩韩侂胄作为议和的条件。在南宋朝廷中，主和派相互勾结，秘密杀死了韩侂胄。嘉定元年（1208年），南宋与金重订和约，岁币由银、绢各二十万增到各三十万，此外宋朝还要另付犒劳金军的军银300万两。但此次和约并没有使宋朝趋于和平，宋金之间战争接连不断。

宋蒙灭金（1234 年）

铁木真死后，窝阔台继蒙古汗位。四年后，即1232年十二月，蒙古与宋朝约定，联合攻取金国，灭金以后河南土地归宋所有。宋绍定六年（1233 年）八月，宋将孟珙出兵迫降邓州，攻取唐州。九月，蒙古军筑长垒围蔡州。金军企图突围没有成功。金哀宗无计可施，大臣完颜阿虎带献策抢在蒙古之前结好南宋，并向宋乞粮求和，达到离间宋蒙、延缓腹背受敌的目的。金主在信中说唇亡齿寒，希望宋能与金联合，宋见金亡已成定局，遂拒绝金的乞和求粮。宋端平元年（1234 年）正月，蔡州兵乏粮尽，哀宗禅位给完颜承麟，即位礼毕，宋军已占南城。哀宗自缢，一百多名将士自投汝水而死，在乱军中，完颜承麟被宋军杀死，金朝灭亡。

文天祥（1236 － 1283 年）

文天祥（1236 － 1283 年），宋吉州庐陵（今江西吉安）人，字宋瑞，一字履善，号文山。1256年，二十岁的文天祥进士及第，被授予宁海军节度使判官。时值蒙古南下侵宋时期。1259年，蒙古军攻鄂州（今湖北武昌），宦官董宋臣劝理宗赵昀迁都，文天祥上书坚决反对，并提出御敌之计，但未被采纳。后历任刑部郎官，知瑞、赣等州。1275年，元兵再次南下，文天祥在赣州组织义兵入卫临安。次年，出任右丞相兼枢密使。不久出使元朝商议和解。因痛斥伯颜，被拘至镇江。后脱逃，经真州、扬州、通州入海至温州，与陆秀夫等拥立益王赵昰于福州，复任右丞相兼枢密使。1277年进兵江西，收复州县多处。终因寡不敌众，不久败退广东，但仍坚持抵抗。1278年十二月，在五坡岭（今广东海丰北）被俘，元将张弘范诱降，被文天祥痛骂并拒绝，又书《过零丁洋》诗以明志。诗末有"人生自古谁无死，留取丹心照汗青"之句。赵昺小朝廷灭亡之后，被押到元大都。拘押三年，元世祖忽必烈屡劝其降，天祥宁死不屈，在狱中写下了名作《正气歌》，其中有"是气所磅礴，凛烈万古存。当其贯日月，生死安足论！"的凛然佳句。忽必烈劝降不成，遂于1283年一月，杀之于柴市口。死时年仅四十七岁。天祥到柴市口临刑前问明方向后，面南再拜而死。其精忠浩气、视死如归的精神，永垂千秋万世。

宋朝灭亡（1279 年）

南宋末年，国力日益弱小，又值奸臣当道，陷害忠良，宋朝统治危在旦夕。淳祐十一年（1251 年），蒙哥继承汗位，相继灭了大理和吐蕃，之后，于宝祐六年（1258 年）大举攻宋。开庆元年（1259 年），忽必烈进围鄂州，宋理宗令贾似道率师援鄂州，贾似道贪生怕死，暗中遣使求和。咸淳八年（1272 年），元军攻陷襄阳、樊城（今湖北襄樊），南宋长江中游的门户已被打开。宋恭帝德祐二年（1276 年），元军攻陷临安，俘恭帝，陆秀夫、张世杰、文天祥等忠臣在福州拥立赵昰即位，是为端宗，继续

宋理宗　南宋第五代皇帝。宁宗养子。宁宗病死后，宰相史弥远拥立其为帝，年号宝庆。

抗击元军。后来，元军攻打福州，宋军败退，景炎三年（1278 年）端宗病逝，赵昺即位。至祥兴二年（1279 年）二月，元将张弘范进攻崖山，陆秀夫和张世杰等保护帝昺，誓死抵抗元军。无奈宋军兵少力弱，抵挡不住元军的攻击。至帝昺祥兴二年（1279 年）二月，陆秀夫见大势已去，背着宋帝昺跳海殉国，张世杰突围后遇风暴溺死。南宋至此灭亡。

十九、辽（916 – 1125 年）

契丹族源于东胡后裔鲜卑的柔然部，它以原意为镔铁的"契丹"一词作为民族称号，来象征契丹人顽强的意志和坚不可摧的民族精神。916 年，契丹首领耶律阿保机称帝，建立了契丹国（940 年，改国号为辽）。1104 年，辽与宋朝订立澶渊之盟，并与西夏结好，从而形成辽、宋、西夏三足鼎立的局面。辽共有九个帝王，政权统治时间长达二百一十年。其疆域东至日本海，南到山西雁门关一线，北达今内蒙古克鲁伦河，西到阿尔泰山。1125 年辽被金所灭。耶律大石率部西迁至中亚，建立西辽政权。西辽于 1218 年亡于蒙古帝国。

耶律阿保机建国（916 年）

　　耶律阿保机出生于契丹族遥辇氏部落联盟中迭剌部。907 年，阿保机打败遥辇氏痕德堇可汗取而代之成为契丹可汗。之后，他四处用兵，至 911 年契丹占有东到大海、南至白檀（今北京密云南）、西逾松漠（今内蒙古西拉木伦河、老哈河流域）、北抵潢水（今西拉木伦河）的广大区域。其后，契丹又多次对外战争，将其版图进一步扩大。916 年，阿保机称帝，建国"大契丹"，年号神册。辽朝自此建立。

辽建东丹国（926 年）

　　渤海国位于辽国东方。辽太祖天显元年（926 年），阿保机亲自率兵征讨渤海，渤海国王投降，渤海国亡。阿保机改渤海国为东丹国，改其都城忽汗城为天福城，册封太子耶律倍为东丹王，建元甘露，设左右大次四相及百官，命东丹每年进贡布十五万端、马千匹。辽太宗耶律德光即位后，升东平府（今辽宁辽阳）为南京，将耶律倍迁移于此，尽迁东丹居民于南京，以削弱耶律倍的势力，并派卫士严密监视耶律倍。天显五年（930 年），后唐明宗乘机密召耶律倍归唐，耶律倍刻诗云："小山压大山，大山全无力。羞见故乡人，从此投外国。"遂携其渤海夫人（高美人）浮海奔后唐。自此东丹国名存实亡。

幽云十六州（936 年）

　　天显十一年（936 年），辽太宗耶律德光召见石敬瑭，对其大加赞赏，并让他领受南方土地，作为辽的属国。同年十一月，太宗与石敬瑭约为父子，太宗册封石敬瑭为"大晋皇帝"。天显十二年（937 年），石敬瑭派遣使臣去契丹，愿以幽、蓟、瀛、莫、涿、檀、顺、妫、儒、新、武、云、应、朔、寰、蔚等十六州"奉献"给契丹。会同元年（938 年），后晋皇帝石敬瑭派使臣给契丹送去十六州的图籍。从此，幽云十六州归入契丹的版图，幽州改称南京。

辽 周 交 战

辽穆宗应历四年（954年）二月，北汉南攻后周。辽穆宗遣兵六万援北汉，辽汉联军与后周战于高平，联军大败。九年四月，后周世宗柴荣亲率大军攻辽，意在收复燕云州县。辽穆宗命南京留守萧思温为兵马都总管迎击。周世宗由水路攻取辽之宁州（即乾宁军，今河北青县），辽守将纷纷投降，辽失益津（今河北霸县东）三关。后周世宗因病班师，辽才得以收复失地。六月，周世宗柴荣病死，辽与后周的战事结束。

辽征西夏（1044年）

1044年四月，山南党项诸部背叛辽国而归附西夏。九月，辽兴宗决定亲自带兵讨伐元昊。元昊惧怕辽朝大军，派人与辽议和。辽大将萧惠劝谏辽兴宗说，元昊是个反复无常的小人，与西夏议和是养虎遗患的举动。辽兴宗采纳了萧惠的建议，亲率十万大军分三路讨伐西夏。战争开始时，辽军长驱直入，深入西夏境内四百余里而未遇到有力抵抗。十月，辽军与西夏大军又在贺兰山脚下展开大战，西夏军队大败。元昊不得不委曲求全，表示愿意臣服，并亲自率领叛逃西夏的党项诸部族到辽朝军营请降。双方表面已经和解，但各打算盘。往来近一个月后，西夏军队突向辽朝大将萧惠的营寨发动猛攻。辽军大败，死伤无数，辽兴宗侥幸逃脱。其后，元昊决定献出叛附西夏的党项诸部族，双方交换战俘，辽夏达成和议，结束了战争。此后，直至元昊死其子谅祚即位，仍向辽称藩，双方也一直保持着既定的局面，但冲突也时有发生。

东侵高丽（1016年）

辽开泰五年（1016年），辽国皇帝派大将耶律世良、萧屈烈领兵攻打高丽，攻破郭州城并掠获珠宝辎重甚多，高丽死亡数万人。此前，辽太祖和辽太宗时与高丽有聘使往来。934年，渤海世子大光显领兵数万投靠高丽，高丽皇帝赐他与

点彩瓷鸡冠壶

己同姓。随即高丽与辽朝绝交，互相敌视。985年，辽朝准备大举进攻高丽，结果由于辽泽水溢，道路不通而未能成行。992年十二月，辽命东京留守萧恒德率兵攻打高丽。次年，攻破高丽蓬山郡，高丽请求和谈。辽册封高丽成宗为高丽国王，并将萧恒德女儿嫁给高丽国王。1010年，高丽发生内讧，穆宗被贵族康兆谋杀，显宗即位。辽圣宗亲率四百万大兵征伐高丽，高丽康兆率兵三百万反击。辽兵连续攻陷郭州、肃州，直抵高丽都城开京，高丽显宗南逃。辽圣宗进入开京，大肆焚烧而去。1013年，辽圣宗派遣耶律资忠出使高丽，强行索要高丽的兴化、通州等六城，高丽拒绝，扣押资忠。1019年，辽朝集结大兵，准备再次攻打高丽，高丽显宗急忙派遣使臣议和。双方再次达成协议，高丽仍然按照成宗时的制度，继续向辽缴纳贡品。

辽与鞑靼的战争（1092 年）

鞑靼族位于辽朝的西北部。原先仅为分散的部落，等到辽道宗时，各部落逐渐联合起来发展成部落联盟。1092年，鞑靼部落联盟长磨古斯杀死辽金吾吐古斯，并率领军队进攻辽国。不久，便打败了辽朝西北路招讨使耶律阿鲁扫古。辽朝又以耶律挞不也为西北路招讨使，讨伐鞑靼。磨古斯在镇州西南沙碛间假作投降，结果诱杀辽军招讨使耶律挞不也，辽军再次战败。1094年，辽知北院枢密使事耶律斡特剌率大军讨伐鞑靼，时值大雪天气，最终打败鞑靼四部，斩杀千余人。后又擒获磨古斯，俘回辽朝处死。这是辽朝后期对外战争中唯一的一场大胜仗。

辽朝灭亡（1125 年）

金攻占辽五京，辽政权已濒临亡国，可辽天祚帝却依然采取孤家寡人的政策，辽国一次次分裂。辽保大三年（1123年）正月，辽国大臣萧干自立，宋军乘机来攻，萧干战败。天祚帝在走投无路之时，恰遇耶律大石率兵来归，又得阴山室韦送来的大批战马。不自量力的天祚帝又准备谋划出兵收复燕、云，与宋金再次开战。保大四年（1124年）七月，耶律大石自立为王，脱离

天祚帝。次年二月,天祚帝在应州(今山西应县)新城东被金兵所俘,辽朝灭亡。

耶律大石建西辽 (1131 年)

耶律大石(1094 – 1143 年),辽太祖第八世孙。1122 年,耶律大石在辽南京拥立耶律淳,建北辽,统领北辽军事。后耶律大石在同金兵的作战中被俘。1123 年九月,耶律大石只身逃出,到夹山见辽天祚帝。1124 年,耶律大石杀辽北院枢密使萧乙薛,领兵北走。1130 年,耶律大石自立为王,在可敦城募集部落军兵一万多人,经回鹘向西而行。1131 年,耶律大石称帝,号天韦占皇帝,重建辽朝,史称西辽。

二十、西夏 (1032 – 1227 年)

1038 年,在中国的西北部出现了一个以党项人为统治民族的王朝——西夏。它以弱小的势力,先后与同时代的北宋,以及辽、南宋、金两次形成三足鼎立的局面,并将自己的政治、经济、文化,在短时间内迅速推向了顶峰。然而随着成吉思汗率领的蒙古铁骑长达二十多年的战火蹂躏、军事征服及突如其来的地震等自然灾害,使得这个立国达一百九十年之久的王朝,在很短的时间里,如昙花一现般消失在历史的尘烟中。

西夏建立 (1038 年)

夏大庆三年(1038 年)十一月,元昊在兴庆府(今宁夏银川)即皇帝位,国号大夏,称始文英武兴法建礼仁孝皇帝,改元天授礼法延祚,以兴庆府为国都。又立文武百官。又令群臣奉册为其先祖上谥号:继迁谥曰神武皇帝,庙号太祖;德明谥曰光圣皇帝,庙号太宗。次年正月,元昊遣使以己称帝入告北宋。五月,又仿唐、宋制,定夏国朝仪。九月,元昊仿宋制始设尚书令,掌百官庶务,辖十六司分理。这时西夏已具有完备的官职制度。其时,夏国疆域东据黄河,西至玉门关（今甘肃敦煌西），南临萧关（今甘肃环县北），北抵大漠，共辖土方二万余里。

夏 辽 之 战

西夏·黑釉刻字瓷瓶

天授礼法延祚五年（1042年）三月，元昊请辽出兵攻宋，辽出兵但至幽州而不前，元昊甚为不满。翌年八月，西夏出兵助辽镇压了夹山部呆儿族起义，而辽将所有掳获物据为己有，元昊对辽的怨恨益甚。十一月，元昊煽动辽统治下的山南党项各部及呆儿族叛辽附夏。1044年四月，辽朝山西五部节度使屈烈等率部投夏，辽责令归还，夏不答应。五月，辽派兵讨伐叛辽的党项族，元昊出兵救援，斩杀辽招讨使萧普达等。辽兴宗大怒，从各地抽调十万大军，准备讨伐西夏。十月，辽分兵三路，对夏发起大规模进攻，在贺兰山北大败夏兵。元昊以缓兵之计，派人向辽谢罪，请辽退兵。北院枢密使萧惠说："夏人忘恩背盟，今天子亲临，大军并集，如若不将西夏一举征服，将来后悔莫及。"兴宗采纳了萧惠的意见，下令辽军向河曲（今内蒙古伊克昭盟境）进军。元昊退兵百里。每退三十里，都将方圆几十里的田园烧尽。辽军所到之处，人马无所食，元昊发起反攻，大败辽军于河曲，并俘虏萧胡睹等大臣数十人。此时，元昊又派人向辽请和，辽兴宗也无力再战，遂与夏讲和。

谅祚攻宋（1064年）

拱化二年（1064年）七月，西夏谅祚帝以宋朝官吏有意侮辱夏国使节为借口，集结了十万大军，乘宋朝不备，分别进攻秦、凤、泾、原等州。胁迫归宋的党项熟户八十余族归附西夏，掠夺数万人畜而归。1065年正月，谅祚又派数万大军并进攻宋朝的庆州，结果被宋兵击退。紧接着三月、八月、十一月连续攻击宋朝。1066年九月，谅祚亲自率兵数万到庆州，攻大顺。围城三日不能攻克，谅祚亲临战场，被乱箭射伤，西夏兵也无心恋战，纷纷败逃。拱化五年（1067年）闰三月，谅祚派人向宋朝纳贡请罪，保证不再侵扰宋境。时值宋神宗即位不久，遂答应了夏的请求，并赏谅诈帝白银五百两、绢五百匹等物。

援辽抗金（1115 年）

西夏雍宁二年（1115 年），女真族首领阿骨打在混同江（今黑龙江）畔宣布脱离辽朝统治，称帝建国，改国号为金。辽、金开始水火不容，相互对立。在当时，宋朝站在金的一边，想联金灭辽，而西夏则坚持援辽抗金。

1122 年，金兵攻下辽中京后，又进逼西京。是年三月，西夏乾顺派兵五千援助辽国。五月，乾顺知悉辽天祚帝逃入阴山，便派大将李良畏领兵三万援救，到达元德军境，击败金国数百骑兵，乘胜进军宜水，后被金兵打败。1123 年正月，乾顺又派兵援辽，被金兵阻击。五月，辽天祚帝逃到夏国附近，乾顺派兵迎接。此时，金朝遣使入夏朝，向乾顺提出两个条件，其一，如果辽天祚帝进入夏国，希望擒获送金；其二，如果能像对待辽朝那样对待金国，愿将辽国西北一带割让给西夏。乾顺见辽朝灭亡已成定局，并且为了保全西夏国的独立地位，答应了金国的条件。

蒙古灭夏（1227 年）

夏蒙双方达成和解协议后，蒙古不断向西夏征兵，西夏因压力过重而不能按规定时日完成任务，因此惹怒了蒙古。1217 年十二月，蒙古军渡过黄河进攻西夏，逼近中兴府，神宗遵顼惊恐万状，将太子德任留在都城防守，自己匆忙逃到西凉，夏兵毫无抵抗之力，遂向蒙古请降。1123 年，遵顼让位给德旺。德旺欲联合漠北未被蒙古征服的部落，共同抗击蒙古，不料消息走漏，被蒙古知悉，成吉思汗决定调集大军灭西夏。1224 年九月，蒙古军攻陷银州，西夏数万人战死，夏将令塔海被俘后遇害。德旺表示愿意投降并派遣人质，蒙古于是退兵。1226 年二月，成吉思汗又以西夏迟迟不纳人质为由，亲自率兵十万，攻入西夏，先后攻破黑水、兀剌海、沙州等州城。五月，蒙古军南下，接连攻陷肃州、甘州、西凉府。西夏的河西地区几乎全部丧失。七月，献宗德旺死。献宗的侄儿睍被拥立继位。八月，蒙古西路军抢占了黄河九渡，攻破应里。十月，蒙古东路军攻陷夏州。接着，蒙古军东西两路夹击西夏的政治和经济中心灵、兴地区。十一月，成吉思汗亲率大军围攻灵州，德任率领固守灵州的夏兵同蒙古军进行了殊死战斗，其激烈程度为蒙古军作战以来所少见。终因夏兵伤亡惨重而失败。灵州失陷，德任不屈被杀。1227年一月，末主睍顾不得改元，继续使用乾定年号。蒙古军兵临城下，又发生强烈地震，房倒屋塌，瘟役流行。末主睍走投无路，派遣使节请求成吉思汗宽限一个月便献城投降。七月，末主睍开城投降，结果被蒙古军所杀，历时一百九十年的西夏灭亡。

二十一、金（1115 − 1234 年）

女真部完颜阿骨打在居地安出虎水（今黑龙江阿什河流域）地区建国称帝，国号大金。1125年，后金兵在应州擒获辽天祚帝，完成了灭辽的战争，开始把进攻和侵犯的目标对准了北宋。1127年，金灭北宋，并继续将战火引向南方，腐败无能的南宋于1141年向金签订了屈辱的"绍兴和议"，金夺得了中原的统治权。金国最强盛时的疆域，东北至今日本海、外兴安岭，西过积石（今青海贵德西），南达秦岭、淮河。然而此后的女真贵族却陷入了无尽的宫廷斗争中，金的灭亡已经无可避免。1234年，金被蒙古大军所灭。金朝政权共存在一百二十年，历十帝。

阿骨打建金（1115 年）

1113年十月，女真联盟长乌雅束死，其弟阿骨打即位，称都勃极烈。女真族长期生活在中国东北地区"白山黑水"（今长白山、黑龙江流域）间，战国时期被称作"肃慎"，后来名称几经变化，在辽朝统治下，确定其名称为"女真"。辽初，女真有七十二个部落，过着游牧打猎生活。后来，其中的完颜部强大起来，乌古迺为首领时，使诸部归附于完颜部。阿骨打继位后，承前代富庶之余，兵势日益强盛，在他的领导下，女真族的历史进入一个崭新的发展阶段。1114年九月，完颜阿骨打起兵反辽。耶律延禧（辽天祚帝）即位之后，契丹贵族对于女真的压榨勒索愈来愈严重，并且经常对女真人加以侮辱，称为"打女真"。1115年正月，完颜阿骨打建立金国，是为金太祖。七月，完颜阿骨打集诸部辖兵二千五百人，发动了反辽的战争。十月，女真军首先攻下辽朝东北边防重镇黄龙府，又败辽兵于河店，所向无敌。

金杯　金代窖藏出土，杯身镌刻宝相花。

金灭北宋（1125 年）

金天会三年（1125 年）十月，金太宗完颜晟下诏伐宋。完颜果为都元帅，完颜宗翰为左副帅自西京攻太原，宗望为南京路都统自南京攻燕京。十二月，宗望率军在白河打败宋军，宋朝燕京守将郭药师等降金。次年正月，宋徽宗退位逃跑。钦宗即位派遣使臣向金朝求和。宗望提出割让太原、中山、真定三镇，派亲王作人质，宋朝对金称伯，宋钦宗全部接受，金兵回师。九月，宗翰率军攻陷太原，宋朝太原知府张孝纯在城破后降金。十二月，宗翰、宗望两军会合于开封城下，宋钦宗投降。天会五年（1127 年）四月，金军俘虏宋徽宗、宋钦宗以及大批人口、财物而归。北宋灭亡。之后，金与南宋又形成了对峙的局面。

金迁都燕京（1153 年）

上京（今哈尔滨西南）原先为金的都城，天德三年（1151 年）三月，完颜亮认为上京地处极北，地理位置偏僻而且不便于统治，于是决定将都城迁往燕京（今北京）。四月，完颜亮正式命令尚书右丞张浩调集各地匠人扩建燕京城。两年后，即天德五年，工匠们终于完成了营建燕京的工程。扩建后的燕京城周围九里三十步，皇帝宫城在内城，有九重宫殿，总共三十六殿，以皇帝宫殿为中心。内城的南面，向东有太庙，向西有尚书省。天德五年（1153 年）三月，完颜亮率文武大臣南迁，队伍浩浩荡荡，气势十分宏大。进入中都燕京后，又举行了盛大的仪式。这也标志着金朝的政治中心已经转移到燕京。

太原失陷（1217 年）

金贞祐五年（1217 年）八月，成吉思汗封木华黎为太师、国王，命其率领弘吉剌等部兵和契丹、颜汉等降军，攻掠金朝太行山以南地区。成吉思汗还赐之九颜大旗，授予发布号令的全权。次年八月，木华黎率步兵数万人，由太和岭入河东，攻掠代、隰、吉、石、岢岚等州。九月围攻太原。太原守将左监军乌古论德升据城坚守，植栅拒敌，将家中银币及马匹分赏给战士，并力死守。蒙古军攻破城西北角入城，乌古论德升又联车塞路拒战，三次打退蒙古军的进攻。太原城被破，德升回到府署，自缢而死，其姑母及妻子也自杀。

金朝灭亡（1234 年）

金·三彩荷叶童子枕

元光二年（1223 年）十二月，完颜守绪即皇帝位，是为金哀宗。金哀宗即位后采取了一系列新措施，停止侵南宋战争，与西夏议和，招抚地主武装，将主要精力转移到抗蒙斗争上来，并于正大三年（1226 年）秋至正大四年（1227 年）初，连续收复山西的曲沃、绛州、平阳、太原。正大九年（1232 年），金军在三峰山和铁岭连续战败，都城汴京（今河南开封）被围，金哀宗弃汴京，逃到蔡州，蒙古军和南宋军联合围攻蔡州。1233 年秋，哀宗深感亡国就在旦夕，于是他采纳了大臣完颜阿虎带的策略，向宋乞粮求和，希望达到离间宋蒙的目的。哀宗在给宋帝的信中说唇亡齿寒，希望宋能与金联合，但宋见金亡已成定局，拒绝金的乞和求粮。天兴三年（1234 年）正月，蔡州兵乏粮尽，元旦夜，哀宗传位给东面元帅承麟。翌日早晨，承麟受诏即皇帝位。正在行礼之时，城南已经竖起了南宋的旗帜。诸将赶忙作战，宋军攻下南城。哀宗见金朝大势已去，自缢而死。宰相完颜仲德投汝水自杀。大臣孛术鲁娄室、元志、王山儿等及军士五百余人都投河自杀，金末帝承麟被乱兵杀死，历一百二十年后，金朝灭亡。

二十二、元（1271 － 1368 年）

蒙古部首领铁木真统一蒙古各部后，以和林为都城，建立了大蒙古国，铁木真被尊为成吉思汗。在此后的六十余年里，剽悍的蒙古铁骑不仅实现了对北部中国的统治，还征服了中亚和欧洲部分地区。1260 年，忽必烈即蒙古汗位，1271 年，忽必烈改国号为大元，并在 1279 年灭南宋，完成了国家统一。忽必烈去世后，元朝逐渐走上了由盛到衰的道路。自元成宗死后到元顺帝即位，在短短二十六年（1307－1333年）中，元王朝就更换了九任皇帝，自相残杀的局面频繁上演，大大削弱了元王朝的统治基础。此外，元朝统治阶级长期以来推行的民族压迫政策，最终导致了社会矛盾的激化，在此基础上爆发的红巾军起义，敲响了元王朝的丧钟。

成吉思汗统一蒙古（1206年）

1206年，成吉思汗统一了蒙古草原，建立政权，被推为大汗，称成吉思汗。他名叫铁木真，1162年出生于蒙古孛儿只斤氏族。曾祖合不勒统一了蒙古尼伦各部。铁木真二十八岁时继其叔祖忽图剌和父亲也速该为尼伦部的首领。

铁木真即汗位后，首先整顿了部落的组织形式，为巩固自己的权力和地位，把整顿部落的组织形式作为了首要任务。内部稳定后，面对依旧四分五裂的蒙古大草原，便开始了统一蒙古各部的征战。

铁木真联合金朝平定了害死他父亲的塔塔儿部的叛乱，此事一举两得，既报了家仇，又被金国封为招讨官。又与克列部首领脱里王汗配合，先后打败了乃蛮人、乞剌人和以札木合为首的十一个部落的联合进攻。于是，铁木真的势力日益强大。

铁木真与克列部脱里王汗联合作战，取得几次胜利后，希望通过联姻使关系更密切。而王汗在狂妄自大的儿子桑昆的挑拨下，不仅借故推托联姻，反而阴谋以毒酒来杀害铁木真。铁木真一边积极备战，一边派使者谴责脱里王汗的不义行为，并乘其不备，发动进攻，彻底打败了势力强大的克列部，征服了蒙古西部。此后二十年中，铁木真一直在征伐中度过，到1205年，统一了蒙古各部。1206年，铁木真在斡难河畔举行大会。会上，各部落首领共推铁木真为全蒙古的大汗，即皇帝位，上尊号"成吉思汗"。

成吉思汗统一蒙古后，强大的国力使他逐渐产生了称霸世界的雄心。1211－1215年间，成吉思汗首先发动了对金的战争，占领了金国河东的广阔土地。

1219年，成吉思汗亲率大军征服中亚大国花剌子模国。蒙军前锋又越过印度河，西进至底格里斯河下游，又进入东欧，侵占了俄罗斯的东南部。最终因水土不服且不适应当地气候而班师回朝。

成吉思汗　即元太祖。孛儿只斤氏，名铁木真。蒙古民族杰出的军事家、政治家。1206年，进位蒙古帝国大汗（后被尊为元朝开国皇帝），统一蒙古各部落。

1226年，成吉思汗出兵征讨西夏，占领了西夏大片领土。

1227年长年在外征战的成吉思汗积劳成疾，病故于清水县行营。其子窝阔台即大汗位。窝阔台按照成吉思汗的遗嘱，向南宋借路，继而包围了金朝都城开封。1233 年，蒙古军攻下开封，金哀宗逃到蔡州（今河南汝南）。蒙古与南宋联合对蔡州进行围攻。1234 年，金朝在蒙、宋两军夹攻之下灭亡。

蒙哥死于钓鱼城之战（1259 年）

1256 年，蒙哥召集蒙古诸王，举行忽里勒台大会共商南下灭宋之计。1257 年，蒙哥让幼弟阿里不哥留守蒙古本土，自己率大军数十万进攻宋朝。1258 年年底，蒙古军进逼合州，在合州北面的钓鱼城下受阻。1259 年正月，蒙哥分兵进攻钓鱼城周围的城池要塞，使钓鱼城孤悬一隅。但由于钓鱼城地势险要，易守而难攻，钓鱼城的宋军在主将王坚、副将张珏的协力指挥下死守不退，不断击退蒙古进攻。七月，蒙哥在督师攻城时负伤，不久因伤势过重而死亡，蒙古大军被迫退出四川。得到蒙哥的死讯后，当时已经包围南宋鄂州的忽必烈也于年底率军北还。蒙哥之死，使灭宋计划被迫中断，南宋得到喘息的机会。

忽必烈称帝（1260 年）

1259 年蒙哥汗死于钓鱼城之战，因逝世突然而未留遗诏指定汗位继承人。蒙古朝廷中一部分势力遂欲立留守漠北的阿里不哥为汗，另一部分则拥护忽必烈。忽必烈在大臣的建议下与宋议和，然后迎蒙哥汗灵舆，收皇帝玺，班师北还。1260 年三月，忽必烈在其漠南基地开平召开了一个突破传统的忽里勒台会议，与会诸王一致推举忽必烈为"合罕"。忽必烈水到渠成地继承汗位并称帝，是为元世祖，改元中统。

忽必烈建元（1271 年）

蒙古自从成吉思汗建国以来，一直用族名充当国名，称大蒙古国，而没有正式的国号。忽必烈登上蒙古汗位后，建年号为"中统"，仍然没有立国号。随着征宋战争的顺利进行，蒙古政权实际上已经和中原地区汉族统治方式的封建政权一样，尤其是忽必烈统治日益巩固，于是他决定把自己的王朝建成传承汉族封建王朝正统的朝代。至元八年（1271 年）十一月，忽必烈采纳刘秉忠、王鹗等儒臣的建议，根据《易经》"乾元"的意思，正式建国号为大元，并颁布建国号诏。忽必烈建国号大元，意义重大，明确表示他所统治的国家已经不只属于蒙古一个民族，而是中国历代封建王朝的继续。蒙古国时期，统治中心在和林（今蒙古境内）。

忽必烈 （1215－1294），即元世祖，又称薛禅汗。1264 年，迁都燕京，改称大都（今北京）。1271 年，改国名为元。发动灭宋战争，1279 年取胜，统一全国。

忽必烈即位后，元朝的统治中心已经南移，远在漠北的和林不再适合做都城，忽必烈开始寻找新的建都地点。他升开平为上都，取代和林，接着又迁往更理想的燕京（今北京），定名为中都，后又将中都改名为大都。至元十一年（1274 年），忽必烈在大都正殿接受文武百官的朝贺，大都从此作为政治中心被以后的元朝皇帝所一直沿用。

马可·波罗来华（1275 年）

元世祖在位时期，中国是世界上最强大最富庶的国家，西方各国的使者、商人、旅行家纷纷慕名来中国观光，其中最有名的要数马可·波罗。马可·波罗在1275 年到中国，他聪明伶俐，很快学会了蒙古语和汉语。元世祖十分赏识他，就派他到云南去办事。马可·波罗每到一处，都留心观察风俗人情。马可·波罗在中国整整住了十七年，被元世祖派到许多地方视察，还经常出使国外。马可·波罗回国后，向人们讲述了东方和中国的情况。有一个名叫鲁思梯谦的作家，把马可·波罗讲述的事记录下来，编成《马可·波罗行记》（又名《东方闻见录》）。在这本游记里，马可·波罗把中国的著名城市都做了详细的介绍，称颂中国的富庶和文明。这本书一出版，便激起了欧洲对中国文明的向往。从那以后，中国和欧洲、阿拉伯之间的来往更加密切。阿拉伯的天文学、数学、医学知识开始传到中国；中国古代的三大发明——指南针、印刷术、火药，也传到了欧洲（中国的另一个大发明造纸术，传到欧洲要更早一些）。

伯颜渡江灭宋（1279 年）

元军南下灭宋，最初一直顺利，后在襄樊受到顽强抵抗。双方苦战六年后，至元十年（1273 年），元军经过六年的战争最终攻占襄樊，为元军进攻南宋腹地打开了大门。1274 年，元世祖忽必烈看到灭宋的时机成熟，决定派伯颜率军南下，彻底消灭南宋王朝。伯颜所率大军从襄阳分路南下，绕过南宋重兵驻守的鄂州，直达长江北岸。至元十二年（1275 年）正月，元军渡过长江，仅用三天就占领了鄂州。随后，元军沿长江向东推进，南宋的城池接连陷落。同年十一月，元军攻破了临安门户独松关。南宋恭帝献出玉玺和降表请降。至元十三年（1276 年）三月，伯颜进入临安，然

伯颜（1236－1295），元朝军事家，蒙古巴邻氏，蒙古开国功臣。

后派人将恭帝等人押往大都，南宋王朝至此名存实亡。其后，张世杰、陆秀夫等人拥赵昺为帝，一直战斗到1279 年，最终被元军所败，陆秀夫背着小皇帝赵昺投海而死，宋朝彻底灭亡。

《授时历》（1280 年）

在元初，蒙古没有本族历法，而沿用金历法，因年久月深，误差极大，且境内南北历法不统一，造成诸多不便。忽必烈因此下令于至元十三年（1276 年）成立太史局，负责新历法的编制工作。王恂、郭守敬等在研究出一批更精确科学的天文观测仪器基础上，派员在元朝辽阔版图内，开展了费时一年的"四海观测"工作，最北的测点是铁勒（在今西伯利亚的叶尼塞河流域），最南的测点在南海（在今西沙群岛上），选派了十四个监候官员分别到各地进行观测。四海观测为制定新历法提供了宝贵的数据。新历编算过程中，王恂、郭守敬等人遍考自汉代以来历书四十余家，创垛叠招差法（即三次等间距内插法）和近似球面三角的简化公式，经数年精心计算，终于至元十七年（1280 年）六月完成新历编制工作。至元十八年（1281 年），《授时历》颁行天下。《授时历》是中国古代创制的最精密的历法。授时历自元及明行用了三百六十余年，它作为我国古代传统历法发展的高峰，同时也是终结而载入史册。

元大都建成（1292 年）

至元四年（1267 年），忽必烈开始在原中都建筑群的东北营建新城，称之为大都，即"伟大的都城"，也被称为"可汗之城"，《马可·波罗行纪》中称为"汗八里"。它成为蒙古君主们的冬季驻地，而上都府仍是他们的夏季驻地。至元三年（1266 年），蒙古国安肃公张柔与工部尚书段天祐受命同行工部事，领导中都的建设工程。至元九年（1272 年），令改中都为大都。至元二十九年（1292 年），全部竣工。它的布局基本上合乎我国古代帝王都城的理想设计方案。城有外廓城、皇城、宫城三层。大都城的外廓城周长二万八千六百米，南北略长，呈长方形，四面共有十一座城门：北面二座城门，东为安贞门，西为建德门，东面三座城门，自北而南依次为光熙门、崇仁门（相当于今东直门）、齐化门（相当于今朝阳门），西面三座城门，北至南为肃清门、和义门（相当于今西直门）、平则门（相当于今阜成门）；南面三门，中者称丽正门，东为文明门，西为顺承门。元朝皇宫分三组列在琼华岛及其周围湖泊两侧。分别为太子、皇太后所居的隆福宫和兴圣宫在西侧，湖泊东岸的宫殿属于皇帝，也就是现在紫禁城的前身。三座宫殿的四周围墙，当时称萧墙，也就是皇城。皇城外的居民区，沿着整齐的纵横街道，划分为五十坊。大都城的建设根据《周礼·考工记》对都城"左祖右社、前朝后市"的要求，商业区分布在北部三处。定名大都的当月，朝廷的中书省署在大都建立，皇帝通过它把统治的势力伸向全国。大都城成为名副其实的全国政治、经济、文化的中心。

元曲和元曲四大家

元代文学以杂剧、散曲、南戏的成就最高，是中国戏曲的一个黄金时代。元代杂剧是在前代戏曲艺术宋杂剧和金院本的基础上发展起来的一种戏剧样式，它的最初出现的时间大致是在金末元初，在这期间，元曲也由不完备逐渐发展到完备。杂剧体制的成熟并开始兴盛起来是在蒙古王朝称元以后。元代前期，城镇经济的相对繁荣为元杂剧的兴盛提供了物质条件和群众基础。这一时期也是杂剧创作的兴盛时期，出现了众多的作家和作品，其中，主要有关汉卿的《窦娥冤》、《救风尘》、《望江亭》，王实甫的《西厢记》，白朴的《墙头马上》、

《梧桐雨》以及马致远的《汉宫秋》、《青衫泪》、《黄粱梦》等。关汉卿、王实甫、白朴、马致远被誉为"元曲四大家"。其他较为著名的还有杨显之的《潇湘夜雨》、石君宝的《秋胡戏妻》、纪君祥的《赵氏孤儿》、尚仲贤的《柳毅传书》等。元代后期是因为南方经济发展较快导致杂剧南移，而用北方语言、乐曲演出的杂剧难以适应南方观众的要求，导致其生命力的消弱，因此杂剧创作渐入低谷。但这一时期也出现了不少杂剧作家和作品，著名的有郑光祖的《倩女离魂》、乔吉的《扬州梦》等。

京杭大运河（1293 年）

元王朝每年都需要从东南地区向大都调运大量粮米与其他物资。以洛阳（今河南省洛阳市）为中心的隋唐大运河，不仅航线曲折，而且水源不足，于是元世祖从至元二十年至二十九年（1283－1292 年），用将近十年的时间在今山东省境内开凿济州河、会通河，在通州（今北京通州区）与大都城之间开通惠河。三条新河道与在河北、江苏、浙江三省的原有运河相连，形成了现在仍然存在、近乎直线的京杭大运河，开始沿此线运送江南的粮米。开通后的京杭大运河和隋代大运河相比，缩短了六七百里的路程。它以杭州为起点，以北京的积水潭为终点，全长超过一千七百九十公里。经今北京、河北、天津、山东、江苏、浙江六省市，把海河、黄河、淮河、长江和钱塘江五个水系联系成一个统一的水运网，成为我国古代南北交通的主动脉。

元成宗即位（1294 年）

至元三十一年（1294 年）四月，元世祖忽必烈死，铁穆尔即皇帝位于上都，是为元成宗。忽必烈之死，既给他的后继者留下了一个宏大的基业，同时也在皇位继承上带来了困扰。忽必烈早在至元十年（1273 年）就册立真金为皇太子，但不幸真金于至元二十二年（1285 年）去世，虽然在忽必烈去世前半年，又将真金的"皇太子宝"授予了真金的第三子（铁穆尔），但因为新汗的产生必须经由蒙古忽里勒台大会通过来确定，因此并未确定其嗣君的资格。在

元成宗

军国重臣伯颜、御史大夫玉昔帖木儿的策划之下，终于召开了忽里勒台选汗大会，铁穆尔最终击败他的两位兄长而得以即位。

英宗新政（1322 年）

延祐七年（1320 年）正月，元仁宗于都光天宫病逝，时年三十六岁，皇太子硕德八剌即位，是为元英宗。鉴于元世祖忽必烈以来长期形成的政治腐败、经济凋零的残破局面，英宗决心励精图治，改革政治。至治二年（1322 年），保守派的代表太皇太后和右丞相铁木迭儿先后死去，英宗抓住时机，升任拜住为中书右丞相，开始推行新政。新政的主要内容包括：全面升任汉人官僚，录用儒士；裁撤机构，减汰冗官冗职；推行助役之法，减轻徭役；颁布新律法《大元通制》等。英宗新政的目的是为了改革积弊，企图以此开创一个"国富民足"的政治局面，但新政触犯了保守的蒙古贵族的利益，引起了他们的强烈反对。仅几个月后，新政便因英宗遇刺身亡而结束。

十年更五帝

元英宗时期，皇帝大力推行新政，引起蒙古、色目贵族中保守派的不满。至治三年（1323 年）八月，英宗自上都南还大都，途中驻跸于南坡。御史大夫铁失、知枢密院事也先贴木儿等趁英宗熟睡之际，以阿速卫兵为外应，发动政变，刺杀英宗和拜住，此即"南坡政变"。九月，被铁失一伙选作拥立对象的也孙铁木儿即帝位于龙居河，诏改次年（1324 年）为泰定元年（史称他为泰定帝），擒杀了南坡政变的元凶。泰定帝在位五年（1323－1328 年），共使用泰定（1324－1328 年）、致和（1328 年）两个年号，这一时期也是元朝由下坡路走向分崩离析的转折时期。1328 年，泰定帝病死，其子阿速吉八即位于上都，改元天顺，史称天顺帝。同时，留守大都的燕铁木儿发动政变，以元武宗之子图帖睦尔为帝，改元天历，是为元文宗。之后，两都之争由此展开。十月，上都陷落，天顺帝被俘。文宗虽取得了两都之争的胜利，但一直担心自己的兄长和世㻋（其时在西北拥有重兵），遂让位给他。天历二年（1329 年）正月，和世㻋即位于和林，是为元明宗。八月，明宗暴毙于王忽察都之地（被文宗和燕铁木儿毒死）。九月，文宗再即帝位。之后，他又做了近四年皇帝，于1332 年病逝于上都。因其后悔毒死明宗，遗诏传位于明宗之子。十月，年仅七岁的明宗次子懿璘质班即帝位，是为元宁宗，但在位四十三天就去世，是元朝诸帝中最为短命的皇帝。这样，在十年中（1323－1332年），元朝前后更换了五个皇帝。此时的元王朝已进入其统治末期。

朱元璋称王（1363年）

至正十八年（1358年）十二月，朱元璋率兵十万，进攻浙江婺州（今金华）。

朱元璋占领集庆后，利用元朝无暇南顾的机会，广泛发展自己的势力。他路过徽州时，召见儒生，问以时事，最后采纳元池州学正朱升"高筑墙，广积粮，缓称王"的建议，建立根据地，发展生产，扩充军队。

1356年至1359年，朱元璋连续向外扩张，先后占领了皖南和浙东等地。1360年，南方红巾军重要领袖徐寿辉被部将陈友谅杀害。陈友谅据州（江西九江）称帝，改国号汉，并与割据江东的张士诚勾结，常常从东西两面夹击朱元璋。1363年，朱元璋与陈友谅会战于鄱阳湖，陈友谅败死，其子陈理归降。朱元璋改称吴王，势力发展到湖南、湖北和江西等地。

即位后，至正二十四年（1364年）二月，朱元璋即吴王位。朱元璋并逐步建立起百官位。1364年，先后设中书左右相国，以李善长为右相国，徐达为左相国，常遇春、俞通海为平章政事，汪广洋为右司郎中，张昶为左司郎中。开始了建立全国政权的第一步。称王后，朱元璋继续进行推翻元朝的军事斗争。他看到武昌久围不下，乃亲自前往督战。在洪山城外消灭了元军增援军队，致使武昌守将张定边感到抵抗无望，不得不投降朱元璋。此后，朱元璋又把作战矛头对准了张士诚部。十一月，命大军前往江淮征讨。屡败张士诚军。

朱元璋一面继续军事斗争，一面进行恢复经济生产。1365年，他下令农民种植桑麻。其诏令曰："凡农民田五亩至十亩者，栽麻、木棉各半亩，十亩以上者倍之，其田多者，率以是为差。有司亲监督率，不如令者处罚，不种桑，使出绢一匹，不种麻及木棉，出麻布、棉布各一匹。"

至正三十七年（1367年）九月，朱元璋颁发讨元檄文，提出"驱逐胡虏，恢复中华，立纲陈纪，救济斯民"的纲领。1367年九月朱元璋的大将徐达攻克苏州，俘张士诚。不久，张士诚自杀于建康。接着又克庆元（浙江宁波），迫使方国珍投降。江南地区基本上被朱元璋统一。紧接着，朱元璋命徐达、常遇春出师北伐，并发表讨元檄文。在讨元檄文中提出"驱逐鞑虏，恢复中华"的口号。他对汉族以外的各族宣布：愿为臣民者，皆与汉人同等对待。此时，朱元璋军士气大振。北伐军先扼潼关，断元右翼，然后进军河北，直逼大都。

同时，朱元璋命令汤和、廖永忠、吴祯率领舟师自明州（今浙江宁波）航海攻取福州。在福州城内外，义军与元军展开厮杀，最后义军获胜，夺取福州城。

至此，明朝实现全国统一已指日可待。

元朝灭亡（1368 年）

至正二十七年（1367 年）十月，为彻底推翻元朝的统治，朱元璋派徐达、常遇春率军二十五万北伐。在发布的讨元檄文中，朱元璋提出"驱逐胡虏，恢复中华"的口号；同时又表示，蒙古、色目人"愿为臣民者，与中华之人抚养无异"。北伐军先占山东，入河南，又克陕州，扼潼关。然后主力沿运河北进。洪武元年（1368 年）七月底，大势已去的元顺帝只好北逃至上都。八月初，明军攻占大都，元朝宣告灭亡。

二十三、明（1368 – 1644 年）

红巾军领袖朱元璋在元末大动乱中脱颖而出，剪灭群雄，于公元1368年建立明朝，是为明太祖。明建立之初即在政治上，通过废丞相、封诸王、设行省、分兵权等举措强化了以专制皇权为核心的中央集权；在经济上锄强扶弱、打击豪强、与民生息，极力维护国家的统治基础；在文化上独尊程朱、倡导理学，强化精神控制。这一体制经朱元璋、朱棣等人的致力实践与推行，对明初社会秩序与经济的恢复和发展具有一定的积极意义。明朝取消了元的驱口、驱奴制，通过黄册、鱼鳞图册控制土地人民，使生产力大大解放。明中期以后，社会生产力进一步发展，黄册制度破坏，在张居正等人的推动下，实行"一条鞭法"。在农业、手工业中，商品经济因素日益增加，生产中雇佣劳动开始向规模化、组织化发展。永乐年间，明朝着力向海外拓展，曾派遣郑和率大规模船队到海外宣扬国威，最远到达非洲东海岸。明末，宦官专政，明政府为对付女真族后金的外侵，和镇压闯王李自成的起义，不断加税，"辽饷"、"剿饷"、"练饷"给百姓加深负担，政治腐败，为官贪污成风，是明末的一大痼疾。崇祯十七年（1644 年），清军攻克北京，明朝灭亡。在明代，封建文化极为繁盛。思想界产生了王守仁、李贽等著名人物；小说成就辉煌，《水浒》、《三国演义》、《西游记》等作品名闻于史；汤显祖、袁宏道及徐渭等文学艺术家领一时风骚；徐光启、宋应星、李时珍及徐霞客等科学家都做出了杰出的贡献。当时，还出现了中国历史上最大的类书——《永乐大典》。

明朝建立（1368 年）

　　朱元璋（1328－1398年），在他早年的时候就参加了红巾军，三年后，即1355年升任都元帅。1356年，他率大军攻占集庆（南京），改为应天府，并以此为根据地，迅速向皖南、两浙地区发展，陆续攻占了常州、江阴、徽州、扬州、建德等地，进一步扩大自己的势力。他十分注意招揽人才，许多名士都投奔到他的麾下。1357年，攻占徽州以后，朱元璋采纳了谋士"高筑墙，广积粮，缓称王"的建议，注意巩固后方。至正二十三年（1363年）四月，朱元璋在鄱阳湖大败陈友谅。1364年正月，朱元璋接受部下"劝进"，即位称王。1365年，朱元璋对张士诚发动战争，次年九月俘虏了张士诚。1367年，朱元璋派二十五万大军北伐，开始了灭亡元朝的计划。他在战斗檄文中提出了"驱逐胡虏，恢复中华"的口号。第二年正月，朱元璋在应天即位称帝，国号大明，建元洪武，他就是明太祖。同年八月攻占大都，元朝灭亡。在此后，又经过二十年的南征北战，彻底统一了中国。

君主专制的加强

　　明朝建立后，朱元璋为加强君主权力，采取了一系列措施。他首先废除了宰相，撤销了中书省，其职能由吏、户、礼、兵、刑、工六部来分担，并直接听命于皇帝。这样，皇帝便独揽了国家的全部军政大权。

　　为监视各级官吏，防范人民的反抗，明太祖特设锦衣卫，授以侦察、缉捕、审判、处罚罪犯的大权。锦衣卫由皇帝直接指挥，不受法律约束，成为特务机构。明成祖时，又设立另一个特务机构东厂，由宦官掌管，与锦衣卫合称"厂卫"，成为皇帝的耳目和爪牙。

　　明朝设科取士，定期会试，三年一科。参加科举者必须是各级学校的生员。府（州）、县生员，即所谓秀才，先赴省参加三年一次的乡试，及格者称举

明太祖　（1162－1227），即朱元璋，明朝开国皇帝。本名重八，又名兴宗，字国瑞，濠州钟离人。元至正二十八年（1368），于南京称帝，国号大明，年号洪武，建立了全国统一的封建政权。

人。隔年，举人赴京参加会试，及格者再参加皇帝亲自主持的廷试（或称殿试），中选者为进士，分一、二、三甲。考试的办法是，以四书、五经的文句命题，解释要以朱熹的注为依据，文章的格式规定为八股文。进士不仅在发榜后即可任官，而且有做显官的希望，于是，监生的仕途逐渐被进士科排挤，致使国子监逐渐衰落。

分封诸王（1370 年）

为巩固边防，翼卫王室，维护明朝统治，太祖朱元璋从洪武三年（1370 年）开始，陆续将其二十四个儿子和一个从孙分封到全国各地为王，使其各有封爵，分镇诸地。分封于北方备边的诸王还被授以兵权，其中以燕王的势力最大，有节制沿边兵马的权力。北边诸王长期在北筑城、屯田、训练兵马，实力强盛，逐渐造成尾大不掉之势，这也是"靖难之役"的最主要原因。成祖夺位后，极力削藩，宣宗时又取消了王府护卫，藩王之势大为削弱。

空 印 案

明初规定，每年各布政使司、府、州、县均需派遣计吏至户部，呈报地方财政的收支账目及所有钱谷之数，府与布政使司、布政使司与户部的数字必须完全相符，稍有差错，即被驳回重造账册，加盖原衙门官印后，方为合法。各布政使司计吏因离户部道远，为免往返奔走，耽误时间，便预持盖有官印的空白账册，遇有驳异，随时填用。该空白账册盖有骑缝印，不能做别的用途，户部对此从不干预，率以为常。洪武九年（1376 年），朝廷考校钱谷书册，明太祖得知空印之事后大怒，认定系地方官吏借此舞弊贪污，下令严办，致自户部尚书至各地守令主印者皆处死，佐贰以下杖一百，充军边地。在《大明律》中规定：对于受财枉法的"枉法赃"，从严惩处，一贯以下杖七十，八十贯则绞；对于监守自盗，不分首从，并赃论罪，满四十贯即处斩刑；对于执行监察职务的"风宪官"的御史，若犯贪污罪比其他官吏加重两等处刑。

建立锦衣卫 （1382 年）

　　明朝刚刚成立时，皇帝侍从的权力机构为仪鸾司。

　　明洪武十五年（1382 年）四月，明太祖朱元璋废除仪鸾司，改设锦衣卫。先前仪鸾司只是替皇帝掌理仪仗的普通侍卫机构，改为锦衣卫后，权力大增，除掌管侍卫职权外，还有巡察缉捕和审理诏狱的权力，实际上是明朝设立的职业特务组织。锦衣卫属下的镇抚司承办由皇帝命令查办的案件，审讯用刑极为残酷，痛楚往往十倍于官刑。洪武二十年（1387 年），朱元璋下令焚毁锦衣卫刑具，所押囚犯也由刑部审理，同时下令内外狱都归三法司审理，废除了锦衣卫。到明成祖时，又恢复了锦衣卫，命令北镇司专门负责处理诏狱。

建文帝登基 （1398 年）

明·青花花卉纹盖罐

　　明太祖朱元璋刚登基时规定，皇位必须由嫡长子继承，若嫡长子无法继承，则由其嫡长孙继承，并以此类推。洪武三十一年（1398 年）闰五月，明太祖朱元璋去世，时年七十一岁。因为长子朱标数年前已病故，所以皇太孙朱允炆即皇帝位。当月，新皇帝即位，改年号建文，史称建文帝，以第二年为建文元年。建文帝登基后，陆续变更太祖朝之国策，包括：宽大为政；并州县，裁冗官，更定官制；减免田税粮；放还单丁军户为民等。

建文削藩 （1398 年）

　　建文帝朱允炆尚未登基之时，他就对诸位皇叔手中的权力深感忧虑，曾与伴读老师黄子澄定削夺诸王权力之计。即位之后，朱允炆开始与大臣齐泰、黄子澄一同策划削藩之策。齐泰认为先从燕王朱棣下手，而黄子澄则认为应先从周王朱橚下手。最后，朱允炆采纳了黄子澄的建议。洪武三十一年（1398）八月，朱允炆命曹国公李景隆领兵包围开封，将周王逮捕至京，废为庶人，革去王爵，迁徙至云南。随后又以伪造钞币和擅自杀人的罪名，遣使逮捕湘王朱柏，朱柏闻讯，自焚而死。接着召齐王朱榑进京，废为庶人，囚于京师。此后对代王朱桂、岷王朱楩亦如法炮制，都削去王爵，废为庶人。解决周、湘、齐、代、岷五王，前后不到一年时间，建文帝的削藩之策进行得雷厉风行。

靖难之役 (1399 — 1402 年)

建文元年(1399年)七月，建文帝朱允炆按削藩计划准备削夺燕王时，燕王朱棣决定先下手为强。本月五日，燕王聚集将士，誓师起兵，以"清君侧"、"诛奸臣"为名，自称"奉天靖难"。建文帝闻知朱棣在北平举兵反叛，急命年过古稀的老将耿炳文为大将军，带领大军三十万伐燕，从此，长达四年之久的"靖难之役"展开。1402年，"靖难之役"以燕王胜利而告终，燕王朱棣带着他的数十万大军打进了南京城，建文帝在混乱中不知所终。建文四年(1402年)六月十七日，燕王朱棣即皇帝位，是为明成祖。

方孝孺殉难 (1402 年)

方孝孺，浙江海宁人。为建文帝股肱之臣，被时人视之为"天下读书种子"。建文四年(1402年)六月，燕军入京师，囚文学博士方孝孺于狱。燕王欲使孝孺草登极诏，孝孺掷笔于地，且哭且骂"死即死耳，诏不可草"。燕王怒，命磔孝孺于市。孝孺作绝命词一章，慨然就死，时年四十六岁。其妻郑氏及二子中宪、中愈自缢而死，二女投秦淮河死。宗族亲友门生前后坐诛者，达八百七十三人。直至明神宗即位，诏褒录建文忠臣，并在南京建表忠祠，纪念方孝孺等人。

郑和下西洋 (1405 — 1433 年)

郑和，本来是燕王府的一名太监。后来燕王举兵发动"靖难之役"时，随朱棣南征北战，立下战功，很受燕王赏识。朱棣即位，赐他郑姓。明成祖为向海外宣示明朝的强大，让海外西洋各国纷来中国朝贡，于是派郑和于永乐三年（1405年）率庞大的船队，第一次出使西洋。船队规模之宏大，船种之齐全，船员之齐备，均为当时世界航海之最。据载，船队共有船只二百零八艘，其中大船六十二艘，小船一百四十六艘。有战舰，有供应船。船员来自各行各业，有官兵、水手、翻译、商人、医生、教师、工匠等五行八作的人，计有二万七千八百人。他们所带的物品，包括粮食、药品、淡水、盐酱、茶油、烛柴等，应有尽有。所带的货物，包括丝绸、绢缎、瓷器、水银、麝香、米谷、雨伞、草席、铁器、铜器等几十种，一概俱全。同时，还带了许多稀奇的珍宝。这次航行充满了艰难险阻，但是他们胜利地完成了任务。船队最远抵达印度半岛。每到一国，郑和便宣示明成祖诏书，赏赐金币。永乐五年（1407年），经两年多的航行，顺利地回到了祖国。并在1405年至1433年的二十八年间，郑和七次出使西洋，到达了三十多个国家，并与这些国家在各方面都进行了交流，加强了往来。它无论在大规模的海外贸易上，还是在航海史上，对中国，对世界都有非常深远的意义。

永 乐 北 伐

元朝灭亡之后，其残余势力退到了塞外，并不时地派兵南下骚扰。为消除边患，明成祖一面采取积极防御措施，另一面发动了五次对漠北的进攻。永乐八年（1410年）二月，成祖亲率明军五十万北征。五月，两军相会于斡难河（今蒙古、俄罗斯境内鄂嫩河、石勒喀河），明军大败鞑靼可汗本雅失里，本雅失里以七骑渡河逃遁。六月，明军又于静房镇大破鞑靼知院阿鲁台。是年冬，阿鲁台被迫贡马臣服。此为成祖第一次北征。十一年十一月，瓦剌顺宁王马哈木兵渡饮马河，将兵南犯。次年二月，成祖率军征瓦剌，斩瓦剌王子十余人，部众数千级，马哈木北遁。不久，遣使贡马谢罪，此为第二次北征。此后，明成祖又于十九年、二十一年、二十二年分别击退蒙古贵族的侵犯。第五次亲征漠北后，在返回的途中，成祖病逝。五次北征之后，大明北部不受侵扰保持了二十余年。

迁都北京 （1421 年）

朱元璋称帝建立明朝之后，将应天府（今南京）定为都城，并命其四子朱棣为燕王，以北平为藩邸，负责抵御长城以北元军的进犯。靖难之役以后，朱棣即帝位，为了加强北部和东北部的边防，改北平为北京，并设立行政六部。永乐四年（1406年），下诏在北京修建宫殿。1409年以后，为了全力组织对于蒙古军的进攻，让太子驻守南京监国，自己率兵长驻于北京。永乐十八年（1420年），北京的宫殿正式建成。当年九月，明成祖下诏宣布第二年改京师应天府为南京，而以北京为京师。永乐十九年，明朝正式迁都北京。明朝两京制的格局形成，北京逐渐成为全国的政治、军事中心，既可以就近指挥长城一线的军事防御，又能加强对于东北地区的控制，巩固了明王朝的统一。

明成祖 （1360－1424），名朱棣，明太祖朱元璋第四子，原被封为燕王，后通过"靖难之役"从建文帝手中夺得皇位。年号永乐，庙号太宗，后嘉靖帝将其庙号改为"成祖"，所以后人便一直称他为"明成祖"。

仁宗即位（1424年）

明·青花缠枝葵花纹执壶

　　明成祖朱棣死后，太子朱高炽即位，改元洪熙，是为明仁宗。朱高炽的即位过程一帆风顺。朱高炽生于洪武十一年（1378年），是朱棣的嫡长子，洪武二十八年（1395年）被明太祖朱元璋册封为燕世子。朱高炽身体肥胖，行走不便，但为人宽厚仁慈。可朱棣却不喜欢这个以宽厚仁孝出名的长子，而对次子朱高煦印象最好。永乐二年（1404年）四月，在大臣的劝说下，朱棣终于宣布立朱高炽为太子，但围绕皇位继承的斗争并未结束。朱高炽在皇位的争夺战中屡遭风险，如履薄冰。与得到皇帝宝座之艰难相比，其在位时间之短更令人叹息。登基九个月后洪熙元年五月，朱高炽突然病逝，其子朱瞻基即位，是为明宣宗。

朱高煦谋反（1426年）

　　朱高煦（1380－1426年）是明成祖的第二个儿子，跟随其父发动"靖难之役"并立有战功，还曾多次营救明成祖于危难之中。恃功骄恣的朱高煦，不但凶悍不法，甚至还妄想篡夺太子之位。永乐二年（1404年），朱高煦虽被封为汉王，可他迟迟不肯前往。洪熙元年（1425年）六月，朱高煦企图伏击明宣宗，结果失败。宣德元年（1426年）八月一日，朱高煦趁北京地震之机，在乐安（今山东广饶东北）谋反，设立王军府、千哨，并勾结英国公张辅作内应。明宣宗在大学士杨荣的劝谏下御驾亲征朱高煦。八日，宣宗率军出征，二十日到达乐安城北。朱高煦无力抵抗，只得举手投降，参与谋反的王斌、朱恒及天津、山东各地的六百四十多人全部被处死，发配边关者达一千五百人。朱高煦被囚禁后仍不思悔改。宣宗曾多次到狱中看望朱高煦，其中一次，朱高煦乘宣宗不备，突然伸脚将宣宗绊倒。宣宗大怒，当时就命令力士用铜缸燃炭将朱高煦炙死，并将其诸子全部杀掉。

仁 宣 之 治

明仁宗 （1378－1425），即朱高炽，明成祖长子，成祖病逝后继位，在位十个月。于洪熙元年五月病死，终年47岁，庙号仁宗。在位期间发展生产、与民休息，为仁宣之治铺平了繁荣道路。

　　明成祖之后，仁宗朱高炽、宣宗朱瞻基父子承继了洪武、永乐开国创业的基业，采取了一系列休养生息、巩固社会安定的措施。仁宗、宣宗都注意节俭。仁宣时期，皇帝在任用人才上颇为注意。仁、宣两代又比较体恤民情，当时河南、山东、江南屡次发生灾荒，皇帝都下令免除租税，并给予大量赈济。在这段时期，明朝社会比较安定，人民也比较富裕，史称"仁宣之治"。

明英宗即位（1435年）

　　宣德十年（1435年）正月初三，明宣宗朱瞻基逝世，在大学士杨士奇、杨荣等的拥立下，朱祁镇为帝，是为英宗。朱祁镇是宣宗朱瞻基长子，母孙贵妃。宣宗卒时，祁镇才九岁。朝臣有人欲立衰王为帝，经大学士杨士奇、杨荣等一番努力，排除异议，终使朱祁镇于正月十日即皇位，以次年为正统元年。军政大权由太皇太后主掌。杨士奇、杨溥、杨荣等元老重臣遵宣宗遗嘱，协助太皇太后辅佐幼帝，朝政有条不紊。

土木堡之役（1449年）

在明朝，每个皇帝对大臣都有所猜疑，而对身边的宦官却十分宠幸。因此，宦官的权力就愈来愈大。明宣宗时，连皇帝批阅奏章，也交由宦官代劳了。

明成祖永乐年间，蔚州（今河北蔚县）有一个叫王振的读书人，年轻时参加过几次科举考试，都未及第，只好在县里当了教官。后因犯罪又害怕被充军，又值皇宫要招收一批太监，于是，就自愿进宫当了太监。因为王振识字，所以，太监们都尊称他为王先生。后来，明宣宗又派他教太子朱祁镇读书。朱祁镇贪玩，王振就千方百计逢迎他，让他玩得痛快。

1435年，明宣宗死，刚满九岁的太子朱祁镇即位，他就是明英宗。明英宗以王振为司礼监，帮助他批阅奏章。明英宗年幼贪玩，不理朝政，于是，王振乘机攫取了朝廷军政大权。朝廷大员谁要是冒犯王振，不是被撤职，就是被充军。一些王公贵戚也都得讨好王振，称他"翁父"。

1449年，北方的蒙古族瓦剌部已经强大起来。瓦剌首领也先派三千名使者到北京进贡马匹，索要赏金。这种"进贡"与"赏赐"关系实际上是一种贸易关系。当属国强大，而中原衰弱时，就成为强买强卖的勒索手段。王振发现也先谎报了人数，而且还减少了进贡马匹的数量，就削减了赏金。也先为他的儿子向明朝求婚，也被王振拒绝。也先被激怒，他就以此为借口，率领瓦剌骑兵进攻大同。大同的明将出兵抵抗，被瓦剌军打得溃不成军。

明英宗接到边境告急，不知所措，忙向王振问计。王振考虑大同离他的家乡蔚州不远，而他在蔚州有大批田产，怕家业受到损失，便竭力主张英宗御驾亲征。兵部尚书邝野和侍郎于谦等认为朝廷准备不足，不宜亲征。明英宗没有主见，唯王振是听，于是，不顾大臣劝谏决定亲征。

七月，明英宗命他弟弟郕王朱祁钰和于谦留守北京，亲自带领王振、邝野等一百余名官员，五十万大军从北京出发，开往大同。

明军前锋刚到大同城边就被瓦剌军打得全军覆没，继之，各路明军也被打得大败。八月十四日，明军溃退到土木堡（今河北怀来东）时，太阳刚落下，有大臣建议赶到不远的怀来城（今河北怀来）再休息，即使瓦剌军来了，也可以坚守。可是王振却想着落在后面装运他家财产的几千辆车子，硬要大军在土木堡停下来。土木堡虽名"堡"，其

释迦米色釉瓷像

实并无城堡可守。八月十五日，明军遭到瓦剌军的袭击。明军毫无斗志，丢盔弃甲，狂奔乱逃。瓦剌军紧紧追赶，被杀和被乱兵踩死的明军，不计其数，邝野被乱军杀死，怒不可遏的禁军将领樊忠，用铁锤将王振打死，为国铲除了这个祸国殃民的家伙。最终，明英宗被俘。这就是"土木之变"。

于谦保卫北京（1449年）

1449年，明英宗被瓦剌也先军俘虏，消息传到北京，满朝文武大臣束手无策，群龙无首。这时，翰林侍讲官徐理主张向南撤退。兵部侍郎于谦却挺身而出，以宋南渡灭亡为例，主张应坚守京师。

于谦的主张不但得到许多大臣的赞同，而且，皇太后和朱祁钰认为在这国家危难时刻，能有像于谦这样的忠臣站出来力挽狂澜，也非常高兴。皇太后立刻任于谦为兵部尚书，负责指挥军民守城。

当时朝臣主战主和分立，又有英宗不能回朝以致朝政混乱。于是，于谦等人为了拯救国家，向皇太后奏请立炊王朱祁钰为皇帝。太后赞成。九月，朱祁钰即位，号代宗皇帝，改年号为景泰，尊英宗为"太上皇"。

1450年九月，瓦剌军进逼宣府城。于谦针对敌众我寡，下令征募新兵，调运粮草，赶制兵器，加强城防。不足一月，他就征集了二十万人马，做好了一切战备。

十月，也先挟持着被俘的皇帝朱祁镇攻破紫荆关，大军逼近北京城。于谦主张先挫败也先的锐气，以鼓舞守城军民的士气。他调集二十二万军队，做了周密布置：都督王通、副都御史杨善率部守城，其余将士分别驻扎在九个城门外，列阵待敌。

明军副总兵高礼在彰义门外首战告捷，歼敌数百，夺回民众千人。狡猾的也先看硬攻不行，便以送还朱祁镇为名，以诱杀于谦等人。这一阴谋又被于谦识破。

也先见用计不成，又采取强攻。于谦派骑兵佯攻，将敌军引入伏击圈内，用埋伏好的火炮轰击，瓦剌军伤亡惨重，也先的弟弟勃罗也命丧炮口。

与此同时，进攻居庸关的瓦剌军又遭守将罗通的顽强抵抗。也先怕被明军切断归路，忙挟持朱祁镇向良乡（北京房山县东）撤退。明军乘胜追击，大获全胜。也先带着残兵败将逃回塞外。

于谦（1398－1457），字廷益，号节庵，明代政治家、军事家。12岁时便写下明志诗《石灰吟》，永乐十九年进士。因组织指挥了历史上有名的京城保卫战，因功加少保。景泰八年(1457)，代宗病重，英宗发动"夺门之变"，于谦以谋逆罪被杀。

北京之战，使瓦剌军受到重挫，并引起了瓦剌内部的不和。自此，再没有进犯大明的能力了。

英宗自瓦剌回京（1450 年）

北京之战后，也先军惨败退回，但仍妄图继续卷土重来。景泰元年（1450 年），也先又继续对明朝发动攻势，都被明朝军队挫败。从而也导致了也先的势力大大减弱，加上明朝又另立了皇帝，挟持明英宗已失去了当初的意义。也先于是决定改变对明朝的策略，送回英宗，与明朝议和。景泰元年（1450 年）八月十五日，英宗回到北京，做了太上皇。明代宗为防止英宗复辟，将朱祁镇置于南宫闲居并设专人守备，禁止与群臣交往，以防万一。

夺门之变（1457 年）

景泰八年（1457 年）正月，明代宗身患重病，原立皇太子朱见济已死，在皇位继承问题上，朝中大臣们无法取得一致意见。武清侯石亨深知代宗病体难以康复，为了保全自己的官位与富贵，就与太监曹吉祥、太常卿许彬、副都御史徐有贞等谋议拥立明英宗复位。正月十七日凌晨，石亨、徐有贞等人以四方边警为借口，命手下带兵入城加强防备，随后又前往南宫迎接明英宗至奉天殿升帝座，徐有贞向等待上朝的大臣们宣告太上皇已复位。明英宗命徐有贞掌管机务，次日加封为兵部尚书，将于谦、王文等逮捕入狱，后来又予杀害。二十一日，明英宗宣布改景泰八年为天顺元年，封石亨为忠国公，明英宗复辟帝位遂告成功，这就是历史上的"夺门之变"。

曹　石　乱　政

天顺元年（1457 年），太监曹吉祥与武清侯石亨俱以拥英宗复位有功获得重用。曹吉祥掌司礼监兼督京军三大营，石亨进爵忠国公。二人遂专权跋扈，排斥异己，两京大臣斥逐殆尽，贪财嗜进者竞走其门。四年二月，石亨坐图谋不轨罪死于狱中。曹吉祥等惧，遂谋七月二日发动叛乱。七月一日谋泄，曹吉祥被逮下狱，其侄曹钦等率叛党诛杀大臣，纵火攻宫城，怀宁侯孙镗率兵讨平叛党。三日后曹吉祥被磔于市，其亲戚同党或被处死，或流放岭南。

设置西厂（1477 年）

明永乐十八年（1420 年），明成祖迁都北京时，并设置东厂，即专门的特务机构。成化十三年（1477 年）正月，明宪宗为进一步加强特务统治，又设立了一个西厂，由大太监汪直任提督。西厂缇骑远多于东厂，声势更在锦衣卫之上。汪直用锦衣卫百户韦瑛为心腹，屡兴大狱，三品以下的京官大臣，汪直都可擅自抄家逮问。当时，从京师到大江南北，西厂的校尉无所不在，大至军政要事，小至民间琐事，无不奏闻，弄得民心惶惶，官商不安。直到成化十八年（1782 年）三月，宪宗以东西二厂不宜并立为由，关闭了西厂。

弘 治 中 兴

1487 年八月，宪宗死去。次月，太子朱祐樘即位，并大赦天下，次年改元弘治，是为孝宗。孝宗即位之初，为清除成、化以来之弊端，首先着手清理朝廷，将奸佞冗官尽数罢去。接着，孝宗禁止朝臣私下请托办事，又命吏、兵二部将两京、五府、六部、都察院等大小官员的姓名、年籍、历任官职写下来，贴于文华殿壁，以备参考升迁或去任。由于一系列矫弊整治措施的推行，弘治年间与成化年间相比，气象迥然不同。当时东厂、锦衣卫也奉守本职，更有锦衣卫指挥使朱骥、牟斌等持法公允，用刑宽松，为世人所称道。这一时期，社会较为稳定，吏治较为清明，刑罚较为公允，社会经济文化有所发展，史称弘治中兴。

武宗杀刘瑾（1510 年）

弘治十八年（1505 年）五月，明孝宗朱祐樘驾崩，其长子朱厚照即位，于次年为正德元年，是为明武宗，从此开始了为时十六年的明武宗统治时期。明武宗即位之初，就重用宦官刘瑾、马永成、谷大用、魏彬、张永、邱聚、高凤、罗祥等八个宦官，时称"八虎"。这八名宦官每日引诱武宗耽于声色犬马之间，使其完全疏懒于政事。而刘瑾操纵了所有政令法度，明王朝统治日趋腐朽。正德三年（1508年），刘瑾假借武宗的旨意，将弹劾自己的三百多名官员下狱，致使京城官吏、百姓无不自危。正德五年（1510年）八月，为了争权夺利，张永向武宗密奏刘瑾谋反，历数刘瑾所为不法之事十七件。几天后，武宗下旨抄刘瑾家，得黄金、白银、元宝无数，又查出禁用物品衮服四件，蟒服四件，铠甲一千件，弓弩五百副。明

刘瑾　明朝宦官，以专权而著名。陕西兴平人。

武宗勃然大怒，下令将刘瑾入狱。八月，又令将刘瑾磔于市，诛杀或贬遣其同党族数百人。

武宗乱政

1505年，朱厚照继位，是为明武宗。朱厚照即位之初就沉溺酒色，为供其游乐，不惜重金营建了豹房。他重用宦官"八虎"，完全疏懒于政事。武宗又宠信奸臣江彬，在其诱惑下，武宗游兴更盛于前。他经常微服出游，往往一出数月，乐而忘归。武宗在出游之时肆意胡为，常夜入民宅强索妇女，致使百姓弃业罢市，避匿山谷。武宗的怠政和大肆挥霍，使国库虚空，明王朝统治日趋腐朽。直到1521年，明武宗死在豹房，才结束了他荒淫的一生。

明世宗即位（1521年）

正德十六年三月，明武宗病卒，因其既无子嗣又无遗诏，所以皇太后张氏命太监张永、谷大用等到内阁与大学士们商议继承帝位的人选。首辅杨廷和以《皇明祖训》示众人："兄终弟及，谁能渎焉。兴献王长子，宪宗之孙，孝宗之从子，大行皇帝之从弟，序当立。"皇太后张氏听到汇报后，予以批准。由杨廷和提议而取得皇位继承权的这个人物，名叫朱厚熜，其父朱祐杬是明宪宗的第四子，成化时受封为兴王，弘治时就藩安陆（今湖北钟祥）。从族系上讲，朱厚熜为明武宗的堂弟，血缘关系最近，因此得入继帝位。同年四月，朱厚熜从安陆出发，

二十二日到达京师，即日中午在奉天殿登基，颁诏大赦天下，改明年为嘉靖元年，这就是在位长达四十五年的明世宗。

壬寅宫变（1542 年）

嘉靖年间，明世宗朱厚熜信道教，宠信方士，并烧炼丹药以求长生。还在京师内外广选八岁至十四岁女子入宫淫乐，因此遭到了一部分受虐宫女的怨恨，遂起杀死明世宗的念头。嘉靖二十一年（1542 年）十月二十一日凌晨，以杨金英为首的十六名宫女，乘明世宗熟睡于乾清宫时用绳套企图把他勒死。由于误将绳子打了死结，无法勒紧。宫女张金莲见事不济，急忙报告皇后。皇后赶到乾清宫后急忙解开绳子，并令太医院院事许绅下药救治明世宗。嘉靖二十二年（1543 年）二月，明世宗将有关人员全部处死。由于嘉靖二十一年是壬寅年，史称"壬寅宫变"。事发次日，明世宗移居西苑万寿宫，并直至其驾崩，再没有回大内一次。

严嵩遭贬（1562 年）

明世宗时期，内阁首辅严嵩及其子严世藩当权，严氏父子二人，一味献媚明世宗，排斥异己，残害忠良，卖官受贿，遍引私人，致使四方官员争相行贿。且严氏父子贪得无厌，于南京、扬州等地广置产业，特别是在严嵩执政后期，由于严氏父子侵吞军饷，致使战备松弛，东南倭祸和北方边患更为严重，而赋役日增，灾害频繁，天人怨恨。自嘉靖三十七年（1558 年）之后，世宗对严嵩更为不满，而对大学士徐阶更为信任。方士蓝道行与严嵩有矛盾，利用扶乩的机会，以仙人说法指严嵩父子是奸臣，明世宗遂有意罢免严嵩。御史邹应龙得知明世宗意图，在徐阶授意下，于嘉靖四十一年（1562 年）五月十九日上疏弹劾严嵩父子索取贿银，卖官鬻爵，广置田宅，请斩严世藩，罢免严嵩。明世宗遂以严嵩放纵严世藩有负国恩，令其辞官还乡，并下严世藩及家奴严年于狱中。江西巡抚成守节奉令抄没严嵩江西的家产，得黄金三万多两，银二百零二万多两，府第房屋六千六百多间，田地山塘二万七千余亩，珍珠宝石不计其数。嘉靖四十四年（1565 年）三月，严世藩被处斩，严嵩被罢黜为民，寄食墓舍，死于隆庆元年（1567 年）。

戚继光抗倭（1563 年）

明朝中叶以后，政治日渐腐败，海防逐渐松弛。大明的东南沿海时常有日本海盗出没，他们不仅侵犯中国领土，还抢劫商旅，杀害百姓，无恶不作。人们把这些以日本浪人为主的海盗称作"倭寇"。嘉靖年间，倭寇气焰十分嚣张，沿海人民深受其害。名将戚继光（1528－1587 年）奉命抗倭。他招募农民和矿徒组成新军，严明纪律，并配以精良的战船和兵械，精心训练。针对南方多湖泽的地形和倭寇作战的特点，他创造出了"鸳鸯阵法"，即以十二人为一队，长短兵器配合，灵活作战。嘉靖四十年（1561 年），戚继光在浙江台州九战九捷，大败倭寇。第二年，福建告急，戚继光率军入闽，在兴化、横屿等地给进犯的倭寇以歼灭

戚继光 （1528－1588），字元敬，号南塘，晚号孟诸，祖籍河南卫辉。明代著名抗倭将领。

性的打击。第三年，他又和另一位抗倭名将俞大猷合力清除了广东的倭寇，最终平息了祸害多年的倭寇之患。

张居正改革（1572 年）

大学士张居正（1525－1582 年）是明代著名政治家，字叔大，号太岳，湖广江陵县（今湖北江陵）人。隆庆六年（1572 年）七月，张居正结交宦官冯保辅助年幼的明神宗执掌朝政。冯、张掌权后，冯保主内廷，张居正主外，张居正也由此掌握了朝政大权。十二月十七日，张居正率讲官向明神宗进呈《帝鉴图说》，以图解形式对年幼的皇帝进行教育。为扭转嘉靖、隆庆以来军政腐败、财政空虚、民不聊生的局面，张居正以除旧布新、振纲除弊和富国强兵为宗旨，在整顿吏治、整饬边防、整顿经济、兴修水利等诸多方面进行了一系列的改革。经过十年的努力，张居正的改革措施多数得到实施并取得显著成效，但是他的改革却受到官僚地主的反对和抵制。万历十年（1582 年），张居正病死，改革也随之终止。

中国通史故事

《本草纲目》（1578 年）

《本草纲目》的作者李时珍，是我国伟大的医药学家。他以毕生精力，亲历实践，广收博采，实地考察，对本草学进行了全面的整理总结，历时二十七年最终编成这部医药名著。全书五十二卷，约二百万言，收药一千八百九十二种，附图一千一百多幅，附方一万一千余首。《本草纲目》是中国古代医学所取得的最高成就的体现，是取之不尽的中华医药学知识宝库，素有"医学之渊海"、"格物之通典"之美誉。其涉及内容极为广泛，如在生物、化学、天文、地理、地质、采矿，以及历史学等方面都有一定的成就。所以可以说是一部有着世界性影响的博物学著作，是中国古代药学史上部头最大、内容最丰富的巨著，曾被英国生物学家达尔文誉为"中国的百科全书"。

女真崛起（1583 年）

万历十一年（1583 年），大明东北境内的女真族人努尔哈赤凭其先祖所遗的十三副盔甲起兵，征讨尼堪外兰，由此开始了他统一女真各部的征程。原先女真各部一直不和，图伦部的尼堪外兰勾结明军，谋害了努尔哈赤的祖父觉昌安和父亲塔克世。努尔哈赤集合残部数百人，征讨尼堪外兰，一举攻克图伦城，获兵百人，盔甲三十副。次年（1584 年）九月，努尔哈赤攻取董鄂的翁鄂洛城；万历十三年（1585 年），攻取浑河部的界凡等城；十四年（1586 年）攻取苏克苏护河部的瓜之佳城、浑河部的贝珲城、哲陈部的托摩和城，尼堪外兰逃往抚顺清求明军保护，明军抓住他送给努尔哈赤。努尔哈赤遂与明讲和，通贡受封。万历十六年（1588 年），努尔哈赤灭完颜部，至此他正式统一了建州五部，力量迅速壮大。女真人向来骁勇善战，当时就有"女真不满万，满万不可敌"的谚语。努尔哈赤又是自成吉思汗以来难得一见的军事天才，由此开始，他率领女真族人征战于大漠和高原之间，为满清政权的建立做出了贡献。

中日朝鲜之战

万历二十年（1592年）五月，日本关白（丞相）丰臣秀吉派兵十万，入侵朝鲜，攻占了王京（今韩国首尔）、平壤。朝鲜向明朝求救。八月，明派兵入援朝鲜。二十一年正月，明军大败日军于平壤，光复平壤、开城等地，日军被迫撤离王京，退守釜山一带。后日与明假装和解，又于二十五年再度大规模侵朝。明又派兵入援。二十六年十一月，中、朝水师联合作战，于釜山南海与日军相遇。双方展开激战，最后中朝联军大获全胜，日军被迫撤出朝鲜。

东林党（1604年）

明朝后期，朝党派对立严重。万历三十二年（1604年），原吏部郎中，现已落职还乡的顾宪成在地方官员的资助下，与高攀龙同讲学于无锡东林书院，他们讽议时政，裁量人物，其言论在社会上有广泛的影响，在朝在野的各种政治人物和东南城市势力以及一些地方实力派都聚集他们周围，形成了一个声势浩大的东林党。东林党人和政治上的反对派就"梃击"、"红丸"、"移宫"三案展开了交锋，盛极一时。天启年间，以宦官魏忠贤为首的阉党把持朝政，对东林党人实施了血腥的镇压。天启四年（1624年），东林党人杨涟因为弹劾魏忠贤二十四大罪状被捕，与左光斗等四人同时被害。魏忠贤又借三案为题，毁东林书院，制作《东林点将录》，按书抓捕，东林党人被逐一杀害、流放和监禁。天启七年（1627年），明思宗朱由检即位，宣布了魏忠贤的罪状并将其流放，魏忠贤自缢而死，朝廷才停止了对东林党人的迫害。

努尔哈赤伐明（1618年）

万历四十六年，后金天命三年（1618年）四月，爱新觉罗·努尔哈赤以"七大恨"告天，正式叛明。七大恨的内容，除了对自己的父祖无罪被诛表示愤慨之外，同时对汉人越界挖参，影响满人生计；辽东边将迫逐他的边民离开田亩，丢

努尔哈赤 (1559－1626)，满族，爱新觉罗氏，建州左卫（今辽宁新宾县境）人。后金（清）的建立者，史称清太祖。

弃房产；以及明朝祖狱叶赫，令他受尽委曲等事，更是深致责备之意。翌日，亲率骑兵二万，从赫图阿拉出发，进围抚顺。不久便攻下抚顺，明将李永芳投降，抚顺周围城镇台堡相继被攻下。广宁总兵官张承荫率兵往援，后金兵乘胜追击，承荫及副将顾廷相等战死，明军将士死伤万余人，逃还者十无一二。

次月（闰四月），明廷任杨镐为兵部左侍郎兼右佥都御史，经略辽东，筹措辽饷三百万两，加强防御，阻遏后金兵。七月，后金进围清河堡城，守城副将邹储贤率万人固守，后金兵树云梯登城，储贤战死，清河堡陷，遂失辽东屏障。明廷急檄调山海关、保定、铁岭、大同、广宁、开原诸路兵马增援，援兵尚未出关，朱翊钧（神宗）赐杨镐尚方剑，诏斩总兵以下官。于是清河逃将陈大道、高炫被斩于军中。

这是努尔哈赤正式叛明的第一场大战，大战的胜利使后金士气大振。在返回赫图阿拉后，论功行赏，并为下一次征明做了准备。

萨尔浒大战 （1619 年）

努尔哈赤以"七大恨"告天，正式叛明的第二年，即万历四十七年（1619年）二月，明兵部左侍郎杨镐分兵四路，希望借此消灭后金。努尔哈赤侦知明军分布，集中八旗兵六万，先于界藩山吉林岩击破明军西路杜松军三万，杜松战死；然后努尔哈赤乘胜回击明另一主将马林于飞劳山，明军溃败。杨镐得两路败报，急命李如柏、刘綎两军原地待命。此时刘綎已进军深入三百里至深河。努尔哈赤设计诱刘綎进入伏击圈，前后夹击，刘綎战死，全军覆没。萨尔浒大战后，后金与明的攻守之势发生了逆转，明朝从此在东北境内丧失了主动权。

熊廷弼抗金

明万历四十七年（1619年）三月，后金萨尔浒大捷后，使明朝在辽东的防线濒于崩溃。同年六月，江夏（今湖北武昌）人熊廷弼以兵部右侍郎代杨镐经略辽东。刚到任上，他就下令招集流亡，整肃军令，造战车，治火器，浚壕缮城，守

中国通史故事

备大国。时值熹宗即位，魏忠贤专权，熊廷弼遭诬劾去职。1621年，清兵攻破辽阳，他再次出任辽东经略，但与广宁巡抚王化贞不和。后王化贞兵败溃退，致使广宁失守。魏忠贤却袒护王化贞，委罪于熊廷弼。熊廷弼遂于1625年被冤杀。自此，辽东局势恶化。

袁崇焕督师蓟辽（1628年）

熊廷弼后，袁崇焕于天启年间镇守辽东。他在宁远之战、宁锦之战中指挥明军大败后金。崇祯元年（1628年），袁崇焕以兵部尚书兼左副都御史，督师蓟、辽，仍镇宁远。二年，皇太极后金兵分道入龙井关、大安口，袁崇焕引兵入卫。皇太极越蓟州而西逼京师。袁崇焕引兵入护京师，屯兵广渠门，与后金兵交战，不分胜负。三年正月，皇太极设离间计，称袁崇焕与后金有密约，令所俘宦官知之，暗中纵其逃归，告于崇祯帝。崇祯帝深信不疑，逮袁崇焕下狱，磔于市。自此，明朝北方门户已被后金打开。

孙承宗抗金

崇祯二年（1629年），东阁大学士兼兵部尚书孙承宗守通州（今北京通州）。是年十月，后金皇太极率兵入塞，攻陷遵化。三年正月，皇太极挥师东进，占永平、迁安、滦州，留阿敏驻守，自领大军北还。当时蓟府及附近地区有各地的勤王兵二十余万，但都未能收复失地。五月初，孙承宗亲赴督战。十日，率军击败后金滦州守军，滦州光复。又遣兵收复迁安。永平城后金守将见自己兵弱，弃城北逃。十六日，孙承宗又光复遵化。至此，四城俱复，京师局势得到缓解。孙承宗也由此威名大振。

明末三大案

泰昌元年（1620年），明光宗患重病久治不愈，司礼监秉笔兼掌御药房太监崔文升进泻药，光宗服后病情加剧。鸿胪寺丞李可灼又献红丸，自称仙方。光宗服二丸后去世。朝臣群起弹劾崔、李二人的同时，也怀疑郑贵妃是幕后指使下毒者，遂引起争论，这就是"红丸案"。和之前的"梃击案"及"移宫案"，并称为明宫三大案，成为官僚派系斗争的内容之一。三大案之后，东林党人迅速崛起，众望所归。

魏忠贤乱政

万历十七年（1589年），魏忠贤入宫为太监，后得宠于熹宗。熹宗不喜欢过问朝政，魏忠贤乘隙为奸。他内结熹宗乳母客氏，外结阁臣，故势焰益张。天启三年（1623年）冬，魏忠贤兼掌东厂，又以死党田尔耕掌锦衣卫，许显纯掌镇抚司，民间只要有人说话触及魏忠贤，那人必遭惨杀。魏忠贤又大杀异己。东林党人和正直官僚或被矫诏下狱，迫害致死，或被罢官遣戍，朝署一空。魏忠贤专权使明朝统治更加腐朽，从而加速了明朝的灭亡。

袁崇焕宁远大捷（1626年）

天启六年（1626年）正月，努尔哈赤率兵十三万征明，开始进兵顺利，接连攻下锦州、松山、大小凌河、杏山、连山和塔山七城，进而围攻宁远，并致书明朝宁远守将袁崇焕要其投降。在敌军大兵压境，外无援兵的紧急关头，袁崇焕毫不畏惧，他和总兵满桂、副将朱梅、参将祖大寿等召集将士刺血誓师，固守宁远。明军把城外民众迁入城内，所遗住房全部烧毁，实行坚壁清野以待后金大军。努尔哈赤见袁崇焕不降，便指挥军队猛攻宁远，但明军枪炮、药罐、雷石齐下，死战不退。袁崇焕还令士兵以红衣大炮猛轰敌军，击毙不少后金士兵。后金军连续攻城两日都未攻下，努尔哈赤也被炮火击伤，最后只得解围而去。宁远之战是明金交战以来明军所获得的第一次大胜仗，它遏止了后金对关内的进攻，挫伤了后金军的锐气，稳固了明朝宁锦防线。

皇太极称帝（1626年）

天启六年（1626年）正月，明与后金的宁远之役中，努尔哈赤负伤败回沈阳。八月，因痛疽发作，治疗无效而死。努尔哈赤生前曾规定后金国应实行八个

和硕贝勒共议国政，不要立强有力者为主，而且努尔哈赤
又没有留下立嗣的遗嘱，所以在他死后由谁继承汗位，便
成为满洲贵族内部一个很尖锐的问题。皇太极是努尔哈
赤第八个儿子，英勇善战，长于计谋，同时又得到势力
强大的代善（努尔哈赤次子）父子的支持，因而最终被
拥立为汗。同年九月一日，皇太极即后金汗位，改次年
为天聪元年。皇太极即位以后，采取了一系列重大措
施。他重新任命八旗大臣，规定八旗大臣的权限，扩大
汗的权力，他调整满汉关系，使他治下的汉人各安本
业。皇太极在改汗为帝之后不久，于崇德元年（1636年）
率兵征服了朝鲜，在消除了对明战争后顾之忧的同时，
又扩充了自己的军事实力，巩固了自己的统治。

皇太极 （1592－1643），清朝的
开国皇帝。努尔哈赤第八子，22岁
登后金汗位，在位17年。改国号
为清后，尊其父努尔哈赤为太祖。
在位16年，庙号太宗。

崇祯帝即位（1627年）

　　天启七年（1627年）八月，年仅二十三岁的明熹宗朱由校在乾清宫病逝，临
终遗诏让其五弟，信王朱由检继承皇帝大位。朱由检是明光宗的第五子，万历三
十八年（1610年）生。朱由检当天傍晚入宫，第三天即皇帝位，诏明年为崇祯元
年，这就是庄烈帝，历史上称他为思宗、毅宗等。朱由检即位后，把从魏忠贤手
中收权作为其首要任务，只有这样，他才能成为真正有权的皇帝。而此时由于明
熹宗早亡而失去了靠山的魏忠贤，虽然手中仍有相当势力，但不敢如以前那样骄
横。九月，魏忠贤请辞东厂职，朱由检没有批准。十月以后，魏忠贤集团内部分
化，有人弹劾魏忠贤之罪。朱由检不失时机地向魏忠贤开刀，他先是下令安置魏
忠贤于凤阳，继而又下令逮捕。魏忠贤闻悉后自缢而死，朱由检从此真正地掌握
了国家大权。

徐光启与《农政全书》

　　徐光启，官至文渊阁大学士，万历三十二年（1604年）进士。他将自己先前
写成的五六种农艺学著作集其大成，汇为《农政全书》。全书六十卷，分为农本
（讲究重农理论）、田制（讲究土地利用方式）、农事（讲究耕作、气象）、水利（讲

究农田灌溉）等十二目。书中对前人的农书和有关农业文献进行了系统摘编，并据自己的考察和实验详加评论，或纠其谬，或补其阙。同时为便于阅读书中还绘录了大量图谱。该书是当时农学方面的总结性著作，对当时和后世均产生了深远的影响。

《天工开物》（1637 年）

明崇祯十年（1637 年），《天工开物》刊行。作者宋应星，字长庚，江西奉新人，万历四十三年举人，历任分宜县学教谕、汀州府推官、亳州知州等官，1644年辞官归里。宋应星博学多才，著述颇多，《天工开物》这一科学巨著是其在分宜教谕任上撰成的，本年刊行。《天工开物》之名，是借用《尚书·皋陶谟》中的"天工人其代之"及《易·系辞》中的"开物成务"二词而成，主张自然界靠人工技巧开发有用之物。《天工开物》共三卷十八篇，全书收录了农业、手工业，诸如机械、砖瓦、陶瓷、硫黄、烛、纸、兵器、火药、纺织、染色、制盐、采煤、榨油等生产技术，尤其是《机械》篇详细记述了包括立轴式风车、糖车、牛转绳轮汲卤等农业机械工具，具有极高的科学价值。

荷兰入侵台湾

崇祯十四年（1641 年），荷兰军队侵入我国台湾。

1600 年，葡萄牙、西班牙海上霸主地位逐渐降低，而荷兰却迅速崛起，不久就打败了西班牙、葡萄牙等国，号称"海上马车夫"，掌控了海上霸权。继而把目光转向东方，企图用武力打开中国的大门。1601 年，荷兰战舰开到广州沿海活动。1604 年七月，侵占澎湖，当即被福建军民击败。1622 年再次侵占澎湖，强迫居民修筑城堡，妄图久踞。1624 年，在福建军民的反击下仓皇败走。1641 年，荷兰殖民军又战败了台湾岛上的西班牙，逐步侵占了我国台湾。他们从台湾搜刮大量的粮食和糖，向人民强征人头税，掠夺农民的土地为王田王园，把台湾同胞掠卖到爪哇当奴隶，激起台湾人民的不断反抗。

李自成起义（1626 – 1645 年）

明朝末年，政治黑暗，官府腐败，农民负担日重一日。天启、崇祯年间，陕北又接连发生灾荒，农民纷纷起来反抗明朝的统治。天启六年，李自成聚集了三万人造反起义，崇祯二年（1629 年），他率领人马投靠闯王高迎祥，转战于陕西、山西、河南、湖北等地。崇祯七年，高迎祥战败被杀，李自成被众人推举为闯王，经过连年的征战，到崇祯十三年时，部队发展到百万之众。崇祯十四年，起义军攻破洛阳，诛杀福王朱常洵，没收王府的金银和粮食，赈济灾民。此后，农民军二次包围开封，连克项城、南阳、襄城、朱仙镇。崇祯十六年，李自成被推举为顺天倡义大元帅，称新顺王。

李自成建大顺（1644 年）

崇祯十七年（1644 年）春节，李自成正式宣布建国，改西安为西京，国号"大顺"，建元"永昌"。在西安李自成进一步完善了农民政权的中央机构，以天佑殿为最高行政机关，建立弘文馆、文谕院、直指使、谏议从政、统会等政府机构，继续推行"均田免赋"、"割富济贫"等政策，安置流民，稳定物价，废除八股，等等。同时，李自成又敕令各营加紧练兵，积极备战。经过一系列军政措施，农民革命政权根基渐稳，于是起义军在李自成亲自率领下，浩浩荡荡向明王朝都城北京进发。

明代·观音镏金铜坐像

崇祯帝自缢煤山

李自成在西京建立大顺政权后不久，就率领几十万兵马向北京进军，一路攻无不克。

崇祯十七年（1644 年）三月，大顺军会师北京城下。十七日，李自成亲自指

十八日，大顺军将士架飞梯奋力攻城，越墙而入，攻占外城。此时，明太监曹化淳献彰义门投降。崇祯帝朱由检听到城破，立即命其三个儿子更衣出逃，逼周皇后自缢，剑砍长女乐安公主手臂，又杀妃嫔数人，然后换上便服，携太监王承恩等数十人，出东华门，企图出逃，但没成功，又返回宫内。十九日清晨，内城又被李自成攻破。崇祯帝亲自响钟召集百官，竟无一人响应，大势已去的崇祯帝与太监王承恩入内苑，自缢于煤山（今景山）寿皇亭树下，统治中国近三百年的明朝至此宣告灭亡。

二十四、清（1644 － 1911 年）

　　清朝是由女真族建立起来的封建王朝，它是中国历史上继元朝之后的第二个由少数民族统治中国的时期，也是中国最后一个封建帝制国家。清朝统治者入关以后，进一步加强了君主专制。设立军机处，加强了皇权。大兴文字狱，在思想文化上对知识分子和人民进行迫害和压制。由于实行鼓励垦荒等政策，清朝前期的农业生产得到恢复和发展。这时期的手工业水平比明朝有较大提高，手工工场规模更加扩大。然而，腐朽的封建制度严重阻碍了资本主义萌芽的成长。康熙、雍正、乾隆三代皇帝统治的时期，社会稳定，人民的生活有了很大的提高，大清帝国达到了有史以来的鼎盛阶段，史称"康乾盛世"。乾隆六十年（1796 年），乾隆皇帝让位于颙琰，改元嘉庆，自己为太上皇。嘉庆皇帝在位二十五年，统治上延续其父的政治方针，清朝进入了缓慢发展的阶段。1821 年，嘉庆帝卒，由旻宁即位，是为清宣宗。道光帝在位期间，西方各国已经开始进入中国的经济市场，他们以鸦片来敲开中国的大门，使中国的白银大量外流，人们深受鸦片毒害。1838 年，道光帝为了解决这一问题，任命林则徐为钦差大臣去广东主持禁烟。林则徐到广东，打击烟贩，没收鸦片达两百多万斤，又在虎门当众将其销毁，即震惊中外的"虎门销烟"。虎门销烟之后，英国于 1840 年以保护侨民为名对中国宣战，中国历史进入了一个新的阶段。清朝在道光以前，文化成就巨大，产生了王夫之、黄宗羲、顾炎武及戴震等杰出思想家，曹雪芹、吴敬梓、孔尚任及石涛等著名文学艺术家。史学硕果累累，考据学派名家辈出，并出现了《四库全书》等官修大型丛书。科技领域也出现了无数成果，其中建筑成就相当突出。

　　第一次鸦片战争的爆发，使中国社会开始面临着一个数千年未有的大变局。清王朝在帝国主义的坚船利炮面前是一败涂地，中国开始了半殖民地的苦难历史。1856 年发生的第二次鸦片战争使中国进一步陷入半殖民地的地位，其后中法战争、中日甲午战争以及八国联军侵华，完全把中国推入了半殖民地的深渊。中国人民面对外敌入侵爆发了一系列革命运动，如三元里抗英斗争、义和团运动。为挽救自身命运，清王朝内部也进行了一些革新运动，如洋务运动、戊戌变法等，但是由于各种原因，最后都以失败而告终。1911年，辛亥革命爆发，宣统帝溥仪于1912年正式退位，中国绵延了两千多年的封建社会就此终结。

清军入关（1644 年）

1643年，皇太极死，其子福临即位，这就是清世祖顺治皇帝。由于福临年幼，由叔父睿亲王多尔衮辅政。崇祯十七年（1644年）四月，清军由摄政王多尔衮率领，倾巢南下。当时李自成的农民起义军已经攻入了北京，推翻明朝，崇祯皇帝自缢。辽东总兵吴三桂率精锐部队南下进入山海关，并拒绝了李自成的招降。山海关依山临海，形势险要，是兵家必争的战略要地。双方在山海关发生激战，吴三桂兵败在即。四月十五日，清朝大军行进至翁后（今辽宁阜新附近），接到镇守山海关的明朝辽东总兵吴三桂的"乞师"书，立刻向山海关进军。四月二十二日，清军疾驰至山海关，吴三桂引清军入关，正式投降了清朝。李自成寡不敌众，只好撤退。战略重地山海关大门洞开，清朝大军进入中原，取代了明朝对全国的统治。

清世祖顺治 （1638－1661），名爱新觉罗·福临，皇太极第九子，其母为孝庄文皇后。崇德八年（1643）承袭父位。1644年改元顺治，九月自盛京迁都北京，十月初一日即皇帝位于武英殿。

清建都北京（1644 年）

清军攻占北京后，是否迁都于此成了统治集团需要解决的首要问题，在集团内部，各人意见不一，争论不休。以阿济格为首的反对派，主要以清兵入关太快、补给不足为由，反对迁都。而多尔衮从统一和管辖整个中国的总战略出发力主迁都，顺治元年（1644年）六月，多尔衮终于统一诸王、贝勒、大臣的意见，决定建都燕京，派遣辅国公吞齐喀等携奏章迎驾。六月八日，顺治帝在告上帝文中宣布：接受多尔衮的奏请，"迁都定鼎，作京于燕"。八月二十日，顺治车驾自盛京启行，九月十九日至京师，自正阳门入宫。十月一日，顺治行定鼎登基礼，亲至南都，发布告祭天地文："兹定鼎燕京，以绥中国"，宣布定都北京，并继续沿用"大清"国号，纪元顺治。清政权在关内的确立，在政治上也保障了今后能够最终统一全国。

扬州十日（1645 年）

史可法 （1602－1645），字宪之，号道邻，河南祥符（今开封市）人，南明大臣，抗清名将。顺治二年(1645)清兵围困扬州，他拒降固守，城破被俘，不屈牺牲。

明朝灭亡以后，南方的官僚地主建立了南明政权。1645年四月，清军进攻南明，兵围扬州。史可法在扬州督师，固守孤城。清军主帅多铎先后五次致书诱降，史可法都不为所动。清军猛烈攻城。史可法率领扬州军民浴血奋战七天七夜，大部分都壮烈牺牲。城破时史可法自刎未死被俘，多铎劝他归降，史可法说："头可断，身不可屈！"慷慨就义。随后多铎放纵清兵大肆屠城，"十日不封刀"，发生了连续十天的扬州大屠杀。清兵在扬州城内烧杀抢掠，强奸妇女，无所不为。据《焚尸簿》记载，被杀害的汉人多达八十万，繁华的歌舞之地扬州都市顿时变成了人间地狱。

嘉定三屠（1645 年）

1645年六月，清军攻破南京，南明政权宣告灭亡。清军下达剃发令，命令江南人民在十日之内一律剃头，并严令"留头不留发，留发不留头"。江南百姓纷纷起而抗清。清嘉定知县强制剃发，起义即时爆发。百姓公推黄淳耀、侯峒曾出面领导抗清。原明降将李成栋率清兵猛攻，城中居民冒雨奋战，坚守不屈。清军用大炮轰城，始得攻入。侯峒曾投河死，黄淳耀自缢，城中无一人投降。李成栋下令屠城，杀害了城中三万多人而去。四散逃亡的民众再度聚集，又一次控制了嘉定。李成栋派遣部将徐元吉镇压，凡是抵抗的乡镇几乎被烧杀殆尽。此为嘉定第二屠。随后绿营把总吴之藩造反，李成栋又一次镇压，嘉定城再遭浩劫，城内城外又有两万多人被杀害。经过嘉定三屠，血腥的兽行终于镇压住了反抗的余波。

李自成死难（1645 年）

　　清军攻破北京后，李自成被迫率军撤出，一路退至西安。尽管当时起义军损失惨重，但并未伤及元气，在陕西及黄河一带尚有很强的势力。可李自成等人在军事上不仅未做比较周密的部署，反而听信谋士牛金星的挑拨，诛杀李岩等大将，使大顺政权领导层出现了裂痕。与此同时，清军分兵两路，一路由英王阿济格为靖远大将军，另一路则由豫王多铎为定国大将军，两军直扑西安，打算彻底消灭这支起义军。顺治二年（1645 年）五月，李自成率兵自陕西商洛山区退往湖北，驻扎在武昌。这时大顺军尚有部队五十余万，分为四十八部。清军又分水陆两路突然袭来，李自成乃由武昌退到湖北通山。五月四日，李自成率十八骑到通山县的九宫山一带阅视道路，突然遭到当地团练的袭击，李自成牺牲于乱刃之下，时李自成三十九岁。至此，李自成起义虽然推翻了明朝统治，最终还是以失败告终。

顺治亲政（1651 年）

　　顺治八年（1651 年）正月十二日，顺治帝福临亲政，御临太和殿，接受诸王、贝勒、大臣庆贺表文，并颁诏大赦。此后，顺治在跌宕起伏、纷繁驳杂的十年亲政中，采取了一系列改革措施，有效地巩固了自己的统治。顺治亲政后，首先削夺了大臣的权势，实施集权制。在用人方面，顺治一改多尔衮时期对汉官猜疑、压制的态度，十分注意笼络和依靠汉官。大刀阔斧地整顿吏治是顺治亲政后采取的又一重大措施。此外，顺治又命兵部整顿驿政，以保障驿路畅通；推行恤刑条例，以体恤百姓；始行武举殿试，以选拔文武全才；制定行军律例，以整顿军纪，等等。以上改革措施的制定与推行，充分体现了顺治的政治才干，使他成为清朝开国时期一位刻意求治、颇有作为的年轻皇帝。

郑成功收复台湾（1661 年）

郑成功 （1624－1662），我国明末清初著名的民族英雄。原名福松、森，号大木，福建南安县人。1645 年，受隆武帝朱聿键的召见，颇多赏识，赐国姓（朱），改名成功，因此中外尊称之为"国姓爷"。

自明朝天启四年（1624 年）起，台湾就先后被西班牙和荷兰殖民者所统治。在东南沿海，郑成功（1624－1662 年）所领导的"海上武装"始终是当地抗清的主要力量。随着全国性抗清高潮的低落，郑成功准备渡海登台，寻求新的抗清根据地。顺治十八年（1661 年）三月，郑成功率领两万五千名官兵，大小战船数百艘，从福建金门出发，经澎湖，抵达台湾西南沿海，在赤嵌城附近的禾寮港登陆，并率兵围攻赤嵌城。荷兰守军放弃赤嵌，退守台湾城负隅顽抗。郑成功切断了城内水源以及和外界的所有联系，同时派水师成功击退了荷兰的海上援军。八个月后，荷兰殖民者宣布投降。遭受殖民统治三十八年的台湾终于又回归了祖国。

康熙即位（1661 年）

顺治十八年（1661 年）正月，顺治帝福临病逝，临终前拟遗诏令其第三子玄烨即帝位，以第二年为康熙元年。议政大臣索尼、苏克萨哈、遏必隆、鳌拜四人辅政。

四位辅政大臣中，以索尼年最长，位最尊。鳌拜有战功，又结党专权，同时又有遏必隆的支持。苏克萨哈在政治上无一定主张，且与索尼、鳌拜不和。索尼与鳌拜成为主要的决策者。

大臣受命辅政，帮助皇帝执掌国政，这在清太祖、太宗的旧制中是从来没有过的。

四大臣辅政期间（顺治十八年至康熙六年），在仰法太祖、太宗的名义下，恢复了若干旧制，如废除十三衙门，废内阁复三院等；消灭了李来亨、郝摇旗等领导的夔东十三家军；并对江南汉人文士进行严格控制，贬抑汉官，也由此引发了一系列的事件。

康熙皇帝

庄 廷 钺 案

为加强封建文化专制，清朝统治者大兴文字狱。庄廷钺案，又称明史案，是清初文字狱之一。庄廷钺是浙江富户，他出资写成《明书》一书，书中称清太祖努尔哈赤为建州都督，并直书其名；对清朝入关前的年代，用明朝年号；又把明将降清称之为"叛"等。康熙二年（1663年），因贪污而被革职的原归安县知县吴之荣告发其事，此案遂成大狱。时庄廷钺已死，被戮尸枭首。其弟被诛，其父死于牢中。此案株连甚众，株连死者计七十余人，其中江南名士吴炎、潘圣章因被该书列入校阅者名单内亦被处死。

康熙计除鳌拜 （1669 年）

康熙六年（1667年）春，四辅政大臣之首索尼带头奏请康熙帝亲政。七月七日，康熙亲御太和殿行亲政礼。尽管康熙已经亲政，但专制朝政的鳌拜竟丝毫不肯放权，而且变本加厉。康熙帝亲政以后，一方面不断给辅政大臣加官晋爵来稳住局势，另一方面在群臣中树立自己的威信，并暗中准备降伏鳌拜事宜。康熙八年（1669年）五月十六日，鳌拜入见，康熙帝令侍卫将鳌拜擒获。同时，康熙帝命议政王大臣等逮捕鳌拜的十三名党羽，并下旨将鳌拜革职拘禁，抄没家产，鳌拜的众多党羽也得到不同程度的惩处，许多遭受鳌拜打击的官员得以平反昭雪。鳌拜被擒后，康熙帝真正实现了亲政，揭开了"康乾盛世"的序幕。

平定三藩 （1681 年）

清军入关前，明朝的耿仲明、尚可喜和吴三桂等将领，先后投降清朝，成为镇压农民起义的先锋。清朝定都北京后封他们为藩王。吴三桂驻守云南，尚可喜驻守广东，耿仲明的后代驻守福建。三藩掌握重兵，割据称雄，威胁着国家的统一。三藩用人、用钱，吏部、户部不敢过问。三藩对地方任意掠取，不断扩充自己的实力。康熙十二年（1673年）春，尚可喜首请归老辽东，而欲使其子尚之信继续留镇广东。康熙帝遂下命撤藩。撤藩之令既下，吴三桂首先于是年十一月杀云南巡抚朱国治反，自称天下都招讨兵马大元帅，蓄发，易衣冠，发布檄文，倡言"兴明讨虏"，呼清皇帝为满酋。吴三桂兵锋甚锐，一时响应者四起。康熙帝把湖南作为军事进攻的重点，又命岳乐由江西赴长沙，以夹攻湖南，以孤立吴三桂。陕西的王辅臣、福建的耿精忠、广东的尚之信先后投降清朝。康熙十七年（1678年），吴三桂在衡州称帝，立国号周。建元昭武，大封诸将。不久病死，其势随即土崩瓦解。康熙二十年（1681年）冬，清军进入云贵省城，吴三桂之孙吴世藩自杀。平定三藩后，清除了地方割据势力，维护了国家统一。

统 一 台 湾

三藩之乱过后，清朝大陆上基本实现了安定、统一，于是清政府开始着手解决台湾问题。此时郑成功已死，其子郑经与叔父郑袭为争权发生火并，局势混乱不堪，1681年，郑经死，其子郑克塽最后占据了权位。康熙二十二年（1683年），福建水师提督施琅率领战舰二百多艘，兵士二万人，从福州出海，攻取了澎湖。郑克塽主动投降，清军顺利收复台湾。第二年，清朝在台湾设置台湾府，下设台湾、凤山、诸罗三个县，归于福建省管辖，并派兵万人驻防台湾。台湾府的设置，加强了台湾同大陆的联系，巩固了国家的海防。

蒲松龄与《聊斋志异》

《聊斋志异》是中国古典文学中一部非常有特色的作品，它是以传统文言写成的短篇小说集。十六卷，四百三十一篇。在这本谈狐说鬼的小说集中，作者用孤愤的心情和讽刺的笔法，尖锐地揭露和抨击了满汉官僚大地主的凶横残暴，内容涉及政治、经济、科举、婚姻等各个方面，具有很高的思想和艺术价值。也是对中国文化产生深远影响的文学名著之一。作者蒲松龄（1640—1715年），字留仙，山东淄川人，生活在民族矛盾和阶级矛盾空前尖锐的明末清初。出身小地主小商人家庭，在科举场中很不得意，满腹实学，屡不中举，到了七十一岁，才考得了贡生。蒲松龄一生怀才不遇，穷困潦倒。坎坷的遭遇和长期艰辛的生活使他加深了对当时政治的黑暗、科举制度的腐朽以及社会弊端的认识和了解，为文学创作奠定了基础。其毕一生精力完成《聊斋志异》。鲁迅先生在《中国小说史略》

中说此书是"专集之最有名者"；郭沫若先生为蒲氏故居题联，赞蒲氏著作"写鬼写妖高人一等，刺贪刺虐入骨三分"。

康 熙 南 巡

康熙二十三年（1684年）九月，康熙帝开始了第一次南巡，所谓南巡，就是亲自到山东、江南巡视。

九月初，康熙帝诏谕户部，点明此次出行的目的是安抚百姓观察民风。九月末出行，至济南，孔子后裔子孙迎驾。至泰安州，登泰山，祭岳庙，经宿迁至桃源县，巡视黄河北岸治河工程。再由水路经淮安、高邮、扬州到镇江，登金山、焦山。过常州、无锡至苏州府。十一月初，至江宁府。亲往明太祖陵拜奠。自江宁回銮，归途在曲阜停留，祭孔子庙行三跪九叩礼，并亲书"万世师表"匾额，悬挂于大成殿上。十二月，返回京师。

康熙皇帝 （1654－722），即清圣祖爱新觉罗·玄烨。世祖三子。八岁即位，年号康熙。亲政后，智捕鳌拜，永停圈地，出旗为民，发展生产，加强皇权，平定三藩，平噶尔丹，驱逐沙俄，巩固一统。是中国历史上最有作为的皇帝之一。

康熙帝此次巡行，沿途需用之物，不取民间，不准地方官员借端妄派，而均来自内务府。江宁知府于成龙为官廉洁，斥漕运总督满人邵甘居官不谨，擢任安徽按察使。

此次南巡结束后，在康熙二十八年、三十八年、四十二年、四十四年、四十六年，康熙又进行了五次南巡。这六次南巡为康熙执政提供了很好的参考。

雅克萨之战 （1685 年）

雅克萨位于清朝的东北部，是从尼布楚方向和雅库次克方向进入黑龙江地区的水陆咽喉，自从被俄国占领后，成为俄军的一个重要据点。康熙二十四年（1685年）正月，康熙帝决定派兵收复雅克萨城。六月二十二日，清军抵达雅克萨城下，康熙帝要求俄国方面撤出雅克萨，归还逃犯，以雅库（今雅库次克）为中俄边界，但俄方予以拒绝。二十四日，俄方援军赶到，清军将"神威无敌大将军"炮列在阵前，做好攻城准备。二十五日黎明，清军向雅克萨发动进击，俄军遭到惨败。这天夜里，清军水陆并进，经过一昼夜激烈战斗，俄军伤亡惨重，只好出城乞降，并发誓不再回到雅克萨城。这样，由满、汉、蒙、达斡尔等民族组成的清军，在边疆各少数民族人民的支持下，攻克了被俄军侵略占据了二十年之久的雅克萨城。康熙二十八年（1689年）七月二十四日，中俄两国签定了《尼布楚条约》，从法律上肯定了黑龙江和乌苏里江流域是中国的领土，使中俄东段边界维持了近二百年较为稳定的局面，也促进了两国贸易的发展。

三征噶尔丹

康熙二十九年（1690年）和康熙三十五年（1696年），康熙帝通过两次亲征蒙古噶尔丹后，噶尔丹部已元气大伤，陷于灭亡的绝境。但噶尔丹仍试图做垂死挣扎。为此，康熙三十六年（1697年）二月，康熙帝又一次亲征噶尔丹，率军西渡黄河进至宁夏。康熙帝亲自部署军事，命马思哈、费扬古出贺兰山，萨布素往克鲁伦河，两路进兵。而此时，噶尔丹的倒行逆施和残酷搜刮，早已激起各族人

民的愤慨。噶尔丹的部属也分崩离析，纷纷向清政府投诚，并积极担任向导，带领清军深入平叛。噶尔丹的侄子策妄阿拉布坦配合清政府的进攻，在阿尔泰山设伏，准备捉住噶尔丹献给朝廷立功。闰三月九日，康熙帝命孙思克和李林隆各率二千精兵分路搜剿噶尔丹。十三日，噶尔丹在绝望中服毒自杀。噶尔丹叛乱平定后，清政府即遣送喀尔喀各部重返自己原来的牧场休养生息，蒙古高原恢复了宁静。

康熙皇帝戎装像

多伦会盟（1691年）

清大破葛尔丹后，为加强对蒙古地区的管辖，康熙三十年（1691年），康熙帝亲自与内外蒙古各部首领在多伦诺尔会盟。会上宣布：保留喀尔喀蒙古首领原来的汗号；取消蒙古贵族旧有的济农、诺颜等称号，一律改为清王朝的亲王、郡王、贝勒、贝子、台吉等爵位；将喀尔喀三部分编为三十四旗，行政管理上与内蒙古同例。这就是历史上有名的"多伦会盟"。多伦会盟加强了清朝对喀尔喀蒙古的管辖，对抵制沙俄南侵、孤立噶尔丹叛乱势力起了重要作用。

《南山集》案（1711 年）

　　《南山集》作者戴名世，安徽桐城人。康熙四十八年（1709 年）进士，授翰林院编修。康熙五十年（1711 年），左都御史赵申乔参奏戴名世中进士前所撰《南山集》中"倒置是非，语多狂悖"。经查明，该集中多采录方孝标《滇黔纪闻》中所记南明抗清史事，并用弘光、隆武、永历等南明年号，实属"国法不宥，天理难容"。清廷遂将戴名世处斩，已死的方孝标处以"戮尸"之刑。戴名世、方孝标之子弟、族人，为《南山集》作序及捐资刊刻者皆论罪。又行文各省将方孝标、戴名世所撰之书查出销毁，并毁其书版。清朝文字狱迭起，广大文士惴惴不能自保，造成社会人心动荡。

吴敬梓和《儒林外史》

　　吴敬梓（1701—1754 年），字敏轩，安徽全椒人，吴敬梓一生创作丰富，包括大量的诗歌、散文和史学研究著作。但以他的长篇讽刺小说《儒林外史》成就最高，由此也确立了他在中国文学史上的杰出地位。《儒林外史》共花费他近二十年时间，直到四十九岁时才完成。吴敬梓的《儒林外史》根据切身体验，从多方面揭露士大夫的丑恶面貌，对封建社会，尤其是科举制度进行了无情的揭露与抨击，成为我国古典讽刺小说中的杰出作品。《儒林外史》不仅直接影响了近代谴责小说，而且对现代讽刺文学也有深刻的启发。有的外国学者认为：这是一部讽刺迂腐与卖弄的作品，然而却可称为世界上一部最不引经据典、最饶诗意的散文叙述体之典范。

雍　正　帝

　　康熙六十一年（1722 年）十一月十三日，康熙帝死，年六十九岁，在位六十一年。皇后弟、步军统领隆科多宣布遗诏命康熙第四子雍亲王胤禛即位。当天夜里，铁骑四出，京师戒备森严，隆科多等总理事务。二十日，雍亲王胤禛即位，

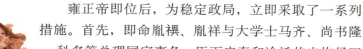

即为世宗，改明年为雍正元年。

雍正帝即位后，为稳定政局，立即采取了一系列措施。首先，即命胤禩、胤祥与大学士马齐、尚书隆科多等总理国家事务。臣下启奏和谕旨传出均经四大臣。并封胤禩、胤祥为亲王。胤禩长期谋位，在朝中结党甚众。胤祥是雍正帝的拥护者。其次又召康熙帝十四子胤禵来京奔丧。胤禵是雍正帝的同母弟，自1718年受命为抚远大将军，讨伐准噶尔。上年五月，率师驻甘州，进至吐鲁番。十月，曾奉召回京。本年三月还军。康熙帝病死时，胤禵领重兵在外。雍正帝召胤禵回京守陵。雍正元年五月，胤

雍正皇帝 （1678－1735），姓爱新觉罗，名胤禛，康熙皇帝第四子，康熙病死后继位，为清代入关第三帝。

禵被削除兵权，留居京师。最后本年十二月，雍正帝依宗人府奏，命兄弟同辈诸王的名字"胤"字均改为"允"，以别于皇帝名讳。雍正帝为消除康熙以来建储结党的积弊，1723年八月宣谕，亲自书写皇位继承人，密封匣内，放在乾清宫正中匾额之后。皇帝死后再取视继立，称为"密封建储"。此后，不再立太子，以消弭朋党。

西 征 青 海

罗卜藏丹津，和硕亲王达什巴图尔之子，康熙五十三年（1714年）继承父位。康熙五十九年（1720年），随清军入藏驱逐准噶尔军。他野心勃勃，力图控制西藏，但未得逞，因此心怀不满。雍正元年（1723年）夏，罗卜藏丹津公开竖起反清旗帜，发动叛乱。清廷立刻组织平叛大军，从八月下旬到九月初，连派年羹尧、岳钟琪、富宁安等分路进兵。经过周密部署，数月征战，迫使叛军十万余众投降。次年又取得郭隆寺大捷，罗卜藏丹津改女装逃跑，历时半年的叛乱被平息。接着年羹尧提出的善后事宜十三条，雍正帝采纳，在西宁派驻大臣，展开屯田，兴办农业，青海地区局势日益稳定。乾隆二十年（1755年），清军平定伊犁时俘获罗卜藏丹津，乾隆对他采取了宽容政策，令其居京城，不许随意外出。

摊丁入亩（1723年）

　　康熙五十一年（1712年），清政府颁布新法令规定：以康熙五十年的人丁数作为以后征收丁银的标准，把丁银固定下来，以后滋生人丁永不加赋，这既保证了政府赋役的收入，也为摊丁入地创造了条件。雍正在张居正和他父亲的基础上更进一步地提出了"摊丁入亩"制度。雍正元年（1723年），直隶巡抚李维钧鉴于本省"无地穷丁"甚多，而"北五府（顺天、保定、河间、永平和宣化）丁浮于地，尤为苦累，故条奏摊丁（入亩）"。后经户部及九卿各方议准：直隶省"于雍正二年为始，将丁银摊入地银之内，造册征收"。至雍正七年（1729年）便基本上普及到全国的绝大部分省区。摊丁入亩的确立和贯彻执行，统一了全国的赋役制度，促进了社会经济的高度发展。

文字狱（1726年）

　　清朝时期，统治者为了更好地控制汉人，使其成为大清的顺民，在文化和思想上更加专制，并大兴文字狱。发生在康熙二年（1663年）的庄氏史案就是著名一例。文字狱的大规模兴起是在康熙晚年。康熙五十年（1711年），发生了《南山集》一案，其作者戴名世因为议论南明史事，用了南明诸帝的年号，被人告发而处斩，不少人遭到牵连。满清最大的一件文字狱还是雍正年间的吕留良案，吕留良是清初著名学者，有强烈的民族意识。曾静接受了他的思想主张，于雍正四年（1726年）上书川陕总督岳钟琪（岳飞后人），劝其举兵反清，被岳告发。吕留良被开棺戮尸，相关人员或死或流。此外著名的文字狱还有查嗣庭、胡中藻、王锡侯等案，其他文字狱则不胜枚举。文字狱的处罚极为惨无人道：死人开棺戮尸，活人凌迟、斩首或绞死，亲属遭戍，妇女入宫为奴婢，等等。满清这种大兴文字狱，对文字进行残酷钳制的政策，在加固了其统治的同时，也使得读书人将聪明和智慧用在了文字、训诂等考证之类及八股文上面，阻碍了思想、文化的发展，严重影响了社会的进步。

“改土归流”（1727 年）

所谓改土归流，就是改变土司制度，满汉官员的任命、免职、迁调等都由朝廷决定，又称为“流官”。

雍正五年（1727 年），雍正帝委派鄂尔泰全权办理西南地区的“改土归流”事务。鄂尔泰到任后，奉雍正帝的上谕，把四川的乌蒙、镇雄、东川就近改隶云南，又以云南、贵州、广西三省的总督印，统一事权。接着，清朝设立乌蒙府、镇雄州，在此改设流官。又将澜沧江内土司全部改为流官，设立普洱府，调绿旗兵镇守。随后，在云南、四川、贵州、广西、湖广的广大地区实行改土归流。分别在各地设置府、厅、州、县，发派一定任期的、非世袭的流官进行管辖。

曾静投书案

湖南永兴人氏曾静，因偶然的机会，阅读了吕留良的遗著，使其思想发生大大转变，书中反清复明的思想深深影响了他。雍正六年（1728 年）九月，曾静派门生张熙投书川陕总督岳钟琪，说岳钟琪是岳飞后裔，理当举兵反清。信中还列举了雍正帝弑父篡位、杀兄屠弟的罪行。岳钟琪拘审张熙，诱使张熙供出曾静。岳钟琪立即上报雍正帝，雍正帝随即派人审理曾静一案。后曾静供出受吕留良的影响，于是，又派官员拘捕了吕留良一家。雍正帝令将人犯统统押往北京审讯，并决心对污蔑他的谣言追根问底。最后真相大白，所谓雍正帝改诏篡位、毒死康熙帝、逼死皇太后以及杀兄屠弟等言论均系允禩等人的太监散布的。这样，雍正帝根据审讯情况不断发出上谕批驳吕留良的观点以及允禩集团的诽谤，以清洗自己的不白之冤。曾静在狱中写下了《归江录》，对自己的行为进行了忏悔，又因悔罪态度较好，故于次年十月六日无罪释放，张熙也在其中之列。而罪名全部加罪到了吕留良头上。而吕留良被剖棺戮尸、子孙被杀及流放，家产被抄没，这也是满清最大的文字狱之一。

军机处（1732 年）

军机处全名为办理军机处，其前身为雍正七年（1729 年）始设的军机房。时值清军正在西北与准噶尔蒙古激战，为了能够及时处理军报，故设此处。雍正十年（1732 年）更名为军机处。在军机处任职者，称军机大臣，通称大军机，无定员，最多时达六至七人，由亲王、大学士、尚书、侍郎或京堂在皇帝指定下兼任。但任命时亦按各人的资历分别称为军机处行走，大臣上行走，大臣上学习行走等。其僚属称军机章京，俗称小军机，掌缮写谕旨、记载档案、查核奏议。乾隆时定为满汉两班，各八人，后增至四班三十二人。每班有领班、帮领班各一人，满语称"达拉密"。军机处职掌为每日晋见皇帝，秉承皇帝意旨处理军国要务、官员任免和一切重要奏章。军机处的设立，不仅使内阁形同虚设，议政王大臣会议也名存实亡，使我国封建君主专制主义中央集权制度达到顶峰。

乾隆帝即位（1735 年）

雍正十三年（1735 年）八月二十三日子时，雍正帝突然病故于圆明园。三日前，雍正帝还曾与军机大臣议过事，二十一日突然患病。二十二日夜，病情加剧，遗诏宝亲王弘历嗣位，庄亲王允禄、果亲王允礼、大学士鄂尔泰、张廷玉四人辅政。二十三日雍正帝去世，终年五十八岁，后谥宪皇帝，庙号世宗。雍正帝暴卒，原因不清，他自患病到辞世只有两天时间，甚至在患病前的一天还在处理公务。一说因中风而死；一说为剑客所刺，割去首级；一说服用丹药中毒而致命。终未能定论。九月份，灵柩安放雍和宫。乾隆二年（1737 年）三月，葬于易州泰陵地宫。雍正帝死后，内侍取出雍正元年（1723 年）所封诏书，等允禄、允礼、鄂尔泰、张廷玉各人到齐时始启封。弘历于是靠秘密立储和传位遗诏顺利即位。弘历为胤禛第四子，康熙五十年（1711 年）生于雍亲王府邸，雍正十一年封为和硕宝亲王。同年九月三日，弘历御太和殿，祭告天地、宗庙、社稷，布告天下，以明年为乾隆元年。

乾隆戎装像

平定大小和卓木叛乱

清朝新疆南部地区，是少数民族维吾尔族的聚集区。乾隆二十二年（1757年），他们的首领大小和卓木聚众为乱，公开反对朝廷。清廷派兵征讨，大挫叛军，和卓木兄弟逃遁。次年，叛军又将定边将军兆惠围困在黑水营，双方相持三个多月，才得解围。清军遂分路进兵攻讨。二十四年，在伊西洱库之战中，叛军全军覆没，大小和卓木在逃亡途中被杀，叛乱遂平，从而也使清政府巩固了对天山南路的统治。

土尔扈特部回归祖国（1771 年）

明末年间，漠西蒙古土尔扈特部在不堪忍受准噶尔部的欺凌下，向西南方向迁移到伏尔加河下游地区。但是受沙俄势力的向南扩张，土尔扈特部逐渐被其控制和压迫。他们多次想重返故乡，均因路途遥远而未能成功。清朝建立以后，他们和清朝政府保持着密切的联系，多次奉表入贡以表对朝廷的归顺，受到清政府的盛情接待。乾隆三十六年（1771 年）一月，部族首领渥巴锡率领部族成员，和沙俄追堵部队进行了多次激烈的战斗，经过历时八个月的万里跋涉和斗争，终于胜利抵达伊犁。清朝政府对于土尔扈特部的重返家乡十分重视，安排他们仍驻故地，统辖于伊犁将军。乾隆皇帝还亲自接见了土尔扈特部一行人员，并作《土尔扈特部归顺记》和《优恤土尔扈特部众记》以纪念土尔扈特部的回归，为中国多民族国家的巩固和发展谱写了光辉的篇章。

《四库全书》

为了加强思想文化统治，清政府曾进行大规模的图书整理和编纂工作。乾隆三十八年（1773 年）二月，《四库全书》开始正式编修，纪昀、陆锡熊、孙士毅为总纂官，陆费墀为总校官，下设纂修官、分校官及监造官等四百余人。名人学士中的戴震（汉学大师），邵晋涵（史学大师）及姚鼐、朱筠等亦参与到图书的

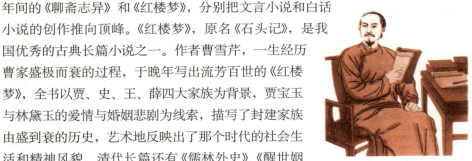

编纂和整理工作之中。同时，征募了抄写人员近四千人，鸿才硕学荟萃一堂，艺林翰海，盛况空前，历时十载。乾隆四十七年（1782年），编纂初成；乾隆五十八年（1793年）《四库全书》最终全部完成。《四库全书》是中国历史上规模最大的一套图书集成。共收书三千五百零三种，七万九千三百三十七卷，三万六千三百零四册，近二百三十万页，约八亿字。所收之书来源于朝廷的藏书和民间征献的藏书。整套书分为经、史、子、集四部，四十四类。乾隆编修此书的初衷虽是"寓禁于征"，但客观上整理、保存了一大批重要典籍，开创了中国书目学，堪称中华传统文化最丰富完备的集成之作。它历经二百多年，到现今还完整地保存了四部。

白玉藏文碗

明 清 小 说

　　在文学史上与唐诗、宋词、元曲并举的还有明清时期的古典小说。明清小说从内容上可以分为四类：讲史小说、神魔小说、世情小说和公案小说，并出现了《三国演义》、《水浒传》、《西游记》等脍炙人口、影响深远的巨作。清初至乾隆时期是清代小说发展的全盛时期，无论数量还是质量都比前代有较大发展。产生于乾隆年间的《聊斋志异》和《红楼梦》，分别把文言小说和白话小说的创作推向顶峰。《红楼梦》，原名《石头记》，是我国优秀的古典长篇小说之一。作者曹雪芹，一生经历曹家盛极而衰的过程，于晚年写出流芳百世的《红楼梦》，全书以贾、史、王、薛四大家族为背景，贾宝玉与林黛玉的爱情与婚姻悲剧为线索，描写了封建家族由盛到衰的历史，艺术地反映出了那个时代的社会生活和精神风貌。清代长篇还有《儒林外史》、《醒世姻缘传》、《绿野仙踪》、《镜花缘》等。明清小说不仅在我国古典小说中达到艺术高峰，也对东南亚各国的文学产生了巨大的影响。

曹雪芹　名沾，字梦阮，号雪芹，又号芹溪、芹圃。祖籍辽宁辽阳。从小受到文学、艺术的熏陶，工诗善画，具有多方面的艺术才能，创作了不朽的现实主义巨著《红楼梦》。

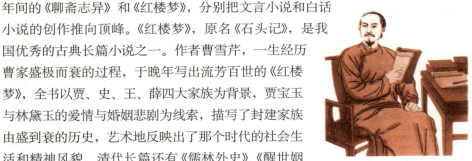

中国通史故事

二四七

大贪官和珅（1782 年）

　　和珅（1750－1799 年），字致斋，满洲正红旗人。乾隆三十七年（1772 年），二十三岁的和珅被任命为三等侍卫（正五品）。此后，和珅凭借乾隆帝的宠信，一路升迁，到乾隆四十一年，和珅已经成为了清政府的军机大臣兼内务府总管。乾隆四十七年（1782 年）四月，御史钱沣上疏弹劾山东巡抚国泰贪赃枉法，导致府库空缺。乾隆帝命时任户部尚书的和珅会同左都御史刘墉、御史钱沣等前往山东勘巡抚国泰贪污案。由于和珅与国泰关系密切，因此极力袒护国泰。钱沣对此十分清楚，便提前数日微服至良乡，见和珅仆役骑马往山东送信，便记下送信人的特征，待他回来时，令左右搜其身，果然得到国泰写给和珅的私信，言及已借

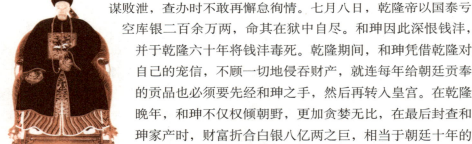

银填库备查等内情。钱沣立即将该书信上奏乾隆帝。和珅知预谋败泄，查办时不敢再懈怠徇情。七月八日，乾隆帝以国泰亏空库银二百余万两，命其在狱中自尽。和珅因此深恨钱沣，并于乾隆六十年将钱沣毒死。乾隆期间，和珅凭借乾隆对自己的宠信，不顾一切地侵吞财产，就连每年给朝廷贡奉的贡品也必须要先经和珅之手，然后再转入皇宫。在乾隆晚年，和珅不仅权倾朝野，更加贪婪无比，在最后封查和珅家产时，财富折合白银八亿两之巨，相当于朝廷十年的总收入。和珅更大权在握，贪污腐化，清廷政纪开始废弛。因此，在当时的民间就有"和珅跌倒，嘉庆吃饱"的谚语。

和珅　原名善宝，字致斋，钮祜禄氏，满洲正红旗二甲喇人。军机大臣，兵部尚书。

乾　隆　退　位

　　乾隆帝在乾隆六十年九月三日时宣布退位并且御勤政殿，召皇子、皇孙、王公、大臣入见，共同拟定密嗣位皇子之名，宣示皇十五子嘉亲王永琰为皇太子并改永琰为颙琰。以明年为嘉庆元年，届期归政。同时宣告："朕仰承昊眷，康强逢吉，一日不至倦勤，即一日不敢懈弛。归政后凡遇军国大事及用人行政诸大端，岂能置之不问？ 仍当躬亲指教，嗣皇帝朝夕敬聆训谕，将来知所禀承，不至错失。"同年十二月，又传谕"朕于明年归政后，凡有缮奏事件，俱著书太上皇帝，其奏对称太上皇"。

弘历于1796年正月初一，在太和殿举行授受大典，御太和殿，亲授宝玺，颙琰跪受。受贺毕，弘历回宫，遂退位。

全国性大禁教（1805 年）

在雍正、乾隆、嘉庆三朝时期里对康熙时天主教的禁教活动推向高峰，经过雍正与乾隆两朝的种种打击，天主教活动从地上活动完全转为地下活动，虽然政府严厉打击，但这种活动依然很活跃。嘉庆帝即位后，由于白莲教等民间宗教对清朝政府威胁越来越大，朝廷将天主教也视为一种地下民间宗教，采取了更严厉的态度。终于在1805年全国性地展开了彻彻底底的大禁教活动，清政府制定了禁止外来刻书传教活动，并且查办有关西洋教程。1811年又发生一次全国性大教案，1812年发生了西藏齐马事件和贵州驱教案，1813 – 1814年又在湖北、广东发生多次驱教案。由于天主

乾隆帝 （1711 – 1799），名爱新觉罗·弘历，雍正帝第四子。雍正去世后弘历即位，改年号乾隆。在位60年，是中国历史上执政时间最长的皇帝。终年89岁。

教活动在国内已具有扎实的影响，所以在雍、乾、嘉三朝大规模的禁教之下，仍然不能从中国彻底消灭和根除。至鸦片战争前，中国天主教徒达二十万以上。这说明，宗教作为一种文化现象，绝不是以行政方式或暴力手段所能消灭的。清政府在禁教的同时实行了"闭关"政策，断绝了中国与西方的联系，这又在一定程度上延缓了中国文明的发展，导致中国文明闭塞倒退。

癸酉之变（1813 年）

嘉庆十八年九月，爆发了一次较大型农民起义"癸酉之变"，起义一开始，全国各地都产生了强烈反响，震撼全国。嘉庆十八年（1813 年），天理教教徒在林清的领导下，以"奉天开道"为旗帜，于九月份发动起义。十五日，二百名天理教徒发动京城之变，起义军浴血奋战，直闯进朝廷重地，攻入紫禁城，但因为力量悬殊较大，在清政府的镇压下以失败告终。十七日林清被捕，清廷开始对大兴、通县一带的天理教众进行大肆搜捕，短短四天内就屠杀了七百余人。为响应林清的京城起义，直、鲁、豫三省的天理教徒在华北十几个州县先后起事，震惊朝野。

可惜由于没有正确的作战纲领和战斗力，在短短半年内便宣告失败，起义首领们都被处死。因1813年为癸酉年，故史称"癸酉之变"。这场由天理教发起的农民暴动震撼了华北大地。

道光帝即位（1820年）

道光皇帝　（1782－1850），名爱新觉罗·旻宁。嘉庆病死后继位，在位30年，终年69岁，葬于慕陵（今河北省易县）。

嘉庆二十五年（1820年）七月十八日，驻跸避暑山庄的爱新觉罗·颙琰帝，突然发病，医治无效，宣告驾崩，享年六十一岁。八月移梓宫还京师，十月尊谥睿皇帝，庙号仁宗。次子旻宁在本年八月御太和殿，即皇帝位（即清宣宗），以明年为道光元年。道光帝旻宁是嘉庆帝第二子，乾隆四十七年（1782年）生于皇宫撷芳殿中所。旻宁勤奋好学，童年时代就开始学习骑马射箭，天资聪慧，九岁时他曾随从祖父乾隆帝外出打猎，并亲自射中了一只鹿，受到乾隆帝赞赏，得到了黄马褂、花翎的赏赐。嘉庆十八年九月，天理教徒攻入皇宫内右门，已经到了养心殿的前面，正在看书温习的旻宁急中生智，用鸟铳亲手打死了两个天理教徒。这一事件后，被封为智亲王，并于嘉庆四年（1799年）四月十日被秘密立储。嘉庆帝在1820年死后，旻宁即位，年号道光。

平新疆叛乱

道光四年（1824年）九月，张格尔在英国支持下，由浩罕入扰新疆南疆，举兵新疆。张格尔，大和卓布尔拉尼敦之孙，生于浩罕。张格尔计谋返回新疆，重振和卓家族。

九月，张格尔由浩罕入新疆喀什，攻卡伦。在马彦图的沉重打击下，张格尔退回，直到二年后，又发动新疆的叛乱。道光六年，张格尔再次率百余人，由开齐山路侵入中国境内，来到阿尔图什，拜其祖先大和卓之墓"玛杂"并据墓扎营，蛊惑维吾尔人叛乱。八月，张格尔率叛军连攻喀城及英吉沙尔、叶尔羌、和阗四城。清朝廷命令陕甘总督杨遇春和伊犁将军长龄督军令于阿克苏进剿。1827年二月六日，清军西出，一路势如破竹，在阿尔巴特、沙尔都尔、阿瓦巴特大败张格尔，三月收复喀什噶尔、英吉沙尔、叶尔羌、和阗四城。

十二月，张格尔在铁盖山被擒获，新疆始定。1828年五月，张被解至京师处死。

虎门禁烟（1839 年）

自1800年初开始，鸦片开始大量传入中国。嘉庆五年，清政府下诏严禁鸦片输入，但由于英国鸦片贩子不断贿赂清朝政府官吏，里应外合，使得鸦片每年输入量仍然很大。鸦片泛滥给中国带来严重的后果，白银外流，人民健康受到严重威胁。道光十八年（1838年），林则徐被任命为钦差大臣，于广州查禁鸦片。林则徐一到广州，马上实行禁烟措施。次年二月，林则徐传见广州"十三行"商人，斥责其见利忘义、为外国鸦片贩子效力的罪行。在两广总督邓廷桢的支持下，缉拿烟贩，整顿海防，限令外商交出鸦片，并保证绝不挟带鸦片。与此同时，林则徐在广东省内大力禁烟，共收缴外商鸦片二万多箱，合计重二百多万斤，此

林则徐 （1785－1850），字元抚，又字少穆，晚号俟村老人，侯官县（今福州市）人。中国清代爱国政治家。

外还缉拿贩卖、吸食者一千六百多名，收缴烟枪四万余支。1839年六月三日，林则徐下令在虎门海滩当众销毁鸦片。二百多万斤的鸦片被分别倒入两个十五丈见方的石灰池中，最后再利用海水将池中的残留物冲走，不留一点鸦片残渣，历时二十三天收缴的全部鸦片都被销毁。虎门销烟这一壮举，有力地打击了英国鸦片贩子的嚣张气焰，显示了中国人民反抗外国侵略的坚强决心和坚定意志。

第一次鸦片战争（1940－1942 年）

英国在与中国进行贸易的过程中，向中国输入了大量鸦片，严重损害了中国百姓的身心健康和经济利益，引起中国朝野的严重关切和强烈不满。中国的禁烟消息传到英国，英国决定发动对中国的侵略战争。1839年十月，英国发动侵华战争，1840年六月，英军舰队侵入广东海域，封锁珠江口，正式挑起战争，直接向清政府施加军事压力。英军见林则徐戒备森严，决定攻陷浙江定海直逼天津。清

中国通史故事

廷害怕英军的侵略，将林则徐撤职查办，准备与英军谈判。谈判期间，英军于1841年一月突然攻占虎门沙角和大角两处炮台。八月，英国进一步扩大侵华战争。陆续攻陷定海、镇海、宁波等地，随后进入长江。由于清政府的妥协和求饶，致使最后守炮台的将士四百多人壮烈牺牲，并在1842年订立了中国近代史上第一个不平等条约——《南京条约》。

三元里抗英（1841 年）

道光二十一年（1841年）五月末，英军闯到广州北郊三元里一带抢劫，受到三元里村人民强烈抗击。十九日，盘踞于耆定、四方炮台的英军窜到三元里打家劫舍，受到三元里人民的惩罚。当时，菜农韦绍光的妻子正在社坛拜神，英兵上前拦截调戏。村民见状，将侵略者团团围住，击毙数人，其余的侵略军狼狈逃回。随后，英军一千多人向三元里进攻，全村男女齐集三元古庙，相约以庙中三星旗为令旗，"旗进人进，旗退人退"，同时，联络附近各乡民众做好共同对付敌军的准备。三元里及附近一百零三乡的各阶层人民同英军在牛栏冈展开激战，英军死伤多人。次日，三元里人民又包围了四方炮台。英军求救于广州知府出面说情，才得以解围。三元里人民的抗英斗争是中国近代人民群众自发反抗外国侵略者规模较大的一次英勇斗争，表现了中国人民的志气和自强不屈的反抗精神。

中英《南京条约》（1842 年）

1842年八月，在鸦片战争中失败的清政府，与英国政府签订了中国近代史上第一个不平等条约——《南京条约》。条约共分十三款，主要内容是：一、清朝政府开放广州、福州、厦门、宁波、上海等五处为通商口岸，准许英国派驻领事，英商及其家属可以在中国境内自由居住不受限制。二、清政府向英国赔款二千一百万元，其中六百万元赔偿被焚鸦片，一千二百万元赔偿英国军费，三百万元偿还商人债务。三、清朝政府将香港割让给英国。英国货物进出口关税须经两国协商。《南京条约》是中国历史上第一个丧权辱国的不平等条约，使得中国的主权受到侵害，领土被瓜分，中国在近代史上开始出现了接二连三的侵略战争，晚清的丧权辱国行为危害影响太大。在《南京条约》签订后，美国和法国趁火打劫，迫使中国政府签订了《中美望厦条约》和《中法黄埔条约》。

魏源和《海国图志》

魏源（1794－1857年），字默深，湖南邵阳人，鸦片战争爆发后，任两江总督裕谦的幕府，参加抗英的筹划和指挥工作。

屈辱的《南京条约》签订后，魏源痛愤时事，著《圣武记》。同时，根据《四洲志》中林则徐提供的西方史地资料，以及历代史志中的有关资料，增补为《海国图志》。1842年（道光二十二年）十月，魏源完成《海国图志》五十卷。1847年该书扩充成六十卷，1852年复增补为一百卷。在这部书里，全面系统地介绍了当时所能收集到的世界地理和历史知识，提出"师夷长技以制夷"的观点，主张学习西方先进科技放眼看世界，壮大国力，抵御外侮。魏源及他的著作《海国图志》所提供的海外世界的新知识，对后世产生了深远影响。

洪秀全拜上帝会（1843年）

道光二十三年（1843年）六月，洪秀全创立拜上帝会。洪秀全，广东花县人，自幼诵习经史，做过本村塾师，但屡试不中。在以失败告终的情形下，回家仔细研读了一本耶稣教士写的《劝世良言》。他从《劝世良言》中吸取某些基督教教义，后洪秀全创拜上帝会，自行洗礼，毁弃塾中孔子牌位。道光二十四年，洪秀全同期同乡同学冯云山赴广西传教。八月，冯云山到荒僻的紫荆山区，进行了艰苦的组织和宣传工作。在当地贫苦农民中发展会员，使拜上帝会逐渐发展壮大。十月，洪秀全返回家乡，先后创作《原道救世歌》、《原道醒世训》等，为拜上帝会完善理论依据。道光二十七年春，洪秀全来到广州，跟从美国传教士罗孝全学习《圣经》，在宗教仪式上有了更深的理解，并且将《圣经》中的思想吸收并取，因此被尊为拜上帝会的领袖。七月，洪秀全到紫荆山与冯云山会合。当时冯云山已发展会众三千多人，洪秀全于是和冯云山一起制定了拜上帝会仪式。道光二十九年，洪秀全、冯云山、杨秀清、萧朝贵、韦昌辉、石达开，组成了拜上帝会的领导核心，奠定了农民运动组织的基础。

葡萄牙强占澳门

道光二十九年（1849年），澳门被葡萄牙殖民者捍然强占侵略。

明朝时，葡萄牙人就开始向中国渗透其势力，但澳门主权仍属中国。中国在此设同知和海关，管理澳门事务。

由于清政府在对外问题上一直处于妥协不反抗状态，助长了葡萄牙殖民者的嚣张气焰，并不断向清政府挑衅。1849年四月二十五日，澳门葡萄牙官员以粤督拒其请裁海关设立广州领事为名，驱逐澳门同知，封闭海关，劫掠财物，借口停付按年缴纳的租税，强占澳门的野心顿时显现。八月二十二日，清兵刺杀亚马勒事件反映出中葡对抗开始升级。狼狈为奸的英、美、法联合示威支持葡萄牙的所作所为，向清政府威胁提出抗议，清政府再次屈服，葡萄牙乘机强占澳门。

金田起义 （1850 年）

咸丰元年（1851年）一月十一日，洪秀全领导的拜上帝会，在广西桂平金田村正式宣布起义。道光三十年（1850年）六月，洪秀全认为武装斗争的时机已经成熟，向各地拜上帝会会众发布总动员令，命令务于十月一日以前到达金田村集中"团营"。参加太平天国武装起义的核心力量主要是各地的贫农、雇农，1850年十二月底在平南县思旺击溃清军，1850年一月一日，拜上帝会众又同清军在金田附近的蔡江激战并取得胜利。两次胜仗，揭开了太平天国运动的序幕。这年十二月初十（阳历一月十一日），这一日正是洪秀全三十八岁诞辰，杨秀清、萧朝贵、冯云山、韦昌辉、石达开、秦日昌、胡以晃等人领导拜上帝会众举行了热烈的祝寿盛典，并举行全体拜上帝仪式，宣布国号为太平天国，以次年（1851年）为"太平天国"元年，正式宣布起义开始，拉开了反清的序幕，轰轰烈烈的太平天国革命运动从此在全国广泛地开展起来。

天 京 建 都

金田起义后，太平军永安建制，并决定北伐，前后用了不到一年的时间，攻下南京，正式建立起一个与清王朝相对峙的农民政权。

在攻打全州的战斗中，南王冯云山中炮牺牲。六月十二日，太平军进入湖南，在东进郴洲，北攻长沙时，西王萧朝贵又不幸遇难。太平军转经益阳，直取岳州，建立水营。然后水陆并进，向湖北挺进。十二月下旬至次年一月，太平军相继攻克汉阳、汉口、武昌，军威大振，沿途杀逐官绅地主，烧田契，散粮物，加之军纪严明，秋毫无犯，大得人心，一时间从者如云，太平军很快发展成为一支十万人的强大武装力量。随后，太平军连下九江、安庆、芜湖，直逼南京城下。三月十九日，太平军借余威，整个南京遂为太平军占领，定都南京，改名天京，使太平天国运动又向前发展壮大了一步。

曾国藩建湘军（1854 年）

太平军攻下武昌后，清朝政府一片恐慌，号召各地举办团练，发展地方武装力量，对抗太平军的起义，并希望用各地武装力量协助正规军抵制太平天国革命。1853年，母丧在家的曾国藩接到协助湖南巡抚办团练的上谕，奉命办理湖南团练。曾国藩总结了绿营旧制的弊端后，着手创建湘军，准备以书生领导乡民的方式创建一支新的武装力量。他在湖南极力网罗了一批具有"忠义血性"的农民入团，以读书人为长官，训练一支精干的团练武装，号称"湘勇"。同时为克服绿营世兵制的缺陷，曾国藩还实行募兵制，按照严格的标准来招募士兵，并编成陆师十五营，水师十营，官兵合计一万七千人，开始与太平军作战。曾国藩建立的湘军这一兵制体系，成为镇压太平天国运动中湘军的重要组成部分。但湘军统帅集兵、财及地方行政权于一身，使地方长官的势力大为增强，中央集权的削弱，使得湘军在建军原则上出现错误，埋下了日后军阀横行的祸根，也在一定程度上阻碍着中华军事文明在近代的发展。

曾国藩 （1811－1872），晚清重臣。初名子城，字伯函，号涤生。出生于湖南省双峰县(原属湘乡)。中国清朝时期的军事家、理学家、政治家。

"亚罗号"事件

　　咸丰六年（1856年）九月初十日，广东水师在停泊于广州黄埔港的一只中国船"亚罗号"上，逮捕了两名海盗和十名有海盗嫌疑的水手。该船是一艘属于中国人所有的走私船，广东水师逮捕船上人员，本系中国内政，英国无权干涉，但英国驻广州领事巴夏礼为侵华战争制造借口，致函两广总督叶名琛，要求广州当局释放人犯，并造谣说中国水师扯落了船上所挂英国国旗，要求为此向英方道歉。当时船上并未悬挂英国国旗，叶名琛为避免事态扩大，向英方妥协，将所捕水手送交英国领事馆。但巴夏礼蓄意制造事端，本意原在挑衅，故意刁难，因而拒绝接受人犯。十月二十三日，英国侵华舰队闯入内河，攻占通向广州的水路炮台，点燃了第二次鸦片战争的战火。

天 京 事 变

　　太平天国定都天京后，洪秀全贪图享乐，不思进取，使得太平军在生活上也日益奢华。咸丰六年（1856年），杨秀清假托天父下凡，直逼洪秀全交出大权。洪秀全一面答应其要求，一面密令北王韦昌辉和翼王石达开回京商议。韦昌辉先行一步，接密令，便马上率军回天京，于八月三日深夜迅围东王府，杀杨秀清及其家人侍从二万多人。八月中旬，石达开从湖北赶回天京，斥责韦昌辉杀人太多，韦大怒，又要杀石达开，石达开出城走，韦昌辉又杀石达开全家。韦昌辉的滥杀，激起了天京太平军将士的愤怒，洪秀全接受将士们的请求，于十月杀死韦昌辉。十月底，石达开回天京，受命提理政务。但杨、韦事件后，洪秀全对石达开也不放心，于是封其兄洪仁发为发王，次兄洪仁达为福王，牵制石达开。咸丰七年五月，石达开愤而离京出走，带走数万太平军将士单独作战。天京事变，引发了太平天国内乱，严重削弱了其内部军事力量，成为太平天国由盛转衰的转折点。

第二次鸦片战争

咸丰六年（1856年），英国与法国共同出兵，再次发起了侵略战争，历史上称作第二次鸦片战争。英国以"亚罗号"事件为借口，于九月二十五日进攻广州，咸丰七年（1857年），法国以马神甫事件为借口，与英国组成英法联军，各率海陆军到达香港。十一月十四日攻陷广州，由于清军未做战争准备，广州失守。叶名琛被俘，后解往印度，死于加尔各答囚所。咸丰八年（1858年）四月，联军北上，在大沽口登陆，攻陷天津，扬言进犯北京。清政府在无力抵抗的情形下，只得与英法两国议和。五月先后与四国签订了《天津条约》，随后，清政府又和英法等国签订了一系列不平等条约。

火烧圆明园 （1860 年）

咸丰十年（1860年），英法联军将被誉为"万园之园"的圆明园，恣意抢劫破坏并付之一炬。这是人类文明史上一次令人发指的暴行罪孽。

圆明园是清代最大的皇家园林。从1709年兴建到1860年焚毁，清政府花费了巨大的财力物力，一共经营了一百五十一年。圆明园、万春园、长春园三园是其组成部分，建筑风格也是继承了中国历代优秀的园林艺术，又大胆地吸收了西方的建筑成就，中西合璧，堪称园林艺术中的珍品。园中珍藏着大量的孤本秘籍、名人字画、鼎彝礼器、金珠珍品和铜瓷古玩，堪称人类文化宝库。1860年十月，英法联军占领北京以后，冲入圆明园。联军司令部下令可以"自由抢劫"，于是全园大乱，侵略军开始疯狂抢劫园内金银珠宝、珍贵文物。一万多名侵略官兵大肆抢掠和毁坏。背不走的，就用牲口和大车，或当场砸毁。十月十八日，三千五百名英军手持火把再次进入圆明园，这座世界上最壮观的皇家园林连同园内的三百多名太监、宫女和工匠被尽付一炬。火烧圆明园，是人类文化史上的一大浩劫。

辛酉政变（1861 年）

咸丰十年，英法联军侵犯北京，火烧圆明园，咸丰帝携带皇族逃往承德避暑山庄。七月，咸丰帝病危，遗诏立六岁的载淳为皇太子，任命载垣等八位大臣辅政，一切军政事务由辅政大臣处理。八月，咸丰帝病逝。皇后钮祜禄氏和懿贵妃、载淳生母叶赫那拉氏被尊为皇太后，徽号分别为慈安、慈禧。慈禧太后一心想掌握朝政大权，便联合恭亲王奕䜣发动辛酉政变，八大臣或被处死或被革职。授命奕䜣为议政王。从此，两宫太后开始垂帘听政，而慈禧独掌晚清政权四十七年。

咸丰帝 （1831－1861），名爱新觉罗·奕詝，病死于热河，在位11年。庙号文宗。葬河北遵化清东陵之定陵。

总理衙门（1861 年）

鸦片战争以前，清朝政府在对外事务管理上一直没有设置专门的机构，西方诸国与清政府的交往一律通过礼部和沿海督抚进行。第二次鸦片战争以后，中外交往事务大量增加。因此在1861年清政府为办理洋务在京师设立总理各国事务衙门，简称"总理衙门"，其体制仿照军机处，官员分为大臣和章京两级，由恭亲王奕䜣和大学士桂良、户部左侍郎文祥主管。总理衙门最初主持外交和通商事务，后来扩大到管理办厂、开矿、修铁路、办学校等事务，各省督抚例兼总理衙门行走，以方便交涉，职责相当严重。1901年，根据《辛丑条约》的规定，总理衙门改为外务部，办理对外事宜。

洋务运动（1861 年）

第二次鸦片战争以后，清政府内部出现了顽固派和洋务派两个群体。洋务派在中央以奕䜣为代表，在地方上则以曾国藩、李鸿章、左宗棠、张之洞、沈葆桢、丁日昌等为主力。"洋务派"以"师夷长技以制夷"为思想，力主学习西方的先进生产技术，以富国强兵，"自强御侮"。1861年，曾国藩创办安庆军械所，标志着洋务运动的开始，这是中国最早的近代军事工业。1872年，李鸿章在上海开办轮船招商局，这是中国第一家近代轮船公司，也是洋务派兴办的第一个民用企业。洋务派建立了南洋、北洋和福建三支海军，以扩大海防需要。洋务派还举办了京师同文馆等一批新式学堂，培养人才，并分批派遣留学生出国深造。洋务运动引进了西方先进科技，使中国在军事、经济、教育等方面取得一定的发展成果，在客观上刺激了中国资本主义的发展。

李鸿章 （1823－1901），清末大臣、洋务派和淮军首领。字渐甫，号少荃（亦作少泉），晚年自号仪叟。安徽合肥人。

天 京 陷 落

　　1862年五月底，在曾国藩的指挥下，湘军成功地包围了天京。从六月至次年六月，李秀成奉命援救天京，但未获成功。李秀成提出"让城别走"方案，被洪秀全拒绝。1864年六月一日，天王洪秀全病逝。六月六日，天王长子洪天贵福即位，是为幼天王。七月三日，湘军攻陷天京最后一个要塞地保城，曾国藩利用地保城优越地势，居高临下，架炮日夜轰击，并掘地道埋炸药轰炸城墙。十九日，地道火药发火，轰塌城墙二十多丈，清军由炸塌处蜂拥而入，天京陷落，湘军屠城。大多数太平军壮烈牺牲，幸存者寥寥无几。幼天王和洪仁玕在江西被俘，英勇就义。李秀成在天京突围时被俘，乞降不成，被曾国藩杀死。太平天国灭亡，历时十三年的太平天国运动以失败告终。

左宗棠收复新疆

　　1865年，新疆喀什噶尔封建主金相印趁清政府腐败无能之际，请中亚浩罕国国君入侵大清，浩罕大将阿古柏奉命率军侵入喀什。数年间，阿古柏占据了天山南北大部分地区，并于1867年成立"哲德沙尔国"（七城国），以沙俄和英国为后台，自立为汗。

　　左宗棠攻灭关内回民起义军后，积极准备收复新疆，这一主张得到了清廷的支持。1876年四月七日，左宗棠以钦差大臣身份从兰州进驻肃州，督办新疆军务，迈出了收复新疆的第一步。左军誓师出关，先攻北路。左部总统湘军虎将刘锦棠等连败白彦虎与阿古柏兵，收复乌鲁木齐等地，十一月，新疆北路全部收复。至1877年十月，清军收复新疆南路东四城（喀喇沙尔、库车、阿克苏、乌什）。至1878年一月，清军又肃清新疆南路西四城（叶尔羌、英吉沙尔、喀什噶尔、和阗）之敌。至此，收复全疆，同时也维护了清朝的统一。

晚 清 海 军

同治六年，丁汝昌上奏朝廷，为加强海防，提议创建北洋、福建和南洋三支海军。光绪元年（1875年），清政府派李鸿章等督办海防事宜，重点先建设北洋海军。光绪五年，李鸿章在天津设立水师营务处，总管海军日常事务，以丁汝昌统领北洋水师。经过几年的经营，三支海军初具规模，南洋海军拥有舰船十八艘，防卫江浙海域，北洋海军拥有舰船十四艘，防卫山东、直隶、奉天海域，福建海军拥有舰船十一艘，防卫闽粤海域。此后，李鸿章苦心经营，加快北洋海军的发展速度。光绪十四年，北洋舰队正式建成，拥有大小舰船共二十五艘，实力颇为强大。但之后，由于经费不足等原因，致使海军建设停滞不前，装备也逐渐落后。

中法战争（1883 年）

1873年，法国开始了对越南的侵占，直到1882年，越南正式成为了法国殖民地。之后，法军随即骚扰中国边境，威协中国南部边境。1884年五月，法国从海陆两路大举进攻中国，其海军舰队到达福建海域。八月二十三日，事先驶进福州马尾军港的法国舰队主力突然袭击泊于港内的福建海军。福建海军仓促应战，仅仅半个小时，福建海军军舰被击沉七艘，其余全部被毁，官兵死伤超过七百人。马尾海战惨败，朝野震惊，清政府随即对法宣战。国难当头，老将冯子材临危受命，率军赶赴广西前线对法作战。光绪十一年二月，法军兵分二路进攻镇南关，冯子材指挥军队进行激战，坚守关隘，法军久攻不入。两天后对法军发起总攻，取得镇南关大捷。正当前线大捷之时，清廷却没有乘胜追击，反而下令停战撤军，并在六月与法国在天津签订了《中法新约》。中法战争以中国不败而败，法国不胜而胜告终。

《中法新约》（1885年）

中法战争停战以后，光绪十一年（1885年）六月九日，李鸿章和法国公使巴德诺在天津签订了《中法会订越南条约》，又称《中法新约》。条约的主要内容有：中国承认法国和越南签订的条约，即承认法国对于越南的殖民统治；在中越边境开埠通商；降低法国在云南和广西进出口货物的税率；允许法国在中国投资修筑铁路；法国撤走在澎湖和基隆的军队。《中法新约》不仅确立了法国在越南殖民统治的地位，而且中国的云南、广西也逐渐成了其势力范围。

台湾建省（1887年）

光绪十三年（1887年）十一月一日，清廷正式将台湾改建为行省。

在清朝时期，台湾隶属于福建，设知府管理。随着宝岛台湾频繁为外国人窥伺、侵略，朝中有识之士遂提出在台湾设省的主张，以加强对台湾的管辖。尤其在中法战争期间，考虑到台湾极其重要的战略位置，左宗棠和刘铭传等都力陈建省以设防。光绪十三年（1887年），清廷改福建巡抚为台湾巡抚，刘铭传成为台湾第一任巡抚。同年十一月，清廷正式设立台湾行省，辖三府（台北、台湾、台南）一州（台东直隶州）五厅十一县。新首府设在台湾府，原台湾府改为台南府。这是中国历史上首次在台湾建省。自此，台湾政治地位大大地提高，同时也促进了经济和文化的发展。

西藏遭侵

光绪十四年（1888年）二月十九日，英军突然向西藏境内隆土山的藏军营房发动进攻。藏军英勇抵抗，浴血奋战，捍卫疆土。最终因寡不敌众而退守亚东山谷，隆土山、亚东、郎热等要隘相继失守。此时的清政府一意妥协退让，无心恋战，先革职，再查办了驻藏大臣，又命驻藏帮办大臣升泰赴前线求和。英军首次侵藏战争结束。1890年三月，升泰与英印度总督兰斯顿经谈判，在加尔各答签订

《中英会议藏印条约》，共计八款。主要包括清廷承认哲孟雄（今锡金）归英国保护；重新划定中国和哲孟雄边界，强占我隆土山、热纳、咱利一带地方。1890年十二月，又签定《中英会议藏印条约》的附加条款，亦称《藏印续约》或《藏印议订附约》。规定开放西藏之亚东为通商地点，准许英国派员驻扎；自亚东开放之日起，五年内藏、印贸易互不收税。《中英会议藏印条约》及其续约的签订，标志着英国已经打开了西藏的门户。

中日甲午战争（1894 年）

日本经过明治维新，国力大大增强，这也助长了其对外侵略的野心，并把中国和朝鲜定为其首要目标。1887年，日本侵略中国的"征讨清国策"制订完毕。1894年，朝鲜内乱，日本趁机入侵朝鲜，占领了仁川和汉城。以李鸿章为首的妥协派并不认真备战，而寄希望于帝国列强的"调停"。七月，日本攻入朝鲜王宫，成立了傀儡政权。七月十七日，日本正式做出了发动战争的决定，不久便不宣而战，对中国军队发动海陆两路袭击，中日甲午战争正式爆发。八月一日，清政府对日宣战。日军九月攻占平壤，随后向中国东北边境进犯。九月十七日，中日在黄海海面进行了激烈的海战。双方各有损失，中国主力尚存，但李鸿章却下令撤回军港，坐以待毙。十月下旬，日军分兵两路侵入东北，由于李鸿章的一再妥协卖国，日军毫不费力地攻占旅顺、大连，在旅顺进行了兽性的屠城，最后只留下三十六个人抬尸。1895年一月，日本向北洋舰队基地威海卫发起总攻，李鸿章经营了十几年的北洋舰队全部覆没。二月，日军迅速占领了辽东半岛。历时八个月的中日甲午战争最终以清政府惨败而告终。

孙中山上书李鸿章

光绪二十年（1894年）六月，孙中山偕好友陆浩东经上海北上天津直隶总督衙门上书李鸿章，未获李接见。

孙中山在上书中提出了四项主张：一、人尽其才——办教育；二、地尽其利——办农政、农学，以机械代替牛马耕种，"耕耨有器"；三、物尽其用——使用各种机械以开发利用各种自然资源；四、货

孙中山 （1866－1925），名文，字逸仙，革命家，中国国民党缔造者之一，广东省香山县（今中山市）人。孙文流亡日本时曾化名中山樵，后人惯以中山先生相称。

畅其流——撤销众多的关卡，实行保商之法，兴办轮船、铁路便利交通。

这四项被孙中山称为"富强之大经，治国之大本"的政治主张，因李鸿章的漠视而中途流产。

台湾人民抗日

光绪二十一年（1895 年），中日签订《马关条约》，条约中规定，将台湾割让给日本。消息传到台湾，全岛沸腾，人们奔走相告，并聚集于市中，痛哭并声讨清政府的无能与无耻。并相互约定，要保卫家乡与侵略者血战到底。五月二十五日，大家推举台湾巡抚唐景崧为大总统，组建"台湾民主国"。由台绅丘逢甲为副总统兼义军统领，任命刘永福为大将军。五月二十八日，日军在基隆附近登陆。六月七日，攻占台湾，"台湾民主国"消亡。同年六月二日，清割台全权委员李经方在日轮上会见日本台湾总督出具割让台湾全岛及所有附属各岛屿并澎湖列岛等"清单"，签订交割台湾文据。六月十七日，日军头目桦山资纪在台北建立台湾总督府，从而开始了日本在台湾的血腥统治。

兴中会（1894 年）

1894 年，在檀香山华侨的支持下，孙中山建立了兴中会。它是中国第一个资产阶级革命团体。在入会誓词中，孙中山明确提出了"驱除鞑虏，恢复中华，创立合众政府"的基本纲领。兴中会的成立，标志着中国资产阶级民主革命的正式开始。1895 年一月，孙中山抵达香港，积极筹建革命组织。二月，兴中会总部在香港成立，增订组织章程，号召人们以革命手段救亡图存。同时，在广州设立分会，准备发动起义。但不料计划被人泄露，起义遭到破坏。孙中山被迫流亡国外。1905 年，兴中会与华兴会、光复会组成中国同盟会。

中日《马关条约》（1895 年）

1895 年四月，在日本马关，日本政府强迫清政府签订了丧权辱国的《马关条约》。《马关条约》规定，中国割让辽东半岛、台湾、澎湖列岛给日本；赔款白银二亿两；长沙、重庆、苏州、杭州开放为商埠，允许日本资本家在通商口岸开设工厂；承认日本对于朝鲜的控制。此外，为了保证中国履行条款，日军暂时占领威海卫。由于日本割占辽东半岛触及了其他帝国主义的殖民利益，在列国的干涉之下，日本被迫退还辽东，但又勒索了三千万两的"赎辽费"。《马关条约》使中国失去了大片领土，在日本在华投资的冲击下，中国民族资本主义举步维艰，另外，巨额的战争赔款加剧了清政府的财政经济危机，而日本却利用这笔战争赔款迅速发展了它的军事工业，增强了它的军事实力和扩张野心。中国半殖民地程度大大加深。

公车上书（1895 年）

1895 年四月，中英《马关条约》签订，消息传到中国，立即遭到了全国人民的反对，反侵略、反投降的斗争再次掀起高潮。当时在北京应试的各省举人举行集会，公推康有为起草上皇帝万言书，签名的举人有一万三千多人。五月到都察院呈递。这就是著名的"公车上书"。康有为在上书中痛陈：割让辽东和台湾是列强瓜分中国的信号，亡国大祸即将临头，因此，拒和、迁都、练兵、变法是当前的正确对策。而变法以立国自强最为急务。公车上书是一次爱国知识分子的请愿活动，在社会上产生了巨大影响，标志着知识分子改良主义运动在中国的开始。

强学会成立

康有为、梁启超为宣传维新变法，于1895年八月在北京发起并成立了一个政治团体，称之为强学会。该会具学校和政党双重性质，主张变法图强，得到军机大臣翁同龢和工部尚书孙家鼐等人的支持。有会员数十人，每十日集会一次。创办《万国公报》（三个月后改名为《中外纪闻》），宣扬维新变法思想。后康有为又在上海设分会，发行《强学报》。1896年一月，顽固派首领慈禧太后下令查禁强学会，封上海分会，使维新变法陷入低潮。

帝国主义瓜分中国（1897年）

　　自1890年起，进入帝国主义阶段的西方列强掀起了瓜分世界的狂潮，而中国，更是成为他们争夺的焦点。甲午战争彻底暴露了清帝国的虚弱本质，各国不再有任何顾忌，纷纷划分自己的势力范围。《马关条约》中辽东半岛割让给日本的条款极大地触怒了俄国，俄国联合德、法两国威逼日本放弃对于辽东半岛的占领。1896年，李鸿章在莫斯科与沙皇政府代表签订了《中俄密约》，这是一份以同盟面貌出现的条约，实际上是沙俄为独占东北而制造的阴谋。同年，日本取得在天津、汉口、厦门等地设立租界的特权。1897年十一月，德国以武力占领胶州湾，次年三月强行"租借"胶州湾，租期为九十九年，进而把山东全境变成它的势力范围。1898年十二月，俄国舰队强占旅顺湾和大连湾，然后租借此两处，租期暂为二十五年，并且把整个东北变为自己的势力范围。法、英两国也相继提出了租借要求，把华南变成了它们的势力范围，英国还进一步扩大了香港的界址。美国忙于和西班牙争夺菲律宾，1899年它向列国提出了"门户开放"的通牒，逐步扩大了自己的对华侵略。此时的中国已到亡国的边缘。

保国会创立

　　保国会是继强学会之后，由资产阶级维新派创办的另一个重要政治团体。1898年四月十二日，康有为与御史李盛铎在北京成立粤东会馆，参加者有各省客人及官僚数百人。康有为在会上演讲，历述帝国主义侵略日急，瓜分危机严重的事实。会上通过了由康有为起草的章程共三十条；以"保国、保种、保教"为宗旨，尊奉上谕为前提；并在北京、上海及各省、府、县皆设分会。此后保滇会、保浙会、保川会相继成立，维新变法的浪潮遍及全国。但在顽固派疯狂打击和镇压下，该会不久就停止了活动。

戊戌变法（1898 年）

光绪皇帝 （1871-1908），即爱新觉罗·载湉，是道光帝的第七子醇亲王奕譞的儿子，慈禧太后外甥。为清入关第九帝，在位34年，病死，终年38岁。葬于崇陵。

光绪二十四年（1898 年）四月，受维新派影响，立图强国的光绪帝决定实施变法。四月二十八日，光绪帝召见康有为，商讨和确定变法步骤和措施。不久，又准许康有为专折奏事，并命康有为为总理衙门章京上行走。根据康有为等人的建议，光绪帝先后颁布了一百多道除旧布新的改革诏令。新政的主要内容有：删改则例，裁汰冗员；准许大小臣民上书言事，等等。新政遭到了封建守旧势力的一致抵制和反对。在地方除湖南巡抚陈宝箴支持变法外，其他督抚大多置若罔闻。在中央，新政机关基本上全部被顽固派所把持，变法诏书也就成为了一纸空文。后来慈禧太后发动政变，宣布废除一切新法，变法失败。因本年为戊戌年，所以称"戊戌变法"。

戊戌六君子（1898 年）

光绪帝支持的维新变法活动，触及了以慈禧为首的守旧派的利益，他们仇视新法，反对新法反对维新，不能容忍其发展。1898年九月二十一日凌晨，慈禧太后突然从颐和园赶回紫禁城，直入光绪皇帝寝宫，将光绪皇帝囚禁于中南海瀛台；然后发布训政诏书，再次临朝"训政"。慈禧太后随即下令追捕在逃的维新变法人士康有为、梁启超；逮捕谭嗣同、杨深秀、林旭、杨锐、刘光第、康广仁等六人。九月二十八日，谭嗣同等六人在北京菜市口就义，后人称之为戊戌六君子。另外参与变法的徐致靖被处以终身监禁；张荫桓被遣戌新疆。所有新政措施，除开办京师大学堂外，被全部废止。

京师大学堂（1898年）

　　京师大学堂，即北京大学的前身，也是中国近代最早的国立大学。1898年，光绪皇帝下《明定国事诏》，诏令办立京师大学堂，制定大学堂章程，目的在于培养人才，挽救国家之危之。大学堂章程共计八章五十二节，对于办学总纲、课程、入学、学成出身、聘用教习、经费等均有详细规定。1900年，八国联军入侵北京，京师大学堂遭到破坏，校务停顿，1902年恢复时并入京师同文馆，张百熙为管学大臣，先设速成、预备两科，速成科分仕学、师范两馆，预备科分政科及艺科。1903年增设进士馆、译学馆及医学实业馆。同年改管学大臣为学务大臣，统辖全国学务。1910年，京师大学堂发展成为设有经、法、文、格致、农、工、商七科的大学。1912年，更名为北京大学并一直沿用至今。

义和团运动（1899年）

　　义和团原名义和拳，是清末活跃于民间的一种团练组织，光绪二十五年（1899年），山东清平县义和拳为义和团。同年夏季，清政府转变了对义和拳的政策，由一味绞杀改为抚剿兼施的策略。后经山东巡抚毓贤的奏请，朝廷承认了义和拳的合法，于是义和拳正式改为义和团。此后，义和团争得了合法地位，其他各省的义和拳也陆续改称义和团。毓贤对义和团的招抚政策，使山东义和团迅速扩展，团众四处攻打教堂，驱逐教徒，与助教为虐的地方官员作对。光绪二十五年九月，朱红灯在平原县杠子李庄，首先

扶清灭洋旗

竖起"兴清灭洋"的大旗。此后"顺清灭洋"、"保清灭洋"、"扶清灭洋"等口号都陆续出现，后来大都统一为"扶清灭洋"。后来袁世凯任山东巡抚，极力镇压义和团。山东的义和团被迫进入华北及京津地区活动，进一步推动义和团运动的高涨。

"门户开放" (1899 年)

　　光绪二十五年（1899 年）九月六日，美国国务卿海约翰训令驻英、俄、德大使分别向三国致送"门户开放"照会。照会称，英美两国商业界均"急切要求"在中国维持"门户开放"政策。美国承认列强侵略中国所获得的"势力范围"，要求在一切"势力范围"内取得通商自由，享受不平等条约所订的低税率，分享列强在中国的特权，"利益均沾"。十一月十三日对驻日、十七日对驻意、二十一日对驻法大使发出同样训令。列强复照表示基本接受。1900 年三月二十日，美国宣布门户开放政策，已得各国圆满答复。"门户开放"政策，完全是美国同其他国家的分赃协定，它反映了帝国主义列强在中国的争夺和勾结，从此，美国也取得了与其他在华列强的同等地位，开始了对中国的强取豪夺。

八国联军侵华 (1900 年)

　　义和团运动的高涨，严重影响了各帝国主义在华的利益，尤其以京津地区为甚。1900 年四月，英、美、德、法四国照会总理衙门，限令清政府两个月内"剿除"义和团，否则将派出水陆各军代为"剿平"。六月十日，俄、英、美、日、德、法、意、奥（奥匈帝国）各国组成八国联军，共二千一百多人，在英国海军上将西摩尔的率领下，由天津进犯北京，正式挑起八国联军侵华战争。六月十六日，八国联军攻陷大沽口炮台，天津近郊的义和团与清军协同作战保卫天津。六月二十一日，清政府对八国联军宣战。但几天后，政策逆转，又电令驻外使臣请求各国体谅，并保证惩办义和团。七月十四日，八国联军攻下天津，集结二万兵力进犯北京。八月十四日，北京沦陷。联军分兵四处攻掠，烧杀抢劫，繁华的京津之地变成了瓦砾场。1901 年九月，清政府和西方十一国代表签订了《辛丑条约》后，八国联军才撤出了北京城。

《辛丑条约》（1901年）

　　光绪二十七年（1901年）七月，清朝政府派遣奕劻和李鸿章为代表，同英、俄、美、法、日、德、意、奥、西、比、荷共十一国代表，在北京签订了《辛丑条约》。条约的主要内容有：清政府赔款白银四亿五千万两，以关税、盐税和常关税作担保，分三十九年还清，本息共计九亿八千万两，另有各省赔款二千多万两；在北京东交民巷设立使馆界，不准中国人居住，允许各国驻兵保护；拆除大沽炮台和北京至大沽沿途的各炮台，允许帝国主义国家派兵驻扎北京到山海关铁路沿线重要地区；永远禁止中国人民成立或加入任何反帝组织，违者处死，各省官吏必须保护外国人的安全，否则该官员即行革职，永不叙用；总理衙门改为外务部，位于六部之首；清政府分派大臣到德、日两国"谢罪"。《辛丑条约》是空前严重的丧权辱国的条约，赔款数目的巨大，使国计民生陷入了绝境，人民的枷锁更加沉重，严重地阻碍了近代社会的发展，标志着中国半殖民地半封建社会完全形成。

废 除 科 举

　　自隋唐时代开始，一直作为封建社会选拔人才的重要途径——科举制度在晚清时候，伴随着封建社会的瓦解，已经走到了尽头，前后共沿用一千年之久。光绪二十七年（1901年）五月，张之洞奏请朝廷降旨改革科举，讲求实学。清政府随后谕令全国，自第二年起，废除八股程式、乡试和会试等考试策论，并停止武科。同时，令天下所有书院改称为"学堂"，各省在省城设立大学堂，各府及直隶州设立中学堂，各州县设立小学堂。学习内容以四书五经和纲常大义为主，以历代史鉴及中外政治艺学为辅。光绪三十一年（1905年），在袁世凯和张之洞等人的奏请下，清政府宣布自光绪三十二年（1906年）起，停止乡试、会试和科举，科举制度也彻底结束。

日 俄 战 争

　　光绪三十年（1904年）二月六日，日本对旅顺口的俄国舰队发动突然袭击，日俄战争爆发。十日，双方同时宣战。

　　日俄战争是帝国主义为争夺殖民地而进行的一次非正义战争，目的是争夺中国领土，战争也大部分在中国境内进行，战区内外被屠杀的中国老百姓不计其数，而清政府却未做任何抗议，不知羞耻地宣布中立。日本取得了这场战争的胜利，两国在瓜分中国和朝鲜的权益方面，相互做了让步，但日本是这次战争的最大赢家。俄国同意日本在朝鲜的统治地位，1910年，日本吞并了朝鲜。日俄两国签订条约，清政府宣布凡涉及中国事件而未经与中国商定者概不承认，但是1905年九月五日由美国总统罗斯福调停下签订的日俄《朴茨茅斯条约》完全不考虑中国的意见，俄国把它在南满的全部侵略权益自行转让给日本。清政府已无力主宰自己的命运，灭亡指日可待。

中国同盟会（1905 年）

　　1905年七月，孙中山自欧洲经南洋抵达日本，会见了黄兴等人，并商议组建新的革命组织。经过一系列紧张的筹备，同年八月，同盟会在日本东京正式成立。同盟会设立总理（始终由孙中山担任），总理之下仿照西方三权分立原则设立执行、评议、司法三部；执行部下设庶务、内务、外务、书记、会计、调查六科，由总理直辖；同时任命了汪精卫为评议部长，邓家彦为司法部判事长。成立大会通过了《中国同盟会总章》，确定以孙提出的"驱除鞑虏，恢复中华，创立民国，平均地权"十六字为同盟会政纲，后来孙中山又将其概括为三民主义。从此同盟会在孙中山的领导之下，努力开展各项活动和斗争，担负起领导中国民主革命的重任。1912年，经宋教仁等积极筹划并经孙中山同意，同盟会联合其他几个政治组织，改组为中国国民党。

《苏报》案

　　《苏报》是一家以日本政府为背景的报纸，它于光绪二十二年在上海创刊。1903年，邹容和章太炎分别写出轰动全国的《革命军》和《驳康有为论革命书》。《苏报》发表了章炳麟为《革命军》写的序文，并且连续发表《读〈革命军〉》、《序〈革命军〉》、《介绍〈革命军〉》等文章。文章大骂了皇帝和清政府，要求建立资产阶级"中华共和国"，在社会上造成了很大的影响。1903年六、七月间，清政府照会上海租界当局，以"劝动天下造反"、"大逆不道"的罪名将章太炎和邹容等逮捕。七月七日，《苏报》被封。章炳麟被叛监禁三年，邹容二年。《苏报》案的发生，表明民主革命思潮已日益深入民心，顺应了时代发展，是不可阻挡的潮流。

"三民主义"（1905年）

　　光绪三十一年（1905年）十一月，同盟会机关刊物《民报》创刊，孙中山亲自题写发刊词，词中把"驱除鞑虏，恢复中华，创立民国，平均地权"这一资产阶级革命纲领阐发为民族、民权、民生三大主义，即"三民主义"。

　　民族主义，即"驱除鞑虏，恢复中华"。推翻以满族贵族为首的清政府，解除国内的民族压迫，建立以汉族为主体的民族国家。民权主义，即"创立民国"。推翻君主专制制度，建立资产阶级共和国，这是三民主义的核心。民生主义，即"平均地权"，其核心是解决土地问题。具体做法是核定地价，现有地价仍属原主所有，革命后因社会经济发展而增值的地价则归国家所有，并逐步实现土地国有化。这是中国近代第一个比较完整的资产阶级民主革命纲领。

詹天佑和京张铁路（1905年）

　　光绪三十一年（1905年）十月，京张铁路破土动工，至1909年建成通车，这是我国自行设计的第一条铁路，为我国铁路建筑史写下了光辉的一页。留美工程师詹天佑的名字永远留在了人民的心中，他是炎黄子孙的骄傲。

京张铁路是我国自行设计的第一条铁路，铁路起自北京丰台，北至张家口。主持修建者为铁路工程专家、留美工程师詹天佑。詹天佑选定丰台经西直门、清河、沙河、南口、居庸关、八达岭至张家口的路线，全长三百八十公里。铁路设计标准路基宽六米。其中南口至八达岭的关沟地段地形复杂，坡度高峻，南口与八达岭间高度差达六百多米。詹天佑因地制宜，在这一路段采用了极富创意的"人字形"线路设计方案，以保证列车顺利爬坡。居庸关、八达岭两个隧道的开掘难度也很大，前者长度四百米，后者长达一千一百四十五米。

铁路于光绪三十一年（1905 年）十月破土动工，三十五年（1909 年）十月二日正式建成通车，比预定计划提前了两年。

溥仪继位（1908 年）

光绪三十四年（1908 年）一月七日，慈禧命人验收了她的寝陵。十三日，她又命将溥仪在宫内抱养，在上书房读书，并授载沣为摄政王。一月十四日，光绪皇帝病逝于瀛台，终年三十八岁。逝后被谥为景帝，庙号德宗。因光绪无子嗣，慈禧即命光绪弟醇亲王载沣之子溥仪继承皇位。在光绪死后的第二天慈禧也告别了人世，结束了她近半个世纪的统治。

十二月二日，年仅三岁的溥仪即位，由其父摄政王载沣监国，执掌军政大权。定明年为宣统元年，他是清王朝最后一个皇帝。

黄花岗起义（1911 年）

同盟会自成立之日起，便开始了以武力推翻清政府的计划，曾先后发动了七次起义，但均以失败而告终。1910 年，孙中山举行秘密会议，召集黄兴、赵声、胡汉民等人商议在广州再次起义。1911 年一月，在香港成立了起义领导机关。由于中途事情变故，起义时间一再推迟，最后确定为四月二十七日。起义前，黄兴、林觉民、方声洞等敢死队员写了绝命书，表示了誓死革命的决心。四月二十七日，黄兴集合先锋队员一百二十多人起义，直扑总督衙门。战斗进行得十分激烈。由于寡不敌众，起义最终宣告失败。同盟会牺牲的党员众多，但最后只拾得七十二人的忠骨，将其葬于广州的黄花岗，后人称这七十二人为黄花岗七十二烈士，起义称为黄花岗起义。

保路运动（1911 年）

自 1900 年后，帝国主义加大了对华资本的输出，并开始了对中国铁路修筑权的抢夺。铁路权的丧失，对国家的经济和国防都构成了威胁。光绪三十一年（1905 年）前后，全国各地掀起了收回路权的斗争。当时盛传清政府准备将川汉铁路的建筑权出卖给英国，四川民众立刻起来抵制，自动筹款修建川汉铁路。宣统三年（1911 年），清政府宣布"铁路国有"法令，收回已经允许商办的铁路。消息传到四川，川汉铁路股东在成都成立了"保路同志会"，不到半个月的时间，保路同志会发展到十万人。四川总督赵尔丰下令逮捕同志会首领蒲殿俊、罗伦等人。数万成都市民到总督衙门要求放人，赵尔丰竟然下令屠杀请愿者，制造了成都血案。但保路运动的影响迅速扩大到全国，引起了民众的广泛响应，这也为不久的武昌起义成功创造了条件。

武昌起义（1911 年）

为了推翻清政府，同盟会曾发动过多次武装起义，虽然均以失败而告终，但为辛亥革命准备了条件。宣统三年（1911 年），共进会和文学社两个革命组织举行联合会议，商量举行起义的计划。会议决定十月六日发动起义。后来因准备不足而决定推迟，十月十日武昌起义终于打响了第一枪，两天后，革命军占领了武汉三镇。由于革命领导人都离开了武昌，黎元洪在革命党人的威逼之下就任都督，成立了湖北军政府。汉口、汉阳也相继成立了革命政权。武昌起义的胜利使得革命迅速蔓延，短短两个月时间，即有鄂、湘、陕、赣、晋、黔、苏、浙、桂、皖、粤、闽、川等省先后宣布独立。清政府迅速陷入了崩溃局面。孙中山于十二月回国，经十七省代表会议推举为临时大总统。1912 年一月一日，中华民国临时政府在南京宣告成立。此次起义因发生于农历辛亥年，所以又称辛亥革命，辛亥革命在中国历史上意义重大，它的成功，宣告了长达两千余年的封建君主专制统治的结束，民主共和制的开始，开辟了中国历史新纪元。

清·檀香木"皇帝之宝"玺